ARQUITECTONICS
MIND, LAND & SOCIETY

Institutions that support the review (Co-editors):

Universitat Politècnica de Catalunya. Grup de Recerca GIRAS. UPC.
Universidad de los Andes. *Mérida, Venezuela*
Universidad Nacional del Litoral. *Santa Fe. Argentina*
Universidad de Santo Tomás *Bucaramanga. Colombia*
Universidad Politécnica de Puerto Rico. *Puerto Rico*
Corporación HEKA. *Ecuador*
Colegio Nacional de Arquitectos del Ecuador. *Quito. Ecuador*

Assistants to the Editor:
Helle Birk
Higini Herrero
Rafael Reyes

Mail and subscriptions

ARQUITECTONICS
Mind, Land & Society
Depart. de Projectes d'Arquitectura.
Universitat Politècnica de Catalunya
Av. Diagonal, 649, 5a planta
08028 Barcelona / Spain
Tel.: (0034) 934 016 406
Fax.: 934 016 396
newsletter.pa@upc.edu
www.arquitectonics.com
www.agapea.com

Fotografía y Dibujo de cubierta:
Josep Muntañola

Edición:
Edicions UPC
Jordi Girona Salgado, 1-3, Edifici Omega
08034 Barcelona
Tel.: 934 137 540 Fax: 934 137 541
Edicions Virtuals: www.edicionsupc.es
E-mail: edicions-upc@upc.es
ISSN: 1579-4431
ISBN: 978-84-9880-362-4
Depósito legal: B-28136-2009
Impresión: LIGHTNING SOURCE

© 2009, **ARQUITECTONICS** y los autores de los textos
© 2009, EDICIONS UPC

Primera edición: mayo de 2009
Reimpresión: julio de 2009

Head of the Series:
Josep Muntañola. *Barcelona*

Editor for this Issue:
Josep Muntañola. *Barcelona*

Associate Editors of the Series:
Magda Saura. *Barcelona*
Alfred Linares. *Barcelona*

Adjoited Co-Editors:
Beatriz Ramírez. *Universidad de los Andes. Mérida. Venezuela*
Marcelo Zárate. *Universidad Nacional del Litoral. Santa Fe. Argentina*
Ruth Marcela Díaz, Samuel Jaimes Botía. *Universidad Santo Tomás, Bucaramanga. Colombia*
Nadya K. Nenadich. *Universidad Politécnica de Puerto Rico. Puerto Rico*

Board of Advisory Editors (Scientific Committee):
Botta, Mario; *Architect, Switzerland*
Boudon, Pierre; *Architect, Canada*
Bilbeny, Norbert; *Philosopher, Spain*
Carbonell, Eudald; *Archaeologist, Spain*
Fernández Alba, Antonio; *Architect, Spain*
Ferrater, Carlos; *Architect, Spain*
Gómez Pin, Víctor; *Philosopher, Spain*
Heikkinen, Mikko; *Architect, Finland*
Kalogirou, Nikolaos; *Architect, Greece*
Langer, Jonas; *Psychologist, USA*
Levy, Albert; *Architect, France*
Lagopoulos, Alexandros; *Urban Planner, Greece*
Mack, Mark; *Architect, USA*
Magnaghi, Alberto; *City Planner, Italy*
Messori, Rita; *Philosopher, Italy*
Mateo, Josep Lluís, *Architect, Spain*
Moore, Gary T; *Architect, Australia*
Mul, Jos de; *Philosopher, The Netherlands*
Pallasmaa, Juhani; *Architect, Finland*
Pardo, Jose Luis; *Philosopher, Spain*
Ponzio, Augusto; *Philosopher, Italy*
Preziosi, Donald; *Anthropologist and Linguist, USA/UK*
Provensal, Danielle; *Anthropologist, Spain*
Rapoport, Amos; *Architect, USA*
Rewers, Eva; *Philosopher, Poland*
Ricoeur, Paul, *Philosopher, France* †
Romañà, Teresa; *Pedagogue, Spain*
Salmona, Rogelio; *Architect, Colombia* †
Sanoff, Henry; *Architect, USA*
Scandurra, Enzo; *Urban Planner, Italy*
Solaguren, Félix; *Architect, Spain*
Tagliabue & Miralles, *Architects, Spain*
Valsiner, Jaan; *Psychologist, USA*
Werner, Frank; *Historian, Germany*

A Lewis Mumford, "In Memoriam".
A Pierre Pellegrino sin el cual este libro
nunca hubiera existido.

Introducción a esta edición: volver al lugar

Entre 1994 y 1999 algo ha pasado con la *Arquitectura como lugar* (25 años después de que publicase un libro con este título).[1] Tal como indica E. S. Casey en su excelente trabajo *El destino del lugar*,[2] publicado en 1997, existe un "retorno a la noción de lugar", retorno anunciado por Heidegger en 1923, y por muchos otros antes que él, pero confirmado en las postrimerías, contemporáneas, del siglo XX.

Esta versión en castellano de *Topogénesis: fundamentos de una arquitectura viva* traduce un texto completo aparecido en francés en París en 1996, y no debe confundirse con los libros *Topogénesis uno*, *Topogénesis dos*, y *Topogénesis tres*, que siguen vivos a partir de su edición en 1980, y que seguirán siendo una base a partir de la cual he ido construyendo, una tras otra, diferentes síntesis teóricas sobre lo que es la arquitectura.

Las tres partes de esta *topogénesis* recogen textos imposibles de encontrar en castellano, como el de retórica, y otros textos nuevos como el de poética, el de ética y los estudios de epistemología del espacio y del tiempo. Además, la presente versión en castellano incluye un anexo con seis artículos aparecidos hasta hoy en diferentes idiomas (inglés, ruso, francés, griego, etc.), escritos entre 1996 y 1998, y que sirven como demostración de que algo nuevo está sucediendo en la arquitectura como lugar habitado, construido y diseñado. Estos artículos, que retroceden hasta Platón y avanzan hasta los confines de la cosmología futurista actual, anuncian nuevos libros, que ya he escrito, sobre la situación de la arquitectura a las puertas del siglo XXI. Si algo consiguen en relación a este libro, escrito unos años antes, es enfatizar todavía más la importancia de sus conclusiones. La noción de "modernidad específica", y su naturaleza dialógica, tienen un futuro prometedor, sobre todo si se llega a dar a un "nuevo" personaje, olvidado, que ha irrumpido en escena, la importancia que se merece. Pero no quiero avanzar acontecimientos...

Josep Muntañola
Barcelona, enero de 1999

---

[1] *La arquitectura como lugar*. Gustavo Gili, Barcelona, 1973.
[2] Casey, E. S. *The Fate of Place*. University of California Presse, 1997.

Índice

Prólogo de Pierre Pellegrino a la primera edición en francés (Anthropos, París, 1996)	11
Objetivos del libro	15
Introducción: el cuerpo, el lugar y la historia	17
1 Las dimensiones estéticas de la topogénesis	21
1.1 Estética y topogénesis: el lugar como relato	21
1.2 Poética y topogénesis	21
1.3 Retórica y arquitectura	26
1.3.1 Introducción	26
1.3.2 Retórica de la arquitectura: fundamentos y posibilidades	27
1.3.3 Las figuras de composición	31
1.3.4 Las estrategias de composición como persuasión	33
1.3.5 El contenido de la retórica	49
1.3.6 La didáctica de la retórica en la arquitectura: algunos ejemplos	51
1.3.7 Epílogo	60
1.4 Conclusiones: la medida estética de los lugares	61
2 Las dimensiones éticas de la topogénesis	65
2.1 Ética y topogénesis: texto y acción	65
2.2 El intento de Aristóteles o la moral como arquitectura	66
2.3 Breve reflexión sobre la técnica en la topogénesis	68
2.4 Conclusiones: la medida ética de la topogénesis	69
3 Las dimensiones lógicas de la topogénesis	73
3.1 La lógica de los lugares	73
3.2 Hacia una epistemología del diseño arquitectónico como actividad constructora del lugar	73
3.2.1 Hacia un modelo piagetiano del diseño arquitectónico	74
3.2.2 Una interpretación arquitectural de la concepción infantil del lugar para vivir	76
3.2.3 Hacia una epistemología del diseño arquitectural considerado como una actividad para concebir lugares para vivir	81
3.3 Topológica y semiótica de los lugares	82
3.4 La naturaleza dialógica del lugar humano	85

3.5 De la deconstrucción a la co-construcción en la arquitectura del año 2000 89
3.6 La conclusión lógica: la forma de territorio moderno como lógica de una historia
del mundo 92

4 *La topogénesis de una modernidad específica* 103

Bibliografía 107

Anexo
Hermenéutica, semiótica y arquitectura: *Timeo* visitado de nuevo 113
Arquitectura y racionalismo: espacio monológico y espacio dialógico 131
El lugar dialógico: la arquitectura, la semiótica y las ciencias sociales 137
El significado de la fragmentación arquitectónica 153
La arquitectura de la narrativa, la narrativa de la arquitectura 161
La arquitectura del espacio de los hombres: las semiologías del cerebro y de la máquina
confrontadas 167

Prólogo de Pierre Pellegrino a la primera edición en francés[1]

La aparición de este libro de Josep Muntañola ha seguido casi inmediatamente a la obra de Alexandre Lagopoulos *Urbanisme et semiotique*, y con ello he querido dar una orientación precisa y valiosa a esta colección de libros sobre las "Formas", que yo dirijo. Estos dos autores han tratado, de manera original y cada uno a partir de sus propias ideas, la forma y el sentido del espacio desde una perspectiva semiológica, abriendo camino hacia un análisis que en el caso de Josep Muntañola, no es solamente un análisis lógico, sino estético y ético.

Este libro trata de la génesis de los lugares, y de una arquitectura que no se limita a los efectos superficiales, sino que diseña en profundidad una poética del habitar. Muntañola, discípulo de Lewis Mumford, ha convertido el pesimismo de su maestro en un optimismo de vanguardia, mostrando cómo con una aproximación topogenética la humanidad puede reencontrar el sentido profundo del lugar y, a través de una arquitectura del territorio, descubrir el respeto por el medio ambiente en el que vive. Se trata, pues, de una modernidad nueva, dialógica, porque acepta medir la alteridad de su proyecto con la continuidad de la tradición.

Para Muntañola, subrayando de este modo la base ética en la concepción del mundo, la lógica va de la palabra como argumento al tipo como clase: se trata de una palabra que atraviesa el límite entre el "yo" y el "otro", no solamente desconstruyendo los argumentos preconcebidos y las clasificaciones a priori, sino coconstruyendo, en el diálogo, nuevos razonamientos, usando nuevas clasificaciones que se adapten y que expresen las diferencias entre los diversos sujetos de este diálogo. Inscribiéndose en una moral, con principios éticos, se reconoce el "otro", sus costumbres y sus hábitos.

Muntañola encuentra su optimismo en una poética de la arquitectura en la que la lógica del proyecto no se desprende de sus dimensiones éticas. Pero él demuestra también como, viendo en la realidad una unión entre proyecto y conocimiento, la poética de la arquitectura atraviesa el laberinto entre imaginación y sensación, dando forma a una estética. La deconstrucción poética presupone un saber: el saber analizado, troceado, pero la poética, mediante una lectura fina de las diferencias, trabaja el sentido común, el lugar común de las clasificaciones y de los tipos, y bajo los efectos de una retórica del "hacer ver", persuade de verosimilitud de otra manera de ver.

El análisis deconstruye y solamente deja ver los trozos: hay que recomponer estos trozos para que logren tener sentido en un todo "arquitecturado". Para conseguirlo, la poética de la arquitectura va hasta el origen del lenguaje del espacio, y abate el eje paradigmático de las clases del uso local, sobre el eje sintagmático de los argumentos arquitectónicos, produciendo isotopías sorprendentes; el proyecto es síntesis. El conjunto arquitectónico encuentra en este abatimiento entre ejes la motivación de las medidas que el proyecto da al objeto, y la razón de ser de la articulación de sus partes en un todo.

El conjunto arquitectónico es recibido de este modo por aquellos a los que está destinado, como interioridad con sentido, en especial con el sentido de

---
[1] Anthropos, París, 1996

"abrigo". Si existe comunicación entre el que hace la obra de arquitectura y el que la recibe, la arquitectura se convierte en un proceso a través del cual los destinatarios de la obra buscan la interioridad de un lugar, y donde estos mismos destinatarios encuentran en los límites de esta interioridad las medidas que dan unidad al lugar habitado. Los destinatarios conciben estas medidas como una cierta "atmósfera" que pueden inferir en el uso cotidiano del entorno construido, hasta llegar a ser útil en la vida de cada día.

Los intereses de unos y otros se regulan por ley. Sus conflictos tienen que ver con la posesión del lugar y con la imagen de un entorno domesticado. Se regulan por juicios, en los que se expresa la ética de cada uno. Muntañola nos recuerda que la ley articula el lenguaje como lógica interna del ser, como argumento de su identidad; y que ella articula también el lugar como lógica externa, como relación de alteridad inscrita en un territorio.

Pero la poética arquitectónica va en contra de ciertos usos, no se conforma con producir un receptáculo adecuado a los usos en curso, no desea reproducir un entorno, sino transformarlo, para que aumente así su sentido hacia los usuarios. Por tanto, se trata de proponer otra ética, al menos parcialmente otra: a través de figuras, intenta, retóricamente, indicar el salto entre el proyecto y lo existente.

Existe, pues, una reinterpretación de lo existente desde el proyecto, una necesidad de ruptura, no solamente para redescubir lo que existe, sino para inscribir en la realidad una nueva perspectiva de futuro. Si nada es dado y todo se construye, el futuro no nos sería dado por el presente. El espíritu que busca, necesita construir una articulación capaz de transmitir un significado, a la vez, de comienzo y de duración, tal como sucede con el entrecruzamiento de un plano y una traza.

Sin embargo la historia de un lugar y el proyecto que lo toma como sitio, no tienen la misma temporalidad. Aunque acaba por inscribirse en la historia, el proyecto es un salto adelante que se confronta con un lugar que no le esperaba; al menos no le esperaba bajo la forma de una creación. Hay pues intertextualidad entre traza y proyecto, y redescripción poética de la traza por el proyecto.

Por todo ello, Muntañola se muestra contrario con una arquitectura monológica, hecha gracias a la ausencia del cuerpo del otro, y busca los fundamentos de una dialogía entre texto y contexto. El contexto es para el texto el lugar de la dialogía, está formado por otros textos que contienen imágenes de un entorno distinto y concebido desde otros lugares. El cuerpo del otro recibe las imágenes a través del interior del edificio según su transparencia con respecto al exterior. Estas imágenes valoran lo que puede estar presente en el interior; la forma envolvente del edificio es una interfase.

Pero el otro tiene, él mismo, una ausencia, alternando con su presencia. Lugar de anclaje y volumen aislado, un edificio es un espacio hecho por efectos contradictorios, con los que la presencia nos abruma y llena, y la ausencia produce un vacío. No se trata solamente de la clasificación de espacios y usos, sino del hecho que para ser vivo, un lugar necesita ser animado, pero el equilibrio dinámico debe dar justicia al orden y a la soledad y no sólo al desorden y a lo ilimitado.

El lugar está definido por Aristóteles como la primera envolvente inmóvil, abrigando cuerpos que pueden desplazarse y emplazarse en él. El lugar es una envolvente lógica en tanto en cuanto contenga un orden racional. Es ético en cuanto debe abrigar los usos tanto de los unos como de los otros. Y, finalmente, en una envoltura estética en cuanto remite a un más allá imaginario. Límite en acto, el lugar es distinto de su contenido; pero está, no obstante, en resonancia con él, puesto que lo agrupa y exterioriza la forma con que lo agrupa, todo al mismo tiempo.

El lugar edificado implica una lógica. Los objetos se ordenan en él racionalmente, de manera que el uso de un objeto no impida el uso del otro, y porque la distancia práctica entre ambos se minimaliza. El uso de los objetos proyecta tiempo en el espacio, y así éste se condensa o se expande según los ritmos de la vida, la de unos y la de otros. Lugar, o tiempo depositado en el espacio, el edificio arquitectónico se convierte en un instrumento de medida de la intensidad de ser.

El lugar construido presupone una ética, porque sin ella no existiría ninguna solidaridad entre lo que envuelve y lo que está envuelto. Los valores del desplazamiento dislocan la solidaridad entre la coherencia local que se logra gracias al hábito, el espacio de referencia del deseo y el espacio del objeto de la acción. Algunas reglas son necesarias a fin de que los itinerarios efímeros no produzcan catástrofes inesperadas y súbitas. Las modas no tienen la profundidad de las costumbres, ni su duración.

La estructuración de los usos supone una ética de las lógicas espaciales, porque sin principios integradores, la apropiación del espacio conlleva una lógica de exclusión. Sin ninguna lógica basada en valores éticos las posesiones de unos se amplifican sin freno en detrimento de las posesiones de los otros, que acaban por pertenecer a un sistema espacial completamente excluido. Por el contrario, cuando el lugar, gracias a su ética, se convierte en enlace, pone de manifiesto valores significativos para todos; se convierte en soporte de un intercambio social simbólico, mediante el cual, lo mismo en "el otro", se respeta y se percibe, al igual que "el otro" en lo mismo.

El lugar nos muestra una estética porque, como instrumento de medida, es sensible a los cambios de uso, a los destellos desmesurados de los objetos que recibe y las sacudidas de una realidad que desplaza los seres que lo habitan. Al dar un lugar a la vida, el espacio arquitectónico se interpone entre los objetos y los sujetos; filtrando la cascada interminable de sensaciones, abre la mente a espacios de silencios propios de la ensoñación. La figura del edifico es una máscara que deja entrever al ser, como una plenitud que se presiente desde el pensamiento.

El ser entero no puede mostrarse. Existen reglas de uso que regulan las maneras de cómo el ser puede mostrarse, porque son como emblemas del ser. Existe, pues, una ética de la estética que predetermina lo que se considera normal. El desplazamiento del cuerpo, no obstante, trastoca estos lenguajes y estas normas. La ética de la estética da la medida a estos posibles desplazamientos. Un objeto encastado en su lugar, inmóvil, no tiene propiamente lugar. Y así el lugar sin espacio es un lugar fijo entre sus propios límites.

En la relación del cuerpo con el espacio, el edificio no es el único lugar arquitectónico. Todo el contexto es arquitectura. Mediante la implantación de un edificio como texto, su contexto se transforma en co-texto. Si existe intertextualidad, entonces el contexto no estará sin solución de continuidad en relación con lo que agrupa y contiene, sino que estará en contigüidad; el entorno de los edificios, su contexto, no se confunde con sus paredes exteriores. Yendo del texto al contexto, se produce un proceso de encajonamientos sucesivos.

¿Cuáles son las relaciones entre el *topos*, o envolventes sucesivas, y el *choros*, o límite al caos amorfo ilimitado? El *topos* se implanta en un lugar de inclusión y de encajonamiento. Otros espacios, por tanto, cabalgan entre este encajonamiento sin identificarse con él. Algunos se configuran en espacios de exclusión, en los márgenes, otros construyen intersecciones entre las envolventes inmóviles. Las particiones de cada espacio se disocian y se superponen a otros espacios, marcándolos. Entre todos ellos aparecen espacios relativos a escalas múltiples.

Las particiones del espacio son el producto de un espacio que espacializa, de una arquitectura que, al articular lo físico y lo geométrico, construye sistemas de referencia que escapan a cualquier límite localmente concebido. Los lugares relativos son la envoltura inmóvil de porciones de espacio material, espacializadas por figuras arquitectónicas que ellas mismas forman parte de espacios espacializantes, formas puras y lugares de referencia que no ocupan ningún cuerpo.

En la dialogía de las articulaciones espaciales, los lugares relativos, al acoger la complejidad de los desplazamientos, no están ellos mismos en movimiento. Pero se abren a través de un proceso de información desde una fragmentación de la globalidad, en la que cualquier fragmento está interrelacionado con los demás. Existe pues una estética de las estructuras envolventes y una retórica de la acción que las atraviesa. Cuando la persuasión logra poner en duda el caparazón global que recubre los lugares, provoca una transformación, invalida la clasificación de usos y adopta otro sistema de clasificación.

Objetivos del libro

Este libro, dedicado a Lewis Mumford desaparecido recientemente,[1] es una tentativa de síntesis de la significación de la topogénesis, o sea del estudio de la construcción de lugares para vivir.

Ya hace años que analizo las teorías sobre la construcción de lugares, sobre todo, desde un punto de vista arquitectónico.[2] El diagrama 1 contiene el esquema de estos análisis que siguen el pensamiento occidental en su conjunto.

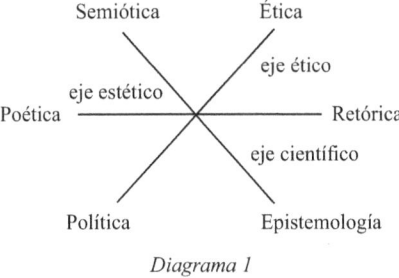

Diagrama 1

Aún cuanto he dividido mi análisis en tres síntesis parciales sucesivas: la estética, la ética y la lógica, no hay que olvidar la globalidad de la topogénesis como expresión de la vida humana completa, en la que las barreras entre estética, ética y ciencia son siempre fluctuantes y están siempre sujetas a una reflexión crítica.

Así el libro empieza con una reflexión filosófica sobre el cuerpo, el lugar y la historia, y acaba con una reflexión utópica proponiendo una modernidad específica, o un relato histórico preciso, bajo forma de un "proyecto arquitectónico".

Las ilustraciones también traspasan cualquier frontera entre estética, ética y lógica, fronteras que son desgraciadamente necesarias para pensar el lugar.

Antes de empezar hay que hacer unas precisiones importantes:

Primero, desde la topogenética las distinciones entre arquitectura y urbanismo son muy poco útiles. Como decía Hegel, un lugar nos lleva a todos los otros lugares posibles. Si en la planificación el lugar no se ve afectado entonces es efectivamente algo alejado de la arquitectura y no-topogenética. Pero a menudo la planificación incluye aspectos de predeterminación del lugar, con lo que se equipara a un nivel topogenético.

En segundo lugar, es cierto que las profesiones involucradas en la topogenética son muchas, y que la profesión de arquitectura es solamente una de ellas. Sin embargo, es la que históricamente ha relacionado con mayor profundidad objeto, sociedad y territorio por lo que me oriento especialmente hacia ella, aunque siempre desde una perspectiva abierta e interdisciplinaria. No es por casualidad que cada lugar exige una interdisciplinariedad diferente, como veremos.

---

[1] Conocí al ya entonces viejo profesor en el año 1963, cuando yo era un estudiante. Desde entonces mantuvimos una correspondencia regular. Espero que ahora que ya no existe pueda yo impulsar sus ideas sobre la importancia del espacio humano como cultura.
[2] Ver *La arquitectura como lugar*. Edicions UPC, Barcelona, 1996. También *Topogénesis-Uno. Topogénesis-Dos. Topogénesis-Tres.* Oikos-Tau, Barcelona, 1980.

Finalmente, analizamos objetos para ver el hombre a su través. Al revés del teatro, la arquitectura descubre el argumento en el escenario y el lenguaje en el objeto. La topogénesis nace y muere con el lenguaje, pero no puede identificarse con él, como sugiere el pasaje bíblico de la Torre de Babel.

Introducción: el cuerpo, el lugar y la historia

Los últimos años del siglo nos permiten ver con mayor frialdad la razón del lugar que tan afanosamente buscó la cultura de los sesenta y, ya con mucha menor ilusión, la de los años setenta. Hasta qué punto este enfrentamiento tuvo que ver con los fracasos de unas razones inconscientes o apresuradas, o hasta qué punto ha sido la crisis económica mundial la que ha enfriado la búsqueda ilusionada (e ilusoria) de esta razón del lugar, es algo que quizás no sabremos jamás. Pero, en todo caso, hoy «pasamos» mucho de la búsqueda de las razones del lugar y pensamos mucho más en buscar las formas de disfrutar del lugar, de sobrevivir en él, de protegernos de él.

Una vez más, son las excelentes obras de Richard Sennett[1] las que nos han abierto los ojos a una problemática social: del lugar actual, sin repetir y sin mirar fórmulas hechas, ni lugares mejores. Sin embargo, no voy a entrar aquí en su polémica,[2] ni tampoco a intentar una vez más un análisis de la razón del lugar a partir de alguna manera o de algún arte particulares como ya lo he intentado en mis publicaciones previas;[3] lo que voy a intentar en este artículo es una síntesis de lo hasta aquí vivenciado a partir de esta multiplicidad de vías de aproximación. Forzosamente será una vivencia personal, aunque aquí, en la razón del lugar (y ahí está una primera tesis), lo personal es ya siempre lo universal.

Empecemos por decir que los años ochenta se equivocaron al buscar la razón del lugar... fuera del lugar.

La razón la tenían «como en un sueño» en el lugar mismo y no en complicados instrumentos de análisis. Pero no seamos injustos porque este esfuerzo de análisis tuvo sus frutos. La razón del lugar empieza cuando nos damos cuenta de que el lugar es lo más opuesto a la historia que puede darse, y que es el sujeto humano (con su cuerpo), lo único que constituye el puente que enlaza historia y lugar. *Sin el lugar* (y lo saben bien los locos, o los perdidos en el desierto, o en el mar, o en la nieve, o, simplemente, los emigrantes) *se rompe la razón entre la historia y el sujeto*; el lugar permite al sujeto navegar por la historia y permite a la historia «situar» al sujeto. Juntos (el sujeto, la historia y el lugar) son capaces de multiplicase y desarrollarse. Separados, perecen forzosamente de inanición. Descubrir las «funciones» del lugar dentro de este triángulo dialéctico que Platón definió como razón será el objetivo de las páginas que siguen. Si el lugar es este puente entre el sujeto y la historia, su existencia no podrá depender totalmente de ninguno de los dos, pero tampoco podrá prescindir de uno de ellos.

Esto es lo que ocurre en realidad. Siempre se habita el lugar desde la historia y siempre se analiza la historia de un sujeto "estando" en los lugares que ha ocupado. En ambos casos el lugar sirve de vehículo y de puente entre la historia y el sujeto. Ésta es la razón del lugar.

Cuando esta razón se rompe (con la locura, con el destierro o con la radical renuncia a la existencia histórica en sus diferentes formas), el lugar

---

[1] Sennett, R. *The Fall of Public Man*. Knopf, 1977.
[2] Muntañola, J. *Topogénesis-Dos*. Oikos-Tau, Barcelona, 1980
[3] Muntañola, J. *Topos y logos*. Kairós, 1979.

se vuelve insignificante, difuso, confuso y, en el límite, se confunde con la muerte, la cual no atiende a razones.

Lo que descubre mi indagación sobre el desarrollo conjunto de la noción de lugar y la noción de tiempo (o sea, de historia) en el sujeto infantil (ver artículo núm. 1 de la segunda parte de este libro), no es más que una prueba de este nexo «racional» que el lugar construye (o destruye) entre el sujeto y la historia. Otra prueba es el trabajo excelente de Simmel sobre el extranjero,[4] o los certeros análisis del antropólogo del lugar por excelencia, Amos Rapoport.[5]

Lo que sugestiona y repele al mismo tiempo de la arquitectura como constructora de lugares es justamente esta obligación que tiene el sujeto para comprender la razón del lugar, de colocarse en otro lugar, es decir *en el lugar del lugar que el otro ocupaba al crear el lugar*. Muchos arquitectos fracasan al no saber colocarse *en lugar de*, aunque los que de verdad disfrutan diseñando acaban adquiriendo un gran virtuosismo en esta especie de *anti*teatro que es la arquitectura. *Anti*teatro porque debes colocarte *en lugar del otro*, cuando, ni el otro, ni el lugar, ni el espectador te ven. El arquitecto es un autor teatral que actúa en solitario, de la misma manera que el actor de teatro no tiene propiamente lugar, puesto que los teatros no tienen otra razón que hacer teatro. Son los lugares más *anti* históricos que existen.

Y hay más: la fuerza poética y retórica del lenguaje verbal se origina en este poder del lugar de ser nexo entre sujeto e historia, porque la característica esencial de este nexo es la de poseer vacíos. El lugar es una realidad hueca, con dentro-fuera y con complejidad y duplicidad formal, funcional, etc. Ni el sujeto ni la historia tienen «huecos». Sólo el lugar, por ello su razón es como un sueño en boca de Platón. La imagen más clara de esta realidad sigue siendo la de P. Kaufmann: "El lugar comunica dos cuerpos que están en el mismo lugar",[6] lo cual es físicamente imposible, por lo que para orientarse en el lugar (los niños lo saben bien) hay que ser "dos" sujetos alguna vez, hay que tener historia, comunicar con otros sujetos. Un sujeto radicalmente solo no necesita lugar, no puede tenerlo. Todas estas reflexiones parecerán "fuera de lugar" ya que la cultura industrial ha estado a punto de provocar una catástrofe mundial como ya predijo Heidegger con su famoso discurso sobre el construir, el habitar y el pensar.[7] Hasta aquí, pues, no he hecho otra cosa que resumir en pocas palabras el resultado de mis indagaciones sobre la naturaleza del lugar humano; será preciso ir un poco más allá para deducir ahora la significación futura de su razón.

Uno de los trabajos más sorprendentes del antropólogo Amos Rapoport[8] es su estudio del lugar de los aborígenes australianos en un estado original, sin lugares construidos (casas, chozas, etc.) pero con un "sentido del lugar" basado en una percepción en la que el sueño y la realidad, el mito y la situación real, lo sentido y lo pensado, se mezclan, formando una unidad indisoluble que es la que les sirve para sobrevivir. Con ello Rapoport apoya la visión de Platón que he usado en varias ocasiones: "... pero existe una tercera naturaleza, o sea el espacio, indestructible, la cual ofrece casa a todas las criaturas creadas y es aprendida, en ausencia de todo sentido, gracias a *cierta razón epicúrea que es como un sueño...*" (Platón, *Timeo*).

La consecuencia capital de mis propias investigaciones es la de que esta manera de concebir, percibir y construir el lugar, es, hoy, como lo era ayer y como lo será mañana, la misma. (Lo que, dicho sea de paso, no es más que una manera "vulgar" de dar la razón a la filosofía de Heidegger.) Es decir, seguiremos "conociendo" el lugar a través del mito (*status*, estilo de vida, ideologías, etc.) mezclando sueños y sensaciones, realidades y idealidades. Tal como indica Rapoport, hemos perdido

---

[4] Simmel, G. *Sociología*. Revista de Occidente.
[5] Rapoport, A. *Aspectos humanos de la forma urbana*. Gustavo Gili, 1978.
[6] Kaufmann, P. *L'experience emmocionelle de l'espace*. Vrin, 1967.
[7] Heidegger, M. *Dwelling, Thinking and Building*. Harper, 1971.
[8] Rapoport, A. Artículo presentado en EDRA, Los Angeles, 1973.

"inmediatez" entre cultura y naturaleza, lo cual a veces nos convierte progresivamente en seres insensibles al lugar y, por tanto, indiferentes a sus razones, hasta ser capaces de vivir en medio de una autopista o en un caos urbanístico, sin ninguna capacidad de "ser soñado", con agrado. *La unidad entre sueño y el lugar, en el que el sueño, y a partir del cual sueño,* (recordemos cómo los niños de tres años siempre colocan a las personas durmiendo en el lugar) *ya no es tan inmediata como en los pueblos "dichos" primitivos, pero sigue siendo la base fenomenológica y estructural de la razón del lugar.*

Sin lugar no podríamos soñar y, si tal como descubrió magistralmente Lewis Mumford en uno de sus mejores capítulos[9] el sueño es uno de los síntomas que diferencia al hombre de cualquier otro ser vivo, ese sueño está indisolublemente unido al lugar, nace del vínculo entre el cuerpo y el lugar, que es el mismo vínculo del cual nació el mito. Y cuesta poco desde aquí dejarse llevar por la imaginación y trazar paralelismos con cualquier religión en sus orígenes...

La razón del lugar es como un sueño porque la unión entre el cuerpo y la historia, que es el lugar, ha de realizarse necesariamente de esta manera. Aunque hoy el "sueño" a veces se llame "ciencia", no por ello pierde su fuerza mítica, o sea su capacidad de animar un esfuerzo de transformación y crítica del medio físico y social. Y así llegamos al nudo gordiano de la cuestión del lugar: ¿cuándo un mito se "mitifica"? Esta ha sido la cuestión esencial que ha preocupado a Lewis Mumford durante toda su vida y este es el aspecto que una y otra vez ha confundido a los que de una forma de lugar querían hacer la defensa de un sueño que debería convertirse, así, en realidad. Y es que si la razón del lugar es esta razón epicúrea *que es como un sueño* la cual se ubica entre el cuerpo y la historia, es porque jamás el lugar en sí, construido o proyectado (tanto da), es garantía de cambio, de transformación, o de revolución. Es como un sueño, síntoma de algo, representación de algo, pero nunca puede llegar a ser más que un medio, una mediación, un sueño, que puede desencadenar iras, odios, violencia, pero que, él solo, no puede garantizar ningún cambio. El lugar puede *desencadenar* lo que de hecho ya existe entre el cuerpo y la historia; es, como el lenguaje verbal, un medio importante de provocación, de denuncia, pero que, como en un sueño, nadie ni nada nos garantiza que "funcione". Es como un riesgo. Riesgo que cada día es mayor en la "cultura" y menor en lo "natural", pero que en su suma sigue siendo el riesgo de la supervivencia.

Lo importante será pues, hasta qué punto el sueño entre el cuerpo y la historia se explicita en un doble sentido, en el de salir del cuerpo, o sea en el de proyectar arquitectura, y en el de leer la historia, es decir en el de usar el lugar construido como clave de la historia. El lugar está entre el lugar soñado por el cuerpo, o proyectado, y el lugar construido por la historia o habitado. La "mitificación" viene de la falta de relación entre estos dos movimientos complementarios de expresión. *Lo que el cuerpo sueña y lo que la historia sueña ha de conectarse para que se produzcan cambios y se eviten mitificaciones.* Y este mecanismo es exactamente el que se descubre en los pueblos primitivos cuando debido a una catástrofe natural y/o cultural tienen que modificar el "habitar" un lugar o cambiar de lugar.

Alguien (un cuerpo) "sueña" lo que hay que hacer, y lo "sueña" *desde, hacia* y *en* un cuerpo, y *desde* y *en* una historia colectiva de mitos, migraciones, viajes, rituales e itinerarios ancestrales. Entonces el cambio viene, la tribu sobrevive, el lugar cambia, el sueño se realiza. No es que la razón del lugar sea diferente al cambio sino que, como una palabra muda, está allá quieta esperando que entre el cuerpo (o cuerpos) y la historia se produzca la chispa de la cual él no es más que el material de base, el medio expresivo, el sueño construido o constructible.

Si entre las dos corrientes de explicitación del sueño del lugar, la que surge del cuerpo y la que surge de la historia, existen contradicciones, el cambio debe llegar al lugar. La mitificación nace de la represión de dichas contradicciones, no de su

---

[9] Mumford, L. *El mito de la máquina.* Emecé, 1967.

existencia. Es la misma vida y la misma muerte las que median entre el lugar que el cuerpo sueña y el lugar que la historia construye. El lugar es siempre lugar de transición, de iniciación, de entrada y de salida.

Lo que el futuro debe hacer es aunar lo que el cuerpo sueña y lo que la historia sueña. Ha de usar el lugar como clave de interpretación de la historia colectiva y de la vida individual, para encontrar las fisuras y decidir qué sueños deben marcar el futuro. Tarea para nada fácil, pero no hay otro modo de cumplir la razón del lugar, su arquitectura. Tarea que, una vez más, ha sido bosquejada por Jacques Derrida en su último libro: *Khôra*.[10]

---

[10] Derrida, J. *Khôra*. Galilée, París, 1993.

1 Las dimensiones estéticas de la topogénesis

1.1 Estética y topogénesis: el lugar como relato

Mi análisis estético de la topogénesis se estructura en tres dimensiones complementarias que se superponen sin confundirse, a saber:
— la dimensión poética,
— la dimensión retórica,
— la dimensión hermenéutica.

Como eje conceptual, yo seguiré el artículo excelente de Paul Ricoeur: "Poética, retórica y hermenéutica",[1] publicado en 1989, precisando que los tres aspectos del lenguaje que define Paul Ricoeur se transforman en las tres dimensiones del lugar habitado, o topogénesis. Analizaré la poética y la retórica en los capítulos 1.2/1.3. Entre estas dos dimensiones fundamentales de la estética del lugar construido yo coloco la dimensión hermenéutica. Aquí introduzco una reflexión sobre la "invención" en la estética y sobre la fenomenología de la emoción, según Pierre Kaufmann. Esta última reflexión tiene por objetivo recordar que la dimensión estética, en general, de la topogénesis tiene un aspecto social e *inter*textual (dialógico) que va más allá del edificio habitado como objeto. Dicho de otro modo: la realidad estética tiene como límites la experiencia interior, individual, y la experiencia universal, colectiva, del hombre en el mundo y en la historia. Intentaré más adelante definir las complejas relaciones entre lugar e historia, ya anunciadas en la introducción general de este libro, pero un análisis de la estética de la topogénesis debe ser consciente desde el principio de esta raíz social del lugar. Finalmente, en el capítulo de conclusiones (capítulo I.4) intento también describir la estética del lugar como medio ambiente vivo, como "cultura", que se transforma transformando la sociedad que lo "cultiva". Cierra esta primera parte de topogénesis una corta reflexión sobre la modernidad.[2]

1.2 Poética y topogénesis

La dimensión poética es esencial en el análisis estético de la topogénesis, o sea de la génesis del lugar habitado. Gracias a la ayuda de algunos trabajos recientes sobre la poética del lugar habitado y, muy especialmente, gracias a la obra de B. Maj,[3] haré rápidamente una síntesis de mis estudios anteriores.[4]

La estructura poética de la arquitectura ha estado descrita por primera vez en la obra de Robert Venturi *Complejidad y contradicción en la arquitectura*.[5] El punto de articulación entre la razón de ser de la poética y la estructura del "argumento" de la obra de arte, en este caso un edificio, está claramente definido por Venturi a través de las tres categorías poéticas, o catástrofes aristotélicas,

---

[1] Paul Ricoeur. En *From Metaphysics to Rhetorics*. Kluver, Londres, 1989.
[2] Ver en la bibliografía final las obras de R. Poggioli; P. Burger; A. Benjamin.
[3] Maj. *Elementi di metaforologia aristotelica*. Gabrieli Corbo, Ferrara, 1987.
[4] Muntañola, J. *Poética y arquitectura*. Anagrama, Barcelona, 1981.
[5] Venturi, R. *Complexity and Contradiction in Architecture*. Museum of Modern Art, Nueva York, 1966.

de la estética arquitectónica, es decir: *la doble forma, la doble función* y *el elemento convencional*.

"Teatro" (relato)	"Arquitectura" (proyecto)
(De acuerdo con Aristóteles)	(De acuerdo con Venturi)
Peripecia	Doble función
Reconocimiento	Doble forma
Lance poético	Elemento convencional

Diagrama 2. Las catástrofes poéticas

En efecto, y siguiendo las definiciones precisas de Paul Ricoeur,[6] de que *mimesis* poética no debe jamás entenderse como "copia" o "imitación", a secas, sino como "representación", o como "juego simbólico" siguiendo también aquí a Jean Piaget,[7] vemos que:

«*La "mimesis" estética es siempre representación de una acción a través de una ficción artística correcta gracias a un argumento, o intriga, poéticamente bien estructurado. Análogamente, el objeto arquitectónico tiene un "argumento" espacio-temporal, o "lugar", que articula "construcción" y "habitación" (o habitar), con un diseño (o proyecto) que precisa, mide y proporciona un objeto arquitectónico.*»

En la obra citada de Maj, la obra de Aristóteles consigue una potencia extraordinaria. Nos recuerda Maj que se olvida a menudo que la relación entre lenguaje y vida humana es tan intensa en Aristóteles, que no hace falta salir del lenguaje para alcanzar una alta intensidad existencial. *La vida cambia el lenguaje y el lenguaje cambia la vida, gracias a la estructura de intercambio que consigue la "metáfora", auténtico "micro-poema"*. En la dimensión poética de la arquitectura, es el mismo proceso profundo el que se dinamiza. El objeto arquitectónico y su contexto vivo, físico y social, deben de intercambiarse con el fin de permitir recrear la poética de los lugares. Las formas y las funciones se articulan poéticamente en la arquitectura porque trabajan hombro con hombro con la vida misma. *L'Architecture Vivante*, de Theo Van Doesburg, es un buen ejemplo de esta articulación con la vida, gracias a las lecciones, en este caso, de Spinoza.

La belleza de los lugares habitados siempre ha tenido, en los tratados de arquitectura, el contenido poético del entrecruzamiento entre construcción y habitar. Los trabajos de Robert Venturi, Colin Rowe y Spiro Kostof,[7] lo han analizado recientemente y, sobre todo, ha sido Andrew Benjamin el que ha llevado al extremo las ideas, aristotélicas en su origen, de las relaciones entre *avantgarde* y mimesis. (*op.cit.* cap. 1.1). Efectivamente, este autor utiliza la noción de "distancia estética" de Burke, distancia a partir de la cual el sufrimiento adquiere un valor estético, noción claramente análoga a la definición aristotélica de la distancia precisa y exacta desde la cual se puede disfrutar, comprender y "ver", estéticamente, una pintura. (Por ejemplo, ver este concepto en *op.cit.* de Maj, nota 3.) La estrategia proyectual de Peter Eisenman de "*des*localizar para localizar" (*to dislocate that which it locates*) es también una definición exacta del valor estético de la metáfora, según Paul Ricoeur y su *metàphore vive*. Con estos escritos, Andrew Benjamin ha enlazado la poética con la deconstrucción. Finalmente, con su reflexión sobre la obra de Malévitch como "liberación" y "emancipación" del arte gracias a pintar el "acto" de pintar y no la realidad, Andrew Benjamin convierte en positivo el espacio vacío entre los objetos, con lo que las "catástrofes" poéticas se internan más, si cabe, en la obra de arte.

La acción poética del lugar y de su arquitectura apenas si ha sido hasta hoy explorada. Podemos utilizar la poética como instrumento de análisis crítico de una obra, como en el caso de los ejemplos que expongo aquí de manera extremadamente simplificada, pero la obra de B. Maj, ya citada, y el trabajo inigualable, ya clásico, de Nortop

---

[6] Piaget, J. *La formation du symbole chez l'infant*. Delachaux et Niestle, Neuchatel, 1959.
[7] Kostof, S. *A History of Arcchitecture: Rituals and Settings*. Oxford University Press, 1985.

Frye, sobre la anatomía de la crítica, nos abren nuevos campos: los campos de los "géneros" arquitectónicos, el análisis de los elementos esenciales de la arquitectura y de sus "modos" de articulación en diferentes "tipos" de edificios. Sin embargo, toda esta apertura "dialógica" de la poética no debe jamás distraernos del centro fundamental de la poética de la arquitectura, es decir de la composición correcta de los elementos constructivos con el fin de constituir un espacio vivo, de tal manera, que cada elemento será capaz de soportar diferentes funciones y podrá ser "leído" desde una multiplicidad de escalas formales; y así, estos elementos adquieren un valor poético y son la garantía de este valor poético llegue al lugar que construyen (ver diagrama 2).

También podríamos aplicar el paradigma poético, así definido, a la enseñanza de la arquitectura y a una pedagogía *topo*genética generalizada, que considere la transmisión educativa como "producción poética" y nunca como una mera retórica, siguiendo la lectura extremadamente reductora que Cicerón hizo en su día de la poética y de la retórica de Aristóteles.

Repito, hay mucho por hacer. Hoy podemos construir más rápido y más sólidamente que ayer, pero nada nos garantiza que la nueva poética de nuestra arquitectura y de nuestros lugares contemporáneos sea mejor que lo fue ayer.

Además, las enormes posibilidades tecnológicas deben articularse con una complejidad, cada día mayor, de las exigencias culturales si de verdad queremos generar una cualidad poética.

El acierto de Hölderlin en su poesía sobre el "habitar" nos confirma la enorme profundidad que puede llegar a tener la topogénesis como práctica vital. La posibilidad de "construir" con la arquitectura un verosímil vivo, como lo logra la metáfora en general, o sea un "*mini*-poema", convierte la acción de construir un lugar en una de las acciones más valiosas de la cultura humana. Desgraciadamente, estamos todavía muy lejos de lograrlo... pero nunca debemos perder la esperanza.

Primer ejemplo
De la poética de la arquitectura

Las ilustraciones de las páginas 95 y 96 muestran la sorprendente transformación de una casa, modesta, de campo, en un minúsculo núcleo medieval consolidado el siglo XVIII junto a una iglesia del siglo X. No es una "historia" de siglos con "mayúscula", sino una historia "normal", de artesanos y no de reyes. Sin embargo, una arquitectura de una riqueza ilimitada que la arquitecta catalana Magda Saura Carulla ha sabido aumentar y transformar, siguiendo un camino rechazado obstinadamente por los mejores arquitectos europeos: el entrecruzamiento poético entre lo nuevo y lo viejo. Las vanguardias penetran en la historia; ella no ha construido un mundo artificial, cosmético, que anula cualquier cultura.

Por una vez, modernidad significa arquitectura. Nada es gratuito, nada es totalmente artificial. Artificialidad, historicidad y modernidad se articulan poéticamente en una arquitectura, modernidad singular y específica, siempre viva, siempre presente. Lección que no aprenden muchos arquitectos que persiguen la celebridad a través de una arquitectura moderna que ya nace muerta, pero ellos no se enteran...

Segundo ejemplo
De la poética de la arquitectura

Este segundo ejemplo es un ejercicio realizado en 1986 en la Escuela de Arquitectura de Berkeley, a partir de la Deanery House de E. L. Lutyens de 1905, y cuyos dibujos originales (del jardín) están justamente en el archivo histórico de dicha escuela. Jean Gabriel elabora su objeto poético con virtuosidad ancestral, deconstruyendo un pabellón de jardín para un artista, sintetizando lo mejor de Lutyens y lo mejor de California, es decir Bernard Maybeck. Podría escribirse un libro sobre las catástrofes poéticas de este edificio minucioso y delicioso que probablemente jamás será construido.

24
Topogénesis

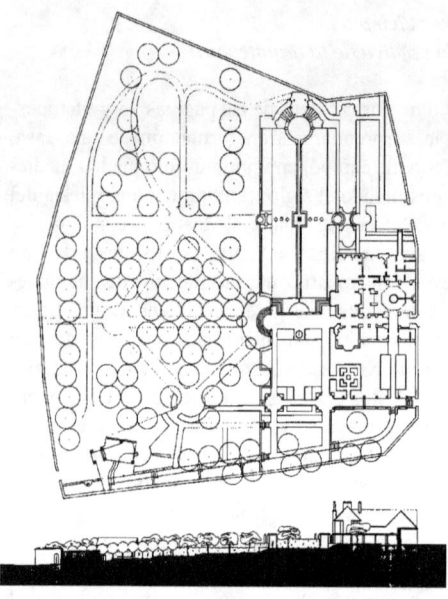

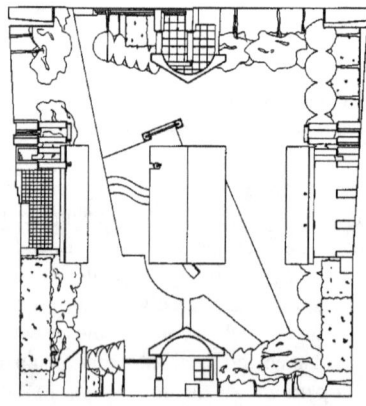

Segundo ejemplo: Ejercicio Proyectual sobre la "Deanery House" de E.L. Lutyens

Las dimensiones estéticas de la topogénesis

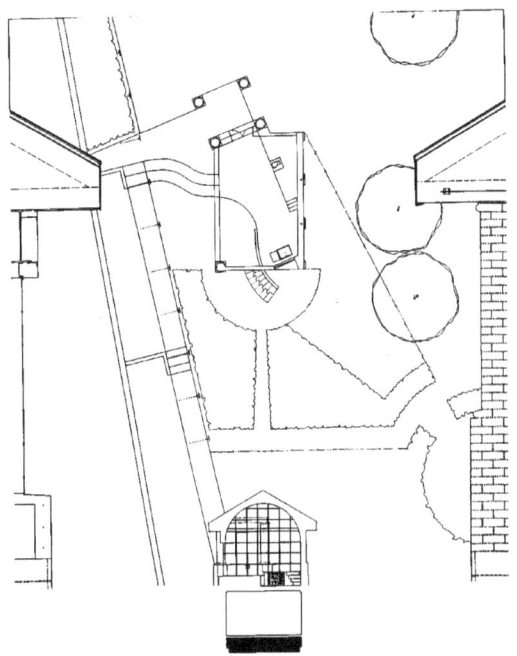

1.3 Retórica y arquitectura

1.3.1 Introducción

Mi primera tentación al escribir un estudio sobre retórica de la arquitectura fue seguir el mismo camino que el de mi análisis anterior sobre la poética y la arquitectura,[8] trazando en la historia las diferentes estrategias compositivas y sus ramificaciones dentro del movimiento moderno. Pero ello, y a pesar del esfuerzo ya hecho por Colin Rowe,[9] era algo enormemente complejo y, a la postre, algo de dudoso resultado, puesto que, al contrario de la poética, la retórica ha seguido un camino mucho más irregular, mucho más diversificado y, por lo tanto, mucho más difícil de valorar a través de un análisis historiográfico.

Dejando, pues, para otra ocasión los trazados históricos de una retórica de la arquitectura, aunque algunas referencias se pueden encontrar en este libro, he preferido ir directamente al núcleo teórico de la cuestión, núcleo *thèorico* que invisto de toda la importancia que Gadamer da a la noción de teoría,[10] precisamente para evitar una práctica degenerada y para perseguir la revitalización de una teoría de la acción que sea únicamente la defensa del oportunismo político más descarado y cínico.

La *thèoria* es, pues, en este libro, una fiesta, una celebración, tal como corresponde a su origen en la cultura griega y no una fuente del aburrimiento, aunque, dicho sea de paso, hay quien no se divierte ya con nada o con bien poco.

Sin romper el hilo continuo de una argumentación de por sí muy complicada, paso a discutir el objetivo primordial, o sea: qué es la retórica, objetivo que ya empecé a descubrir en mi libro anterior: *Poética y arquitectura* (1981).

De ahí, que siguiendo a Aristóteles y a su moderno y excelente comentarista Paul Ricoeur,[11] la retórica no es una floritura que se coloca en cualquier mensaje comunicativo en su aspecto más superficial, sino que es *la que nos describe los sistemas de composición de dicho mensaje*. Esto es lo que indica Roland Barthes[12] cuando traduciendo a Aristóteles nos dice que la retórica es: "el arte de extraer de cada tema su composición...". Obviamente, en cualquier tema la composición incluye aspectos no retóricos, como la gramática, la lógica; pero los propiamente retóricos son, sobre todo, los que se concentran en las *estrategias* del convencer y del persuadir. En ello se diferencia de la poética, pero no para perder interés, sino para todo lo contrario. Esto es lo que demuestra Perelman en su primer excelente estudio, donde defiende la inclusión en la retórica antigua de las estrategias de la argumentación y no sólo de las figuras retóricas desarrolladas durante la Edad Media.[13]

Impedir la degeneración de la retórica es importante para revitalizar la poética, la lógica, la semiótica, etc., puesto que solamente a partir de reconocer los argumentos que se necesitan para convencer y persuadir de algo, que no son nunca ni argumentos cien por cien lógicos, ni cien por cien poéticos, se descubre el valor y el contenido de cada una de las dimensiones o categorías citadas. Este es, en suma, el argumento esencial que hay que analizar ahora con cierto detalle. El hecho de que los instrumentos o estrategias de la retórica sean instrumentos *degenerados* de la lógica (silogismos transformados en entinemas), o de la poética (las metáforas y las demás figuras del lenguaje), o de la semiótica (los ejemplos como degeneración de los signos), ha hecho caer a los comentaristas en el error de creer que dichos instrumentos o estrategias eran "hojarasca" inútil, y que sólo a partir de una lógica podía superarse el academicismo de los estudios retóricos de una escolástica formalista. Sin embargo hoy se va descubriendo que las fronteras entre la lógica, la

---

[8] Muntañola, J. *Poética y arquitectura.* Anagrama, Barcelona, 1981.
[9] Rowe, C. El *Manierismo en el Movimiento Moderno y otros ensayos.* Gustavo Gili, Barcelona.
[10] Gadamer, H. G. *La Razón en la época de la ciencia.* Alfa, Valencia, 1981.
[11] Ricoeur, P. *La Métaphore Vive.* Seuil, París, 1975.
[12] Barthes, R. «L'Ancienne Rhétorique». *Communication,* n.º 16, París, 1970.
[13] Perelman, Ch. «L'Empire Rhétorique». *Communications,* n.º 16, París, 1970.

poética y la retórica no son tan claras como se suponía, y que la inmensa cantidad de materiales acumulados por la retórica, como por ejemplo la lista de figuras de estilo del diagrama 5,[14] pueden ayudar al que quiera convencer de algo a alguien, aunque ello fuese falso, pero también pueden ayudar al lógico, ampliando sus tipos de lógica, y al retórico de la poesía, que analizará lo poético con ayuda de las transformaciones gramaticales que consiguen los instrumentos retóricos. Lo que ocurre es que las figuras de estilo componen el texto del mensaje y, simultáneamente, ayudan a persuadir. *No se puede separar composición y persuasión sin destruir lo más específico de cualquier proceso retórico.*

En relación directa con la arquitectura (véase el diagrama 1), es importante hacer notar la dialéctica, ya anunciada en mi libro sobre la poética,

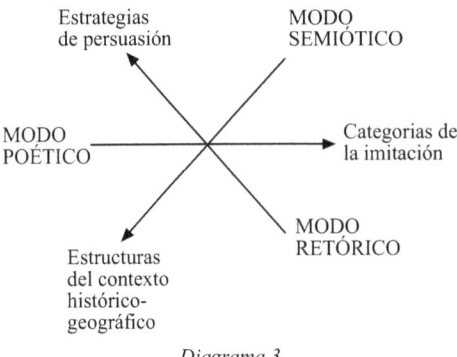

Diagrama 3

entre: a) las tipologías arquitectónicas más o menos precisas acumuladas por una historia colectiva; b) las categorías poéticas que cada edificio o cada conjunto de edificios contienen; c) las estrategias retóricas que son las que consiguen transformar las tipologías para producir efectos poéticos nuevos y, viceversa, transformar las poéticas para producir nuevas tipologías. Pero no todas las combinaciones entre tipología, retórica y poética son deseables y, sobre todo, no todas las combinaciones consiguen la correlación poética entre el construir y el habitar que es el único corazón posible de la arquitectura.

No se desprecia así ni a las poéticas, ni a las retóricas, ni a las tipologías, sino que se intenta potenciarlas en su recíproco y dialéctico interés común por la arquitectura.[15]

1.3.2 Retórica de la arquitectura: fundamentos y posibilidades

El diagrama 6 es la reproducción ampliada de una lista aparecida en mi libro anterior *Poética y arquitectura;* puede verse en él un conjunto de estrategias retóricas utilizadas por los arquitectos. A través de esta lista se comprueba que la retórica arquitectónica cumple una triple y simultánea función.

a) Sirve como "andamio" del proceso de invención y de creación del proyecto arquitectónico, o sea, como ayuda para componer y ordenar los impulsos de la imaginación y de las intuiciones con el fin de otorgar una forma explícita al edificio. Aristóteles hablaría aquí de la estructura del propio discurso y de la capacidad de autoconstrucción de los argumentos retóricos. (Libro III de la *Retórica.*)

b) Sirve como estructura de "persuasión" de cara al cliente, sea éste privado, o un grupo social, o un ente público, con el fin de demostrar una adaptación a sus necesidades, gustos, ideas, emociones, etc. Aristóteles hablaría aquí del mecanismo de persuasión. (Libro II de la *Retórica.*)

c) En tercer y último lugar, la retórica es un modelo de relación entre el proyecto y su contexto histórico-geográfico y arquitectónico previo, tanto del contexto inmediato, o lugar en el que está ubicado el edificio proyectado, como del contexto cultural y arquitectónico más amplio. (Libro I de la *Retórica.*)

Es justamente esta relación entre el contexto inmediato y el contexto cultural histórico y geográfico más amplio la que genera la tensión dialéctica que, a su vez, permite el desarrollo de estrategias retóricas de persuasión.

---

[14] Suhamy, H. *Les Figures de Style,* PUF, París, 1981.
[15] Ver Muntañola, J. *op. cit,* 1981.

ARISTÓTELES (*Discurso verbal*) (*El arte de la retórica*)	BARTHES (Vestido) (*Systéme de la mode*)	ARQUITECTURA (Este libro)
LIBRO I El que habla, o mundo de oposiciones del que habla. Contexto histórico-ideológico.	*Retórica del significado* El mundo o la ideología de la moda. Lo "viejo" y lo "nuevo", lo "joven" y lo "adulto", etc.	*Tipos de referencia* (Capítulo 1.3.5). Significado de las composiciones. Causas sociales de la persuasión.
LIBRO II *El proceso de persuasión* Entinemas y tópicos.	*Retórica del signo* La razón (*ratio*) del sistema de la moda.	*Estrategias de composición* (Capítulo I.3.4) (Ver diagrama 6)
LIBRO III El propio discurso. Principios de orden y figuras.	*Retórica del significante* Poética de la retórica, la organización del vestido en cuanto vehículo material.	*Figuras de composición* (Capítulo I.3.3) (Ver diagrama 5)

Diagrama 4. Retórica y arquitectura

Por otra parte, esta relación puede también compararse con la oposición entre diacronismo y sincronismo definida por los lingüistas. Aristóteles hablaría aquí de lo que es o no es justo en arquitectura, o del imperativo ético de la arquitectura. (Libro I de la *Retórica*.)

Para cumplir su papel, y de acuerdo con lo indicado en la precedente introducción, la retórica de la arquitectura consigue simultáneamente aumentar la redundancia de su propio discurso y aumentar la relación con su contexto histórico-geográfico. A este nivel, la división de Hegel entre arquitectura dependiente y arquitectura independiente se oscurece, o mejor, se reconstituye a un nivel más retórico y menos lógico, ya que ambos tipos de arquitectura pueden definirse a partir de diferentes estrategias retóricas. Parte del debate del realismo en el arte está implícito en esta distinción, aunque aquí nos interesará analizar los aspectos más operativos de la retórica arquitectónica y sus definiciones en el campo de la teoría del arte.

En efecto, la retórica cubre lo que se ha venido llamando los "sistemas de composición", y ya se adivina en el diagrama 6 que la naturaleza de estos sistemas o estrategias de composición es muy compleja, y que coincide esta complejidad con la sutilidad del debate sobre la imitación o "mimesis" analizado en mi estudio anterior sobre la poética.

En el diagrama 4 puede verse un ensayo del paralelismo entre la estructura de la retórica aristotélica y los contenidos de una teoría de la arquitectura. La estructura de la retórica aristotélica está extraída del libro ya citado de Roland Barthes[16]. Los aspectos más sugestivos de esta correlación son para mí los de un paralelismo entre la "óptica" de Aristóteles, definida como una lista de *lugares comunes* del discurso verbal y *los tipos arquitectónicos*, que son evidentemente y con mucha mayor propiedad *lugares comunes*. Las estrategias retóricas de Aristóteles, o sea, los entinemas, los ejemplos, las figuras retóricas, etc., sirven para instrumentalizar los distintos tópicos a lo largo del discurso retórico, sin que éste pueda identificarse nunca ni con una *lógica* (Aristóteles defiende su lógica en sus libros: *Tópica, Analítica* y *Dialéctica*, etc., o sea, en el *Organon*) ni con la *poética,* cuyas categorías no se parecen en nada a las estrategias retóricas si exceptuamos el papel de puente que realiza la metáfora.

---

[16] Barthes, R. *op. cit.*, 1970. Y también *Systéme de la mode*. Seuil, París, 1967.

En resumen, considero central en el debate sobre la retórica arquitectónica la ambigüedad detectada por Aristóteles en la retórica como puente entre la lógica y la poética; sin esta ambigüedad los sistemas compositivos, o sea, las estrategias retóricas, no podrían cumplir la triple función con respecto al proyecto arquitectónico que acabo de describir.

La habilidad del arquitecto en su uso de los sistemas compositivos, o estrategias retóricas del diseño (desde los *liniamenti* de Alberti hasta el *modulor* de Le Corbusier, hasta los sistemas "contextualistas" de Richard Meier), permite la relación entre el valor poético del edificio y su memoria tipológica, sin que sea posible prever con exactitud lógica el resultado de esta relación como no sea bajo la categoría de "probabilidad" definida por el mismo Aristóteles en función de la capacidad de persuasión del propio discurso.

Esta capacidad de "probabilidad" está enlazada con la categoría de "verosimilitud", con la "mimesis" y con la noción de "analogía". Todos estos conceptos se encuentran analizados en mi libro anterior, *Poética y arquitectura,* aunque todos ellos se ven ahora desde una perspectiva diferente si atendemos a la retórica.

Como decía, esta perspectiva la centra el propio Aristóteles cuando nos ofrece dos definiciones complementarias de la retórica, una, la ya citada de: "...el arte de extraer de cada tema su composición...", y la segunda, "...la retórica es la facultad de descubrir especulativamente lo que en cada caso pertenece al persuadir...". La capacidad analógica de la retórica se centra en la relación que hay entre las dos definiciones, o sea, entre la composición de la obra artística y la persuasión que consigue. No hay duda de que existe alguna relación entre esta analogía y la ya clásica división entre abstracción y empatía de Worringer, aunque el propósito de Aristóteles es más general[17]. Es evidente que esta analogía retórica no es automática ni en su composición, ni en su poética, ya que un mismo argumento retórico puede convencer en su contexto cultural y no conseguirlo en otro. Pero siempre existe una autonomía del hecho retórico, situada justamente en el lugar vacío que se abre entre la lógica y la poética. Si separamos composición y persuasión, destruimos la retórica y la degeneramos en una pseudológica o en una pseudopoética. Por el contrario, si mantenemos la tensión entre ambas dejamos el camino abierto hacia una poética y hacia una lógica, aunque por itinerarios distintos. El dominio de las figuras y de los argumentos retóricos es así tanto un dominio de la composición como un dominio de la persuasión, aunque ello no implique, más bien dificulte, una transparencia lógica o una mímesis poética. Esto es justamente lo que ve con gran agudeza Aristóteles en su libro III de la *Retórica* cuando dice que la gente tiende a ver en lo que se *parece* la verdad, y que por ello el retórico intenta persuadir que una cosa es verdadera por que se parece a otra cosa que lo es, aunque sepa que existe una diferencia y no una semblanza perfecta. Esta verosimilitud a la vez igual y diferente es la que produce el efecto retórico, funcionando aquí la arquitectura de un modo análogo al arte del comediante tal como indiqué en una obra anterior[18].

Un ejemplo de esta dialéctica es el proceso de formación de la decoración, que Gadamer caracteriza como lo esencial de la arquitectura en el polo opuesto a Loos, si consideramos que la decoración se genera casi siempre por la transferencia hacia elementos construidos con diferentes materiales de los que les dio origen. Por ejemplo, las tramas de mimbre de objetos primitivos se transfieren a decoraciones en azulejos, estucos, etc. Este proceso ya fue analizado por Quatremére de Quincy, Semper, etc., por lo que no es preciso aquí extenderse demasiado.

A partir de lo indicado en el diagrama 4, la retórica de la arquitectura queda perfectamente encuadrada como un aspecto del conocimiento arquitectónico, siempre que sigamos la aguda e inteligente

---

[17] He utilizado la traducción inglesa de la retórica de Aristóteles de la Loeb Classical Library por ofrecer mejor garantías en su traducción. Existen diferentes traducciones en castellano (ver bibliografía).
[18] Muntañola, J. *Topogénesis Tres*. Oikos-Tau, Barcelona, 1980.

afirmación de Vitruvio de que el conocimiento arquitectónico se genera simultáneamente desde la práctica, o diseño, y desde la teoría de la arquitectura, o justificación de la autoridad del diseño. Sin esta doble naturaleza el conocimiento arquitectónico no existe; sólo existe, según el mismo autor, o bien una práctica sin autoridad, o bien una teoría que sólo es una sombra sin sustancia arquitectónica.

El corazón de la retórica en arquitectura está así formado por la combinación entre figuras de composición (libro III), estrategias de composición (libro II) y tipología y contexto de referencias en su aspecto más arquetípico (libro I).

Las figuras de composición relacionan la retórica con la poética, y sobre ellas hablaré en el capítulo siguiente de este libro. Las estrategias de composición las analizaré en el capítulo I.3.4 y conforman las maneras a través de las cuales los arquitectos transforman e inventan los edificios. En el capítulo I.3.5 me referiré brevemente al valor de los tipos en la retórica y a la función contextualizadora que las estrategias y las figuras de composición consiguen en arquitectura. Este último aspecto de la retórica es el que Barthes llama *retórica del significado*, y que Aristóteles sitúa en su primer libro cuando habla de lo que es la retórica y no de sus medios de persuasión o de la estructura del discurso que persuade.

Dicho de otra manera, desde un punto de vista retórico las tipologías son mitos de referencia dispuestos a ser manipulados para persuadir. Mitos o modelos que pueden cambiar de naturaleza y llegar a ser en manos de Aristóteles las oposiciones entre lo justo y lo injusto, la alegría y la tristeza, etc., oposiciones que podríamos llamar arquetípicas, las cuales encuentran un paralelismo adecuado en arquitectura en la postura de Louis Kahn cuando busca siempre en sus proyectos el "qué" antes del "cómo", lo que *es* una escuela antes del *cómo* ha de diseñarse, construirse o habitarse.

Finalmente, en el capítulo 1.3.6, he transcrito unos ejemplos de análisis retóricas, los cuales, sumados a los artículos y libros citados en la bibliografía, hay que considerar solamente como los primeros pasos de una retórica de la arquitectura. Tal como decía en la introducción, el seguimiento histórico y epistemológico de algunas de las figuras y estrategias y el estudio de su contenido con respecto a las categorías retóricas de la moda en cada momento, es algo para lo que todavía no estamos preparados a pesar que desde los trabajos pioneros de Semper, Riegl, Frankl, etc., hayan pasado ya bastantes años...

En este sentido, quizás sea el momento de hacer referencia a la obra de Cornelís Van de Ven: *El espacio en arquitectura* (Madrid, 1981), obra interesante sobre todo por su análisis de las teorías alemanas del siglo XIX y principios del XX, o sea, de los autores que acabo de nombrar.

A través de los estudios de Cornelis Van de Ven puede verse la relación entre la retórica y la lógica de la arquitectura como idea espacial. El tema de la lógica será objeto de estudios posteriores por mi parte, pero no hay duda de que los análisis de la lógica del espacio durante los últimos doscientos años muestran una delimitación en las posibilidades de unos sistemas de composición, o sea, de una retórica durante estos mismos años. Quiero decir que, tal como indica Aristóteles, la retórica se mueve dentro de unas posibilidades lógicas e ideológicas que caracterizan la cultura propia de cada momento histórico.

Aunque el autor citado no profundiza lo suficiente en las aportaciones de la tradición francesa, como por ejemplo la obra de Claude Perrault, da en cambio una visión sintética muy certera de los autores alemanes a partir de la obra capital de Adolf Hildebrand: *El problema de la forma,* publicado en 1883, treinta años después de la obra pionera de Gottfried Semper. Los sistemas de composición, en cuanto sistemas o estrategias de persuasión, desvelan progresivamente las características perceptivas y funcionales del espacio arquitectónico. La lógica de la arquitectura, de acuerdo con Vitruvio, se transforma a través de la historia manteniendo siempre una relación de identidad entre presupuestos teóricos y resultados prácticos.

La noción de tópicos, que es como veremos la que enlaza la retórica con la lógica, según Aristóteles, se va transformando paralelamente a esta evolución de la arquitectura como idea espacial, y los intentos de estos autores alemanes siguen siendo la mejor base para entender el movimiento moderno en arquitectura y sus consecuencias, tal como demuestra Cornelis Van de Ven.

Desde un punto de vista retórico basta con darse cuenta de la dialéctica entre la poética, estos presupuestos lógicos y las estrategias retóricas, no siendo necesario supeditar completamente cualquiera de estas tres dimensiones de la arquitectura a las otras dos.

Un buen ejemplo es la teoría de Semper sobre el espacio arquitectónico como puente entre los sistemas de composición de "Beaux Arts" y los del Movimiento Moderno de la Bauhaus. A través de la transformación de Semper, cualquier retórica de la arquitectura adquiere un nuevo mecanismo de formación, que es el que caracteriza más tarde la libertad de creación del arquitecto de Movimiento Moderno sea cuales fueran las estrategias retóricas utilizadas: stijl, constructivismo ruso, expresionismo alemán, organicismo americano, etc.

Como punto final de este encuadre general al problema de la retórica es importante señalar que lo que tradicionalmente se llama "sistema" de composición en arquitectura y en arte queda dividido en cada uno de los libros de la retórica en tres dimensiones complementarias, tal como señala el diagrama 2. De esta manera, la postura *platónica o platónico-pitagórica* de querer reducir el "sistema" a una serie numérica de proporciones[19] se nos convierte en una *condensación lógica* de la retórica, intentando equiparar figuras, tipos y estrategias a una forma única e idéntica a sí misma. O, en el otro extremo del espectro retórico, podía también *condensarse poéticamente el sistema de composición* buscando una regla única de belleza o "regla de oro". En suma, platónicamente, la identidad entre figuras, tipos y estrategias conduce a una doble identificación entre retórica y poética, a través de la cual quizá sí que se llegue al corazón de la composición, pero a base de pagar el alto precio de oscurecer definitivamente la lógica, la retórica y la poética del objeto y del sujeto[20]. Como siempre ocurre en los diálogos del propio Platón, en la cúspide de

la dialéctica dinámica se produce fatalmente la inmovilidad eterna.

1.3.3 Las figuras de composicion

Tal como decíamos, las figuras de composición recubren lo que podríamos llamar el puente «expresivo» entre la retórica y la poética, puente que el grupo U de Bruselas fundador de la «Nueva Retórica» llama la «retórica de la poesía», aunque en el caso de la arquitectura más bien lo que surge es una «poética de la retórica».

En el diagrama 5 están recogidos múltiples ejemplos de cómo los arquitectos usan las diferentes figuras compositivas de manera muy diferente, según épocas, lugares y autores.

Hay que considerar estos ejemplos como los primeros pasos de una retórica de la arquitectura en espera de que futuros estudios puedan ir asentando una disciplina más densa, más rica y más sensible al diseño.

Los aspectos que se refieren al significado de una retórica poética los trataré en el capítulo cuarto. Aquí me concentraré en el valor descriptivo y analítico de las figuras de composición cogiendo como pauta el excelente libro *Les Figures de Style,* de Henry Suhamy[21].

El diagrama 5 agrupa alguna de las figuras que se ilustran en el capítulo V. No se trata de un cuadro completo de las figuras posibles y no comunes a la literatura y a la arquitectura, ya que ello exigiría un trabajo enorme todavía sin empezar. Se trata aquí solamente de demostrar que la «búsqueda de figuras comunes entre literatura y arquitectura» puede llegar a ser una manera de estimular la pereza de los arquitectos por buscar los métodos y los sistemas de composición que estén siempre en el corazón de su profesión. Hay quien opinará que llamar

---

[19] Especialmente relevante aquí el caso del monje holandés Van der Land.
[20] Sobre el platonismo en arquitectura, ver Muntañola, J. *Topogénesis.* Oikos-Tau, Barcelona, 1979-80.
[21] H. Suhamy. *Op cit.* 1981.

Figuras literarias	Ejemplos arquitectónicos	Figuras literarias	Ejemplos arquitectónicos
Tropos		*Figuras de repetición*	
Catacresis	Robert Venturi: Columna-Trompeta.	Epizeuxo Epanáfora	Coderch y L. Kahn.
Glosema	Tipos fuera de contexto: Aldo Rossi o elementos.	Polisíndeton Epanode	Coderch y L. Kahn.
Neolocismo	Igual que los glosemas.	Ref ranes	
Comparación quimérica	Realismo mágico: Aldo Rossi.	Anáfora Epífora	Coderch. Coderch.
Imagen surrealista	Arte pop americano: La Casa Ferro, etc.	Symploce Anadiplosis	Coderch y Le Corbusier.
Emblemas	Tipologías de escuelas, etc., con emblema nacionalista.	Diáfora Antanaclasis	Coderch y Le Corbusier.
Alegorías	Decoraciones rituales: Bruno Reichlin.	Epanalepsis Epanadiplosis	Le Corbusier. Le Corbusier.
Metáforas	Obras de Alvar Aalto de corte expresionista.	Redundancia y ampliación (énfasis, paráfrasis, hypozeuxo, etc.)	Le Corbusier y L. Kahn.
Metonimia	L. Kahn y Le Corbusier.		
Perífrasis	M. Graves y, en general, el posmodernismo ecléctico.	*Figuras de «puesta en valor»*	
Tropos de función (metalepsis y enalaje).	Robert Venturi y Alvar Aalto.	Hypotíposis Onomatopeyas	L. Kahn. L. Kahn.
Figuras de construcción		Conglobación, prosopopeya	Estilos monumentalistas, siglo XIX, y neoclásico, siglo XX.
Chiasmas (ABBA)	L. Kahn, Le Corbusier y L. Sert.	Paréntesis	Le Corbusier.
Reversión...		Hypérboles	Le Corbusier y L. Kahn.
Antítesis	L. Kahn y Le Corbusier.	Hypocorismo	
Antilogía/Oximoron	Le Corbusier.		
Anteisagoge		*Elipses*	Coderch.
Paralelismo	L. Kahn y Le Corbusier		
		(elipses, síndeton, anacoluto, disyunción, etc.)	
Asimetría	L. Kahn y Le Corbusier.		
Hipérbaton	L. Kahn y Le Corbusier.		
Anastrofe	Le Corbusier.	Zeugma	Le Corbusier.
Hísteron-Preteron	L. Kahn y Le Corbusier.		
Prolepsis	Le Corbusier.	*Figuras de pensamiento*	
		Ironía y paradoja	R. Venturi y M. Graves.

Diagrama 5. Figuras retóricas en arquitectura

«antítesis» a una cierta composición de Le Corbusier es una inutilidad y que basta con describirla como «contraposición», «equilibrio entre vacío y macizo», etc. Yo creo que no, ya que sin representar de por sí una garantía de saber diseñar, la precisión retórica de un «saber decir» ayuda a un «saber hacer» posterior y ayuda, además a un proceso de enseñanza. Pero es preciso no dar más importancia al instrumento que a la finalidad. Las figuras sirven para «leer con más finura las diferencias», y nada más, pero tampoco nada menos.

Por otra parte, el paralelismo entre literatura y

arquitectura ya presente en la obra de Robert Venturi cuando define la poética de la arquitectura pone nerviosos a muchos estudiosos. Yo quisiera ya de forma definitiva alejar el miedo al símbolo y al uso de analogías entre sistemas significativos siempre que dichos símbolos y analogías se conviertan en algo útil dentro de su propio campo de utilización. Lo que es negativo es el uso fácil de la analogía, no la analogía en sí. Sin una «semipermeabilidad» entre los diferentes sistemas significativos no hubiese existido nunca la cultura. Lo que ocurre es que los mismos que pretenden anular cualquier uso «intersistemas» de categorías, como, por ejemplo, el uso del término «figura de composición» tanto en arquitectura como en literatura, son los que persiguen una total transparencia lógica de cualquier sistema comunicativo, como la de las oposiciones computables por ordenador, y no quieren aceptar que esta total transparencia reduce el objeto a una realidad más pobre de lo necesario. Por el contrario, un buen uso de las analogías, en el sentido indicado por Paul Ricoeur, ni oscurece el significado, ni tiene que reducir tanto la realidad del objeto de estudio.

En referencia al diagrama hay que remarcar que los seis capítulos o clases de figuras de Suhamy son ya un instrumento muy sugestivo de trabajo. Por ejemplo: ¿qué tipo de figuras son las esenciales en un arquitecto, en una época o en un tipo de edificio, etc.? Hay casos casi obvios, como el de la diferencia entre el juego simétrico-asimétrico de las *figuras de construcción* antes y después del Movimiento Moderno, pero no existen estudios de detalle sobre las diferentes «vanguardias» o sobre la mezcla específica en cada caso de las *figuras de construcción* y las demás figuras.

Está claro que todas las figuras pueden aplicarse en mayor o menor medida a muchos edificios. Se trata de un juicio constante de «valor» de tal figura en tal edificio en función del papel que juega en la persuasión (y en sus estrategias). Ello no es más que una prueba más de la razón que tiene Aristóteles cuando aúna en la retórica composición y persuasión. En arquitectura, mucho más que en literatura, pueden superponerse los diferentes tipos de figuras, pero ello no invalida un análisis retórico de la arquitectura.

Como dice Paul Ricoeur, el fondo de la metáfora es el ser y el no ser de lo verosímil que «es» y«no es» a la vez[22].

En suma: *existen figuras porque vivimos,* y por más que nos acerquemos a la muerte en busca de una arquitectura sin figuras, sólo la muerte misma del sujeto y del objeto pueden llevarnos a una meta final en la que lógica, estética y éticamente es fácil prever que no existan, ni tampoco los sistemas de composición ni las estrategias de persuasión. La amenaza de muerte persuade y compone (y es una figura); la muerte en sí ya no consigue nada. La arquitectura y los escritos de Aldo Rossi son muy esclarecedores en este sentido.

1.3.4 Las estrategias de composición como persuasión

Decía que en el diagrama 6 había agrupado una serie de estrategias de composición históricamente destacables en la arquitectura, algunas de las cuales ya estuvieron ejemplarizadas en mi libro anterior *Poética y arquitectura*. En el capítulo 1.3.6 pueden encontrarse también referencias gráficas.

Para entrar algo más profundamente en el tema creo que lo mejor es observar las excelentes descripciones del arquitecto español Rafael Moneo, internacionalmente conocido[23]. La capacidad crítico-retórica de Rafael Moneo creo que queda más que demostrada en sus «notas de clase», escritas para justificar su programa de proyectos en la Escuela de Arquitectura de Barcelona.

En relación con estos escritos de Moneo es importante darse cuenta del giro de su pensamiento y obra (o deslizamiento) expresado a través de una

---

[22] El libro de Baudrillard *El intercambio simbólico y la muerte* es una brillante demostración de lo que aquí estoy argumentando.
[23] Moneo, R. «On Tipology» en *Oppositions,* n.º 13, Nueva York, 1978.

Estrategia	Ejemplos
1. Transposiciones entre sistemas constructivos, encadenamiento de texturas, transposiciones de materiales y de prefabricaciones.	Arquitecturas del ensanche de Barcelona entre 1870 y 1900.
2. Exposición «sincera» de los materiales.	Brutalismo años sesenta. Algunas tendencias de los años setenta.
3. La decoración como ficción.	Lo mismo que el punto 1, el rococó, etc.
4. La construcción como sistema estético.	Racionalismo siglo XIX y ciertos aspectos del Movimiento Moderno (dominó de Le Corbusier, por ejemplo).
5. Transposición metafísica entre naturaleza y cultura.	Art Nouveau. Algunos aspectos de A. Aalto.
6. Transferencia de la máquina a la arquitectura.	Movimiento Moderno y algunos aspectos modernos del posmoderno, (por ejemplo, el Studio PER).
7. Cita de elementos fuera de contexto como estrategia: eclecticismo y revival.	Posmodernismo y neovanguardas a partir de los setenta. Eclecticismo historicista del siglo XIX.
8. Itinerario o «ritual» entre partes del edificio.	Le Corbusier, Siza Vieira, Coderch, etc. «Enfilade» neoclásica, Miralles.
9. Composición sobre una tipología histórica a deformar.	Bruno Reichlin, Rafael Moneo, Luytens, Maybeck, Studio Per, etc.
10. Transferencias entre pintura, escultura, etc., y arquitectura.	Movimiento Moderno, Aldo Rossi, etc.
11. Estrategias de adaptación al contexto inmediato.	Richard Meier, Alvaro Siza Vieira.
12. Estrategias geométricas de proporciones y alineaciones euclídeas.	Toda la tradición platonista y pitagórica.
13. Expresionismo.	Expresionismo alemán de los años veinte.
14. Analogías entre ciudad y edificio: autoanalogías arquitectónicas.	Variante del tipo 9, Aldo Rossi. (Tratado de Alberti, siglo XV.) Aspectos de L. Kahn.
15. Deformaciones proyectivas.	Renacimiento, algunos aspectos del posmodernismo inspirados en el renacimiento y en el barroco. (Bruno Reichlin, Studio PER, etc.)

Diagrama 6. Enumeración de estrategias retóricas

conferencia el 4-10-1982 en Sabadell (Barcelona). En su defensa por la «figuración» que exige responder a una *nueva sensibilidad* de hoy en *«ruptura» con el Movimiento Moderno ya museo.*

Más que de un cambio de profundidad se trata, creo yo, de la aceptación de una riqueza figurativa del arte actual, o sea, del arte de los ochenta, aceptando esta riqueza sin prejuicios. La aceptación por parte de Moneo de esta riqueza figurativa y su legitimación por fidelidad a la «nueva sensibilidad» de la sociedad de hoy sigue siendo un ejemplo de retórica excelente. Puesto que no se acepta la figura por fidelidad subjetiva, sino, sobre todo, porque si no la aceptas te conviertes en un sujeto estético «anóma-

(sigue en pág. 47)

Estrategias Retóricas: Ejemplo I

En la siguiente selección de planchas de la clásica obra de Durand puede verse una complejidad progresiva, desde el elemento al edificio total; de un orden, o retórica de la composición a la arquitectura en general. El interés evidente de la obra de Durand choca con la enorme riqueza compositiva, retórica, de la arquitectura, ante la cual cualquier sistematización general, con reglas geométricas fijas, se queda corta y simplifica extraordinariamente las posibilidades estéticas de la arquitectura. Por otro lado, podría decirse que Durand construye una arquitectura como sistema retórico, o como una de las posibles «lógicas» de la arquitectura. Desde una perspectiva aristotélica, que aquí se contempla, está bien claro que nunca podrá equipararse la lógica y la retórica.

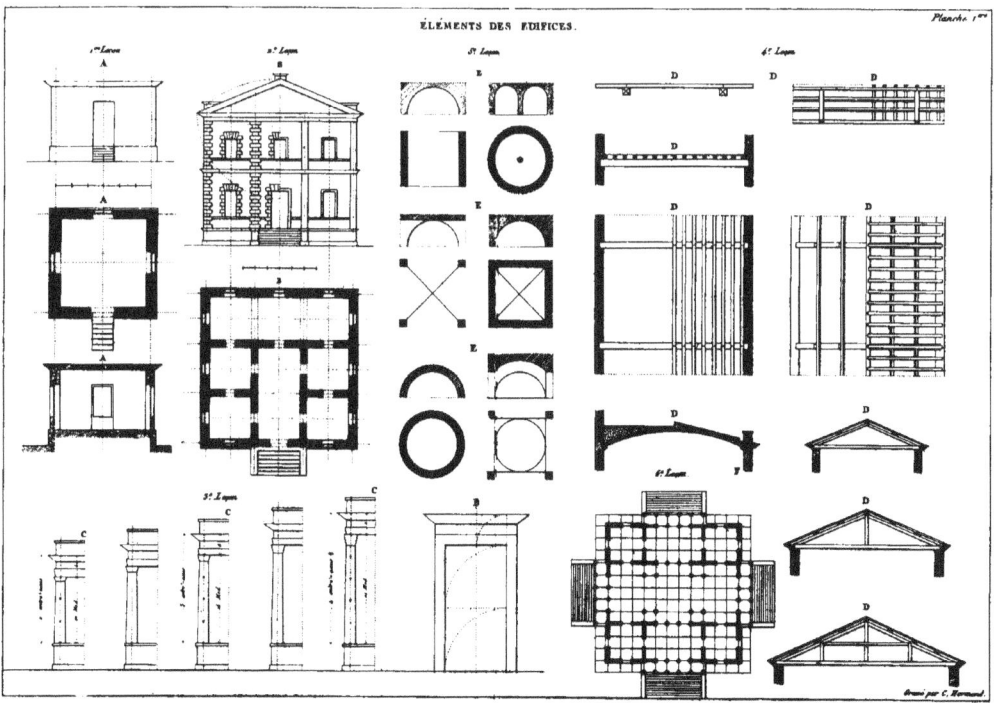

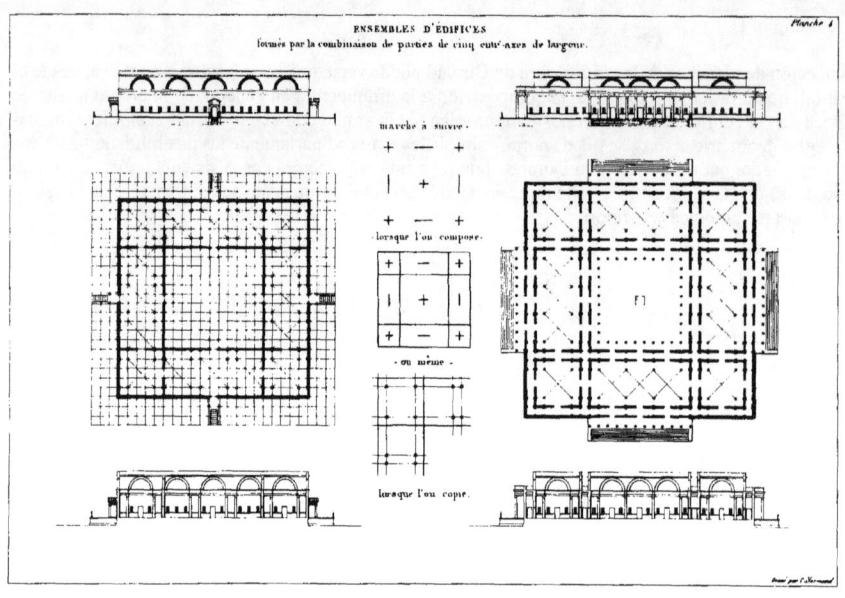

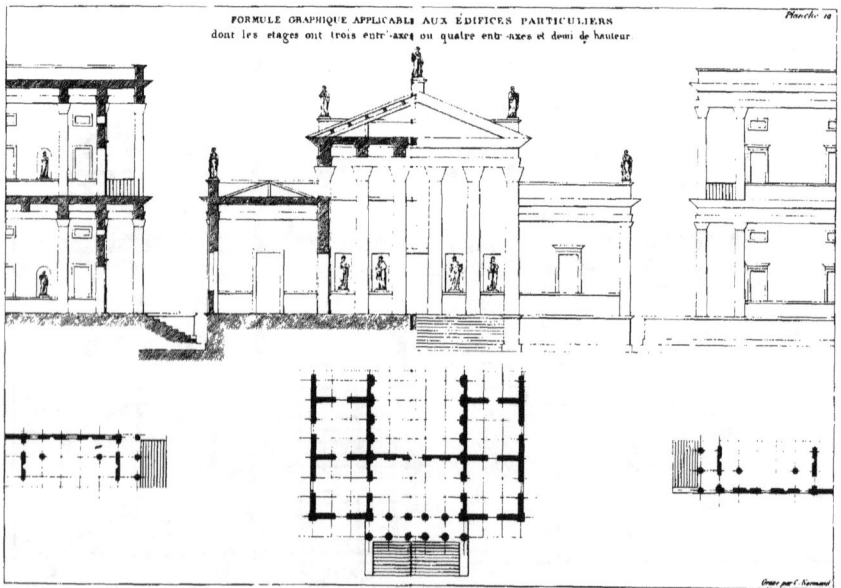

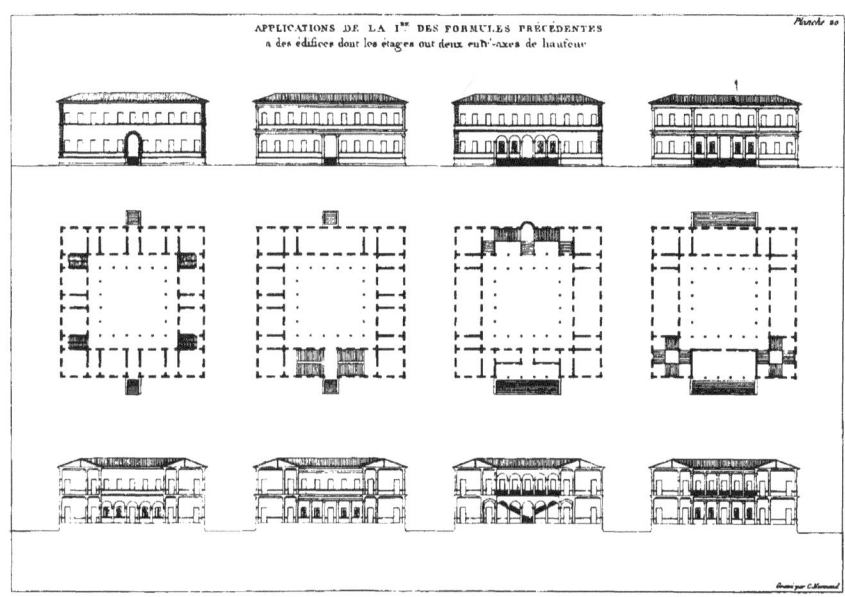

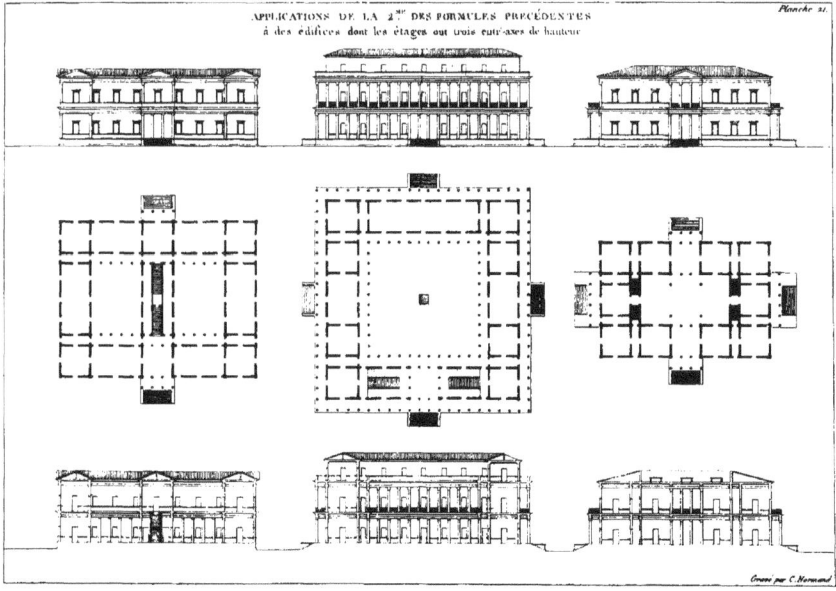

Estrategias Retóricas: Ejemplo II

El Studio PER, de Barcelona, desarrolló a partir del año 1970 una experimentación arquitectónica de gran vigor evocativo, simultánea con la de Mario Botta en Ticino. La Casa en la isla de Pantellería (Tusquets-Clotet) o la Casa Agustí en Llavaecres (Bonet-Cirici) fueron ejemplos de una creatividad adormecida durante los años anteriores a pesar de los avisos estridentes de Robert Venturi y Aldo Rossi.

La Casa en la Pantellería contiene estrategias retóricas de gran valor por su sencillez y efectividad. La contraposición geométrica con el edificio agrícola rehabilitado que sirve de «ancla» con el terreno, la teatralidad de las columnas evocativas de una ruina inexistente, la mímesis del paisaje de terraza escalonadas que el edificio construye en perfecta continuidad con el terreno, etc.

Las dimensiones estéticas de la topogénesis

La Casa Agustí utiliza una estrategia de «corte» de una forma extraída de la estética de la máquina de los años treinta. Este «barco-casa» -metáfora de gran tradición en la arquitectura moderna- sufre un «corte» longitudinal, estrategia de transformación emparentada en la elipsis literaria ya usada por Miguel Angel, el cual permite deformar la asimetría de un barco mediante dos fachadas completamente diferentes que se adaptan a las necesidades contextuales de la casa situada frente al mar, pero colindante con unos vecinos a pocos metros en la parte opuesta.

Las dimensiones estéticas de la topogénesis

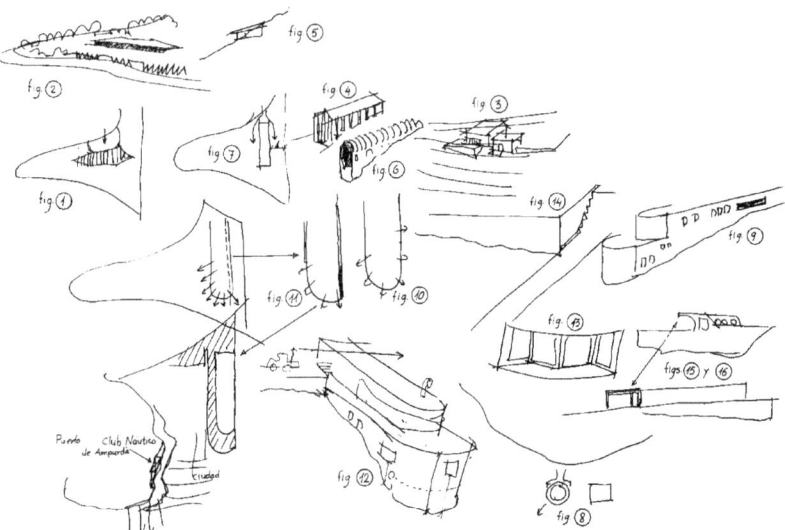

Estrategias Retóricas: Ejemplo III

Aquí tenemos un ejemplo de Robert Venturi, que en la segunda parte de su ya clásico libro *Complejidad y contradicción en la arquitectura* intentó en unos pocos capítulos realizar una teoría general de la composición arquitectónica, o sea, una retórica de la arquitectura, sintetizada en el último capítulo con el análisis de la relación estética entre el detalle y el todo, principio y fin de la retórica y de la estética en general.

La Brant-House, proyecto de 1975, es un claro ejemplo de las ideas venturianas y un malabarismo retórico propio del *collage* posmoderno mejor conseguido. Se ve perfectamente en la planta (con trazos de su propio «trazado»), cómo las formas se ordenan a partir de un dinamismo de simetrías-asimetrías (o figuras de construcción), de colisiones e inclusiones o superposiciones (figuras de ampliación y condensación) y de formas curvas de articulación formal y funcional, que sueldan todavía más unos edificios con otros. Todas estas estrategias retóricas componen unos edificios estilísticamente miméticos de los estilos coloniales típicos de las Bahamas, sin ningún pudor purista. Pero, además, las inversiones figurativas entre forma y función a nivel de planta y a nivel de alzado, consiguen que la funcionalidad y la iconología de los edificios sea muy diferente que las de la época colonial. Nada sirve exactamente para lo que servía, con lo que la ironía en el tratamiento decorativo, lleno de trucos teatrales entre escalas y dimensiones de los materiales, se aúna con la nueva funcionalidad para conseguir ambientes cálidos, agradables, placenteros e... indiscutiblemente de 1975 y no de 1875.

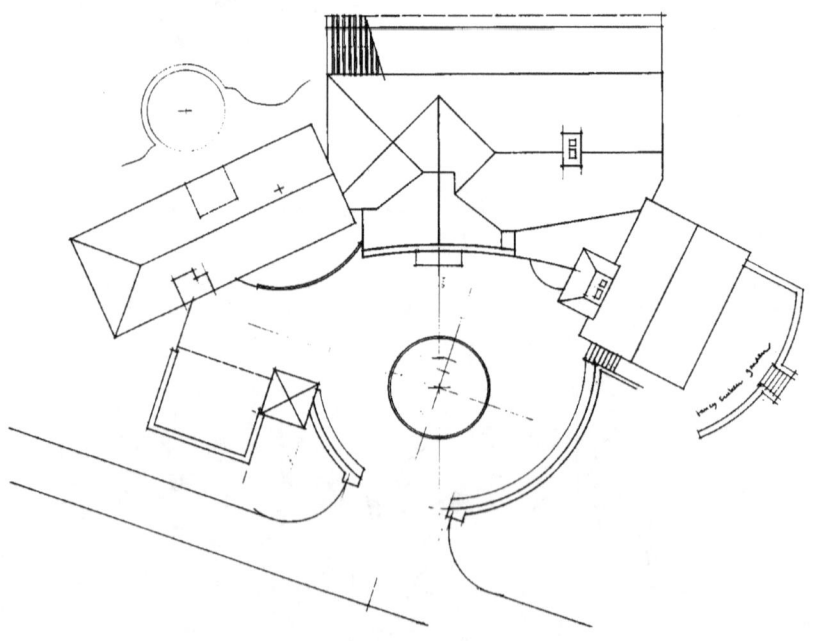

Las dimensiones estéticas de la topogénesis

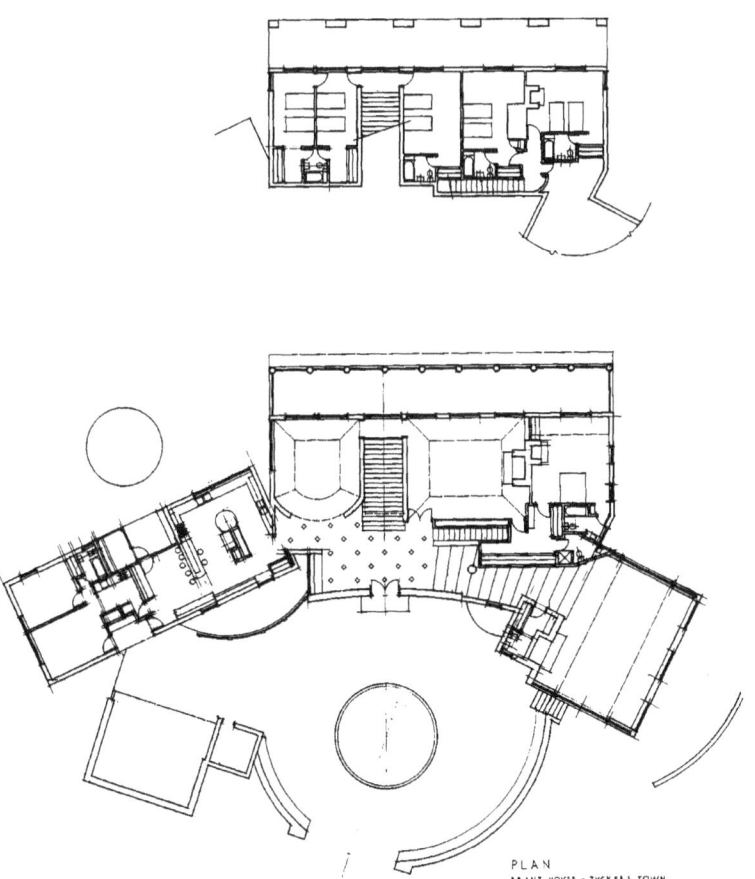

Estrategias Retóricas: Ejemplo IV

La obra del arquitecto sueco afincado en California Lars Lerup no por menos conocida es menos importante en el panorama actual de la retórica de la arquitectura. Sus raíces son, además de la modernidad en general, el expresionismo, el surrealismo y el dadaísmo en sus diferentes formas, y una gran versatilidad funcional que ha sido calificada por Peter Eisenman como «neofuncionalismo».

La Love House aquí presentada es un proyecto irrealizado de una «casa-espejo» de una ya existente, a partir de la temática psicoanalítica de construir una casa del amante que establezca con el edificio existente una relación retórica (y poética) análoga a la que se produce entre las mentes y los sentimientos de los amantes.

Las estrategias retóricas son inacabables y muy estimulantes estéticamente. La casa nueva del amante se compone con la sombra que arroja la casa de la amada ya existente, que también sufre transformaciones. Se trata, pues, de una estrategia de «imagen quimérica», que tanto gusta a Aldo Rossi y a De Chirico, pero ahora aplicada, gracias a la imaginación, aunque a costa de encarecer la construcción del edificio... Lars Lerup juega también con los colores, con la teatralidad de los espacios y con las antítesis figurativo-conceptuales con que trata las escaleras y las chimeneas, auténticas obras maestras de la composición como retórica, ya que se trata de descubrir en lo convencional, como siempre en Lars Lerup, las contradicciones más evidentes, reconstituyendo luego la razón de las cosas a partir de los aconvencionalismos más absolutos. En suma: Goya y Dalí disfrutarían con esta arquitectura, que es, nunca mejor aplicado a una realidad, el «sueño de la razón» materializado, construido físicamente, «real-izado».

 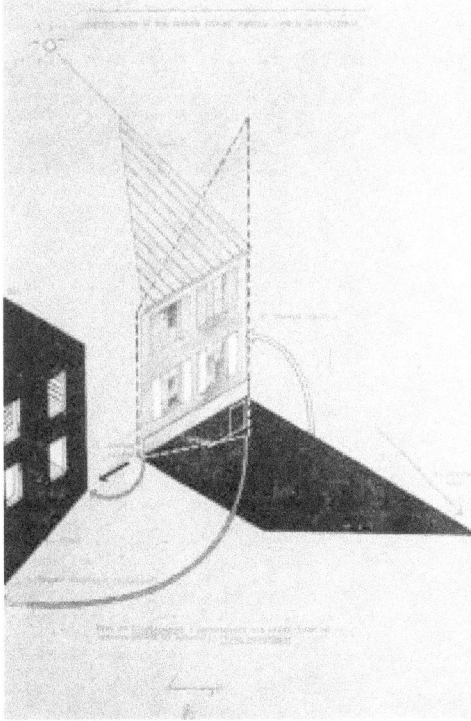

Topogénesis

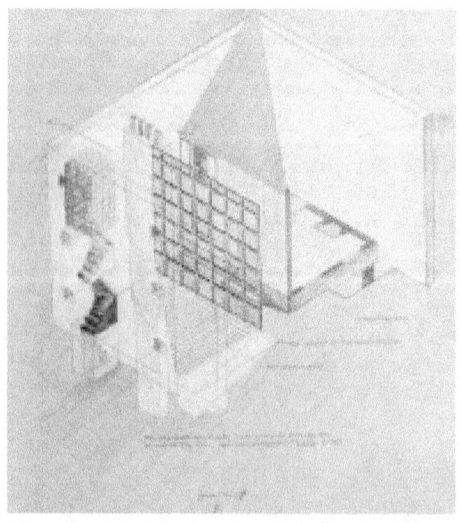

lo» o «anacrónico». De esta manera, Moneo, a la vez que evoluciona, sigue siendo fiel a sí mismo y a su discurso. Esto es exactamente lo que consigue el buen retórico, y recuerdo que en ello este libro no implica ningún juicio de desprecio, sino todo lo contrario.

Voy a resumir muy brevemente algunos argumentos de su artículo sobre la tipología de la arquitectura, o sobre la arquitectura como tipología, que acaban de definir su postura sobre la «disciplina» de la arquitectura o, mejor, sobre la arquitectura como «disciplina»[24].

«¿Qué será pues un tipo?»: podría definirse en su más simple expresión como concepto que describe un grupo de objetos caracterizados por tener la misma estructura formal. No es ni un diagrama espacial ni la media entre una lista de una serie de objetos. Podría decirse que un tipo significa la capacidad de pensar «en grupos». Por ejemplo, uno puede hablar de «rascacielos» en general y nombrar a muchos de ellos... para llegar a nombrar al final sólo uno. La idea de tipo, que en principio va en contra de la individualidad, al final vuelve a su origen como obra singular.

La arquitectura, sin embargo, no se describe sólo por tipos, sino que se produce a través de ellos. El proceso de diseño es una manera de conducir los elementos de una tipología -o sea la idea de una estructura formal hacia el estado preciso que caracteriza cualquier obra singular concreta.

«Pero, ¿qué es una estructura formal?

Un tipo puede ser pensado como la trama dentro de la cual se producen transformaciones. Desde este punto de vista, un tipo, más que ser un «mecanismo congelado» productor de arquitectura, se convierte en una manera de negar el pasado, así como también de mirar hacia el futuro... ».

«Dentro de este proceso de transformación, el arquitecto puede extrapolar desde el tipo, cambiar su uso, distorsionar su escala, superponer diferentes tipos para producir tipos nuevos, citar tipos en un contexto diferente al original o constituirlos con técnicas radicalmente nuevas, etc.».

A la vista de estas ideas de Rafael Moneo creo que puede deducirse lo siguiente:

a) Es posible en unos pocos argumentos definir la postura de un arquitecto, representado a veces por una sola obra ejemplar, a través de lo que yo llamo *estrategias de composición,* como, por ejemplo: «el nuevo sentido de los ejes en Lutyens ... », etc. Estas estrategias son las que yo comparo a los «entinemas» y a los «ejemplos» que Aristóteles define como retórica argumental en su segundo libro cuando describe las maneras de persuadir.

b) Estas estrategias se refieren muchas veces a tipos arquitectónicos históricamente definidos o, incluso, a estrategias ya existentes desde hacía años en el campo disciplinar del arquitecto, pero a las que el arquitecto considerado da un giro nuevo, y, de esta manera, transforma los tipos anteriores o los deforma. Ello indica que la retórica se apoya por un igual en los tipos en cuanto referentes histórico-míticos (como hace la poética), y en los tipos en cuanto modelos lógicos (como hace la lógica de la arquitectura en gran parte por desarrollar)[25]. O sea, que se coloca entre la poética y la lógica sin fundirse ni con la una ni con la otra tal como indicábamos anteriormente. Además, el retórico, tanto si es el arquitecto, como «compositor», como si es el crítico (Moneo en este caso), en cuanto analista de la retórica compositiva de una obra o de un arquitecto, tiene con respecto a la historia una actitud «retórica» que irrita a los historiadores académicos ya que, aunque exija un conocimiento de la historia de la arquitectura muy elevado, la finalidad de su trabajo es en ambos casos la de descubrir la transformación de la realidad histórica para encontrar nuevos efectos de persuasión estética y ética, efectos que van muchas veces más allá de una interpretación histórica tal como la entienden los historiadores.

En suma, el retórico manipula la historia para sus propios fines, juega con las ordenanzas, juega

---

[24] Moneo, R. *op. cit.*
[25] En un trabajo futuro intentaré analizar la lógica de la arquitectura, especialmente a partir de los trabajos de Pierre Boudon y Donald Preziosi.

con los ideales de sus clientes, ironiza con las realidades históricas, tal como Aristóteles cita una y otra vez en sus ejemplos siempre extraídos de la historia de la retórica griega. Podríamos decir que la postura del poeta, o del retórico, o del lógico de la arquitectura, con respecto a la historia, es siempre algo «reductora»; si atendemos a un punto de vista histórico integral, estas diferencias se fundan en una visión global o que se pretende global. Pero a partir de un punto de vista retórico, es evidente que lo importante es ver cómo en cada momento histórico las estrategias de diseño, conscientes de los juegos de significado que tiene la arquitectura día a día, manipulan los tipos, los sistemas y los procesos de diseño para persuadir de la bondad de su oferta, tal como el desaparecido Peter Collins quiso definir en su obra sobre *Los juicios en arquitectura*[26].

c) Por último, y coherentemente con los dos puntos anteriores, los comentarios de Moneo ponen en evidencia la doble naturaleza de cada estrategia, o «entinema» en términos aristotélicos.

Por una parte, cada estrategia (... por ejemplo, «el nuevo sentido de los ejes en Lutyens»...) se basa en un «tópico» determinado, como es el ejemplo citado el del «eje» en arquitectura siempre jugando entre lo visual y la accesibilidad. Esta naturaleza «tópica» puede asemejarse al tópico como lugar común del discurso que Aristóteles establece entre una *lógica y una retórica*. Por ejemplo, la contestación usando el tópico de lo «pequeño» y lo «grande» que un magistrado ateniense hizo a los que querían que su hijo, por ser muy alto, debería votar como un adulto aunque no tuviera la edad reglamentaria. «Si su hijo tiene que votar antes de la edad por estar muy desarrollado -dijo este magistrado-, cualquier adulto con la edad reglamentaria pero de estatura y desarrollo inferior al normal no debería tener derecho a votar ... ».

Por otra parte, cada entinema o estrategia de diseño se encuentra históricamente determinada, o mejor involucrada, en una situación de hecho que da sentido al proceso de persuasión. En nuestro caso el uso de ejes en las «Beaux Arts» antes de Lutyens y las leyes atenienses en el argumento sobre el derecho a votar. Esta situación hace referencia al enlace con la poética a través de los «mitos» o «tipos» preexistentes que sirven de referencia a la argumentación retórica y le dan su característica mordacidad e ingenio. En abogacía esto es bien claro; en arquitectura Moneo creo que ha sido uno de los comentaristas recientes que mejor ha sabido hacerlo. Otros ejemplos interesantes son los comentarios muy difundidos de Peter Eisenman sobre Terragni, de Colin Rowe sobre Palladio y Le Corbusier, etc.

Los ejemplos de estrategias retóricas en la arquitectura que pueden encontrarse en las págs. 52 a 57 han de leerse, pues, bajo esta perspectiva de juego entre la lógica transhistórica de unos «tópicos» en cuanto leyes o sistemas lógicos y la *poética* de unos «tópicos» idealizados desde una realidad histórica precisa. *Este vaivén entre estar fuera lógicamente de la historia y estar dentro poéticamente de la misma historia es el corazón de la retórica de la arquitectura o del uso de los sistemas de composición en arquitectura.*

Hay que dejar bien claro que la noción de *tipo* y de *tipología* en arquitectura engloba las mismas ambigüedades y complejidades que la noción de tópico en Aristóteles. Por una parte, un tópico y un tipo, en cuanto lugar común de discurso, tienen que ver con una ciencia «tópica» que pertenece a la lógica, dentro de la cual los ejes, los giros, las metáfonas, etc., se clasifican como hechos repetibles e identificables en diferentes momentos históricos del discurso. Por otra parte, en cuanto a referencias de tipos culturalmente definidos en la historia, los tipos y los tópicos se ejemplarizan en unos mitos concretos que juegan un papel importante en la poética. Aristóteles nunca define así a los «tópicos», ya que su deseo por separarse de Platón se resiste a dar a la lógica un valor mítico; pero es evidente que muchas veces la poética se apoya en la «imitación» (mimesis) de «tipos» que son unos sistemas de «tópicos» más elementales mitificados

---

[26] Collins, P. *Architectural Judgements*. Mc. Gill, Montreal, 1971.

por una cultura en símbolos complejos, que sirven así a su papel de «fábulas» de referencia en las construcciones poéticas.

Finalmente, los *tópicos* y los *tipos* pueden analizarse en cuanto «sistema de transformaciones» (ver Moneo y las definiciones ya conocidas de Aldo Rossi), con lo que nos colocamos en el terreno que yo he definido como «retórico», en el cual se relacionan y se equilibran los efectos de la lógica y de la poética. Para el retórico, la lógica del «tópico» es sólo un instrumento que hay que usar en el momento «poético» preciso. Fuera de este momento, este «tópico», en cuanto correlación lógica común, no tiene ningún valor retórico.

Creo que así se empieza a vislumbrar lo complejo de la noción de «tipo» en arquitectura y de la noción «tópico» en el discurso lógico de Aristóteles. La naturaleza de una estrategia de composición propia de un arquitecto en un edificio determinado y en una situación histórico-geográfica determinada, tiene así un buen correlativo en el uso concreto de un entinema en un momento histórico-geográfico también concreto. La doble o triple naturaleza de la noción de tipo queda también definida, tal como representa el diagrama 7.

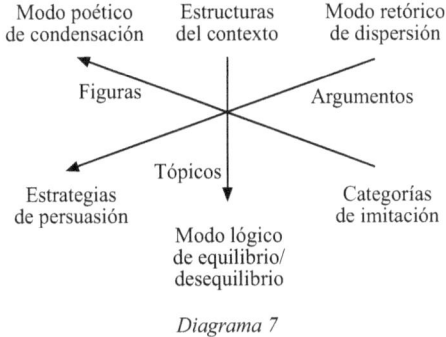

Diagrama 7

1.3.5 El contenido de la retórica

En el diagrama 4 veíamos cómo junto al libro III y al libro II de la *Retórica*, figuras y estrategias, respectivamente, de persuasión que ya hemos comentado, situaba al libro I, el que Roland Barthes define como «retórica del significado» y que Aristóteles clasifica como «retórica del habla» o «retórica del sujeto». En el diagrama 7 se ve, asimismo, esta dinámica entre figuras, entinemas y tópicos que ya hemos empezado a analizar en el capítulo precedente. La retórica del significado o el libro primero de Aristóteles habla justamente de las categorías principales del contenido del sujeto del discurso retórico. Como, por ejemplo, el par «justo o injusto» o, citando a Barthes y su sistema de moda, lo que en cierto momento es moda joven opuesta a moda vieja y que podemos encontrar con significación invertida en otro momento histórico. El retórico, si quiere persuadir, debe conocer esta retórica del contenido; de lo contrario se expone a conseguir unos efectos de persuasión completamente diferentes a los que pretendía, cosa a lo que los arquitectos están muy acostumbrados, puesto que muchas veces desconocen el mundo del «gusto» y de la «moda» de su cliente o de la sociedad de un momento histórico-geográfico preciso. (Los abogados no pueden cambiar un discurso una vez dicho en el tribunal; los arquitectos pueden, en cambio, modificar a veces completamente el proyecto.)

No voy a entrar aquí a fondo en esta problemática que exigiría por sí sola otro libro, pero sí que es preciso ver que sin ella el mundo de la retórica queda incompleto. Los filósofos de la cultura, como, por ejemplo, en nuestro país Xavier Rubert de Ventós, se han ocupado mucho de este aspecto de la retórica y también los sociólogos del arte. Los arquitectos rehuyen este tipo de análisis por considerarlo «externo» a la propia disciplina de la arquitectura, exagerando, en mi opinión, un purismo defensivo completamente inútil. Si bien es verdad que una retórica del significado por sí sola no puede constituirse en una «disciplina» de la arquitectura: ¿de qué convencerán los arquitectos y qué persuasión podrán tener si desconocen los modos de significación y el contenido de una cultura? Si observamos con detalle los escritos de Le Corbusier, de Rafael Moneo, de Aldo Rossi, etc., comprobaremos inmediatamente que sí contienen una retórica del significado; es decir: unas categorías de referencia, ideológicas y estéticas a la vez, que determinan los parámetros de un mundo con un significado preciso. Con ello se descubre una breve relación entre la poética y la retórica, esta vez del lado del contenido, que da más fuerza a todo lo que he dicho sobre la noción del tipo. Dicho de otro modo: para poder cumplir simultáneamente las tres funciones anunciadas de estructurar el propio discurso, persuadir y relacionarse con el contexto, la retórica debe conocer en qué terreno se mueve y qué intencionalidad defiende. Bien claro lo tenía todo esto el Movimiento Moderno, y bien claro lo tiene, creo yo, el arquitecto italiano Aldo Rossi. Esta postura analógica de Aldo Rossi ejempliariza perfectamente la retórica del contenido a la que estamos haciendo referencia, y el proyecto de una escuela en Fagnano Olano es un buen caso práctico. Aunque no hablen de ello, los arquitectos siempre han sido sensibles a las transformaciones de los mitos de referencia de las culturas y al agotamiento de los mitos antiguos.

Desde un punto de vista retórico, este conocimiento implícito sirve para orientar la persuasión a campos de moda en los cuales el persuadir sea posible. No todas las analogías tienen sentido y las que lo tienen no es solamente por la capacidad poética del arquitecto diseñador, sino, simultáneamente, por su conocimiento de las «tendencias» de una cultura (minoritarias o no, no cambia el argumento), que le permiten conectar o desconectar su trabajo de una referencia «real». Si para el poeta estas referencias míticas son fábulas a partir de las cuales construir su «mimesis» activa, para el retórico el conocimiento de las oposiciones significativas semánticas fundamentales de una cultura son los indicios que le permiten saber cómo ha de orientar su argumentación para persuadir y qué transformaciones pueden conseguir el efecto deseado y cuáles no lo producirán. Son dos caras de una misma moneda que no deben identificarse. Los argumentos retóricos que relacionan unas figuras con estos contenidos retóricos no pretenden hacer directamente «poesía», sino incidir en un contexto de acuerdo con una intencionalidad determinada. En cambio, para el poeta, la «mimesis activa» entre el habitar y el construir es algo autónomo que convierte antes de persuadir, que sorprende antes de convencer.

La importancia del «programa» en arquitectura (entendido de la forma convencional) con respecto a este aspecto de la retórica es evidente. El programa ya es un avance de contenido que anuncia la relación con el contexto y la valoración retórica de unas estrategias precisas. El desprecio que se ha tenido a veces al programa no es más que un hecho correlativo del desprecio hacia la retórica del contenido por parte de algunas tendencias arquitectónicas. Un caso contrario es justamente Robert Venturi, el arquitecto que ha defendido el programa como parte integrante esencial del hecho arquitectónica y no como un elemento superfluo e incómodo que hay que eliminar del proceso de diseño.

En la escuela de Fagnano Olano, Rossi utiliza una figura retórica que, dentro del cuadro definido en el diagrama 5, es la de una *imagen quimérica* coincidiendo con la pintura de un De Chirico o de un Hopper.

También aquí el «silencio» que el arquitecto nos anuncia tiene su explicación. En efecto, Suhamy describe así lo que es una *imagen quimérica*: «...pasar de un objeto dado como real a un segundo dado como irreal que el primero sólo sugiere...».

En la escuela esta imagen quimérica está acompañada por figuras de repetición (iteración, condensación), simetría-asimetría (el eje roto en la entrada), pero, sobre todo, se argumenta a través de la superposición de tipologías de referencia, desde la *palestra* griega (recordamos que en la Grecia clásica lo fundamental era la educación física) hasta la «memoria romántica» de la chimenea industrial situada en el eje como ruina y como recuerdo viviente y, a la vez, como forma pura, tal como describe Eisenman en su comentario. No olvidemos que es la tradición «Beaux Arts» la que resuelve la jerarquía de espacios y la organización general del edificio.

La quimera de lo clásico se ubica en una encrucijada entre lo «moderno» y lo «ecléctico» y lo «postmoderno», gracias al «purismo» que Rossi no se cansa nunca de anunciar. Su ventana cuadrada dividida en cuatro es el mejor ejemplo de esta «analogía» que une la infancia con la ancianidad, la inocencia de lo moderno con la sabiduría de lo clásico, y no es raro que de esta ambigüedad nazca un sentimiento que bordea el «fascismo estético», de la misma manera que la bordea el futurismo. Atención, porque creo que Rossi escapa constantemente de un «fascismo estético» gracias a que elabora cultural, histórica y poéticamente sus proyectos: los inventa. Pero está claro que muchos de sus seguidores no pueden hacerlo, con lo que producen un academicismo que puede llegar a ser extraordinariamente autoritario.

La utopía «rossiana» supo aprovechar un momento y explotar una cantera virgen de la arquitectura tras el Movimiento Moderno.

De Chirico, Hopper, Bacon, etc., en pintura, ya habían abierto los caminos vacíos del silencio, de lo deforme, que significan en negativo, por lo que falta más que por lo que ofrecen.

Rossi mismo lo explica excelentemente en sus reflexiones escritas: la arquitectura vacía, sin nadie, me revela paradójicamente su auténtico significado arquitectónico de estar creada para llenarse; cuando está llena no me doy cuenta de su capacidad de significación, que se da justamente sólo cuando está habitada. Paradoja estética que se desvanece si la miramos epistemológicamente, pero que aquí es mejor dejar así, en la quimera del silencio, que, justamente por ser silencio, persuade arquitectónicamente de que es un lugar humano.

Para lo que sí sirve la retórica del contenido es para demostrar una vez más que en el arte es inútil querer separar concepto y figura, y que, por el contrario, de la geometría hasta la Casa Elefante (y de lo racionalista a lo expresionista) existe una gradación infinita de matices estéticos posibles, todos ellos con sus conceptos y con sus figuras. Cierto que esta gradación es siempre discontinua, a saltos; cierto que, como indicaba Kafka, nunca se sabe el cuándo, el cómo y el porqué de un salto estético entre figura y concepto. Pero es que, justamente, la estética nace de estos saltos, se nutre de ellos y es perder ya el tiempo buscar más definiciones entre arte abstracto y arte concreto, arte conceptual y arte figurativo, etc. Como nos describe Aristóteles, el arte persuade porque es *verosímil;* si fuera engaño o fuera verdad ya no persuadiría a nadie ni a nada.

La excelente definición que Rossi hace de su arquitectura como «arte del hacer ver bien», y por ello mismo, «arte imitable», nos conduce exactamente al mismo punto de un «persuadir» gracias a un *hacer ver* que no es una evidencia lógica, sino una «verosimilitud estética», que hay que «verla» antes de «entenderla». Todo este juego de palabras no es otra cosa que un esfuerzo en comprender la composición arquitectónica como una obra de arte destinada a ser disfrutada, y no a ser esgrimida como herramienta genial en manos de un genio incomprensible y todopoderoso.

Persuadir es *hacer ver* en arquitectura, como lo es en la retórica judicial, aunque allí se trate de un *hacer ver distinto.* La relación entre estos *hacer* y *ver* nos abre un campo inmenso de trabajo que ya vislumbró Nietzsche...

1.3.6 La didáctica de la retórica en la arquitectura: algunos ejemplos

He utilizado los precedentes, teorías e ideas sobre la retórica de la arquitectura, en diferentes escuelas de arquitectura. En especial en las de Barcelona y en la de Berkeley (USA). Los resultados han sido muy esperanzadores dentro de los límites que cualquier experiencia universitaria impone.

Ello me ha impulsado a mostrar aquí algún ejemplo de forma muy resumida y fraccionada para que pueda verse la potencia del método retórico.

Antes de leer estos ejemplos hay que tener en cuenta lo siguiente:

a) La cultura de los estudiantes está muy condicionada por su entorno cultural, político, familiar, etc. De ahí ciertas peculiaridades de *estos ejercicios retórico-críticos de arquitectura.*

b) Siempre se trata de compaginar lo escrito con lo diseñado. Nunca sirve todo lo escrito, sólo lo diseñado y lo rediseñado.

c) Los ejemplos son análisis retórico-críticos de arquitectura famosa elegida por el propio estudiante como tema de su ejercicio.

d) Mi intención futura es la de ir ampliando y afirmando un método para afinar sus efectos didácticos y su energía crítica.

e) Recuerdo que las categorías, las estrategias y las figuras retóricas siempre se generan dentro de un contexto histórico-cultural con amplias y profundas interdependencias entre las artes, las ciencias y... las políticas. De esta interdependencia se alimenta siempre la retórica.

Ejemplo primero. La Plocek House, de Michael Graves.
Extractos del ejercicio de crítica retórica, por Thomas J. Towey (Berkeley, 1984)

La Plocek House, construida en 1977, fue proyectada por Michael Graves bajo el «modo» clásico tripartito de basamento, planta noble y ático. Situada en las laderas boscosas de la localidad de Warren, en New Jersey, es una de las viviendas unifamiliares más lujosas e interesantes del famoso arquitecto americano. Existen dos entradas, una en la planta noble y otra en la planta sótano que marcan dos ejes de simetría en fachadas contiguas. En el cruce de estos dos ejes, perpendiculares entre sí, se encuentra una escalera circular principal que penetra los tres niveles de la casa.

La intención del arquitecto fue la de convertir el paisaje y la casa en dos objetos interdependientes. Para conseguirlo disgregó porciones del edificio a lo largo del eje procesional que marca la entrada principal. Un pórtico que pertenece al basamento del edificio se desplaza frontalmente, alejándose de la alineación propia de la casa. Un pabellón de jardín encaja en un hueco o socavón, que aparece en el tercer nivel del edificio en su parte posterior. Estas *estrategias de desplazamiento* (figuras de las siguientes páginas) pretenden enfatizar la estructura arquitectónica de los ejes y preparar al lector del edificio para futuras descomposiciones y deslizamientos entre los elementos arquitectónicos del edificio.

En la Plocek House, Graves repite muchas estrategias y figuras de diseño que ya son familiares en sus proyectos anteriores. La base de composición de su tratamiento del lugar está extraída de las «Beaux Arts», con el eje mayor siguiendo la pendiente del terreno. A este movimiento «clásico» añade Graves una estrategia de giro en diagonal a través de la contraposición entre dos tratamientos de esquina: uno suave y redondeado, otro abrupto y amurallado. La figura maestra de este juego retórico es la *elipsis,* o sea, la estrategia de «poner en suspenso» (Witholding) o «extraer de un orden presupuesto» elementos arquitectónicos que luego aparecen, a veces, en otra ubicación mucho menos esperada. Casos evidentes de *elipsis* (muchos de ellos extraídos de la escuela manierista de un Miguel Angel, como veremos en el ejemplo siguiente) son la ausencia de piedras de clave y laterales en los pórticos o arcos de entrada principales; los volúmenes vacíos en forma de clave de las dos entradas, etc. La piedra «perdida» de la clave se reencuentra en planta y en alzado en el pabellón del jardín, no en la casa propiamente dicha. De la misma manera, esta figura de composición nos orienta hacia el simbolismo que produce un *paréntesis* retórico, o sea, la figura que introduce un discurso dentro de otro a partir del vacío que deja una elipsis en el interior del primero.

Otras figuras fáciles de identificar en su afán por armonizar el edificio y su contorno son la *amplificación* o la enfatización de fachadas y plantas a base de la superposición de formas que se apoyan las unas a las otras ampliándose mutuamente (figuras de *hipérbaton, conglobación* y *prosopopeya*). En íntima relación con estas figuras enfatizantes surge el particular juego ecléctico del simbolismo de Graves, en este caso construido por una mezcla sutil entre Luytens y Le Corbusier, a trozos...

Los tropos, *metáforas* y *metonimias,* florecen y se desarrollan con gran facilidad dentro de este ámbito retórico. El estucado juega con la imitación de piedra y muestra su ficción en la esquina con el cambio de módulo o la escalera se convierte en columna y la columna en escalera. Las ventanas se reflejan meto-

Las dimensiones estéticas de la topogénesis

Ejemplo Primero de Análisis Retórico:
La Plocek House

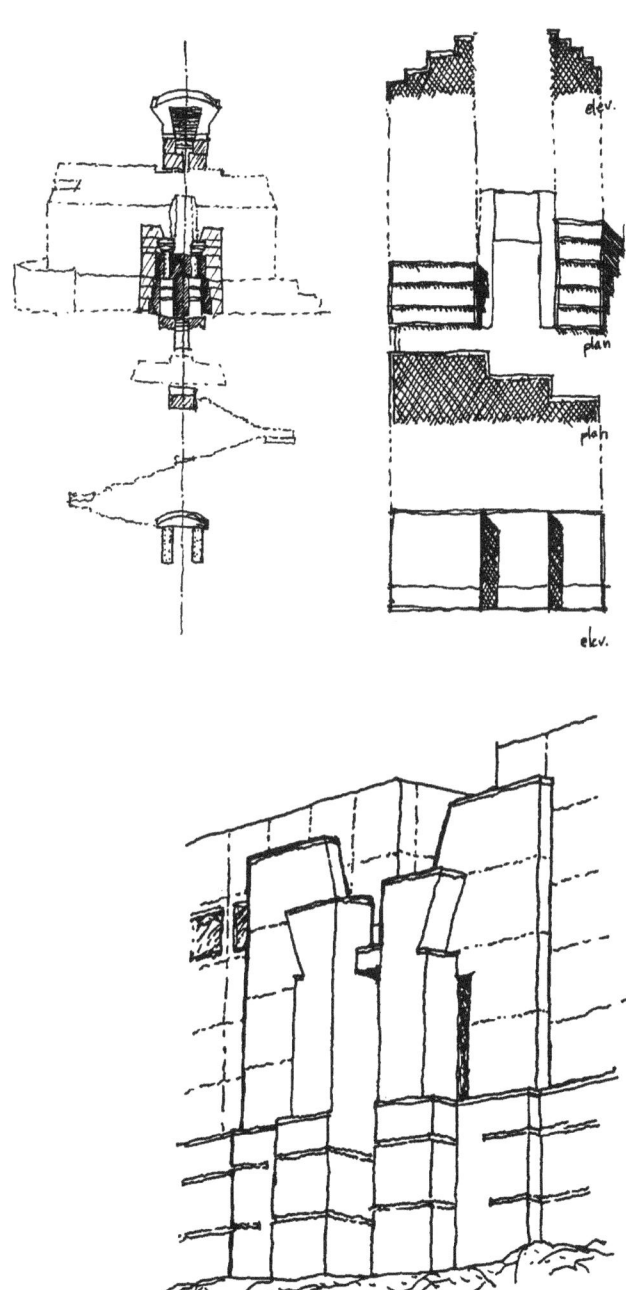

Topogénesis

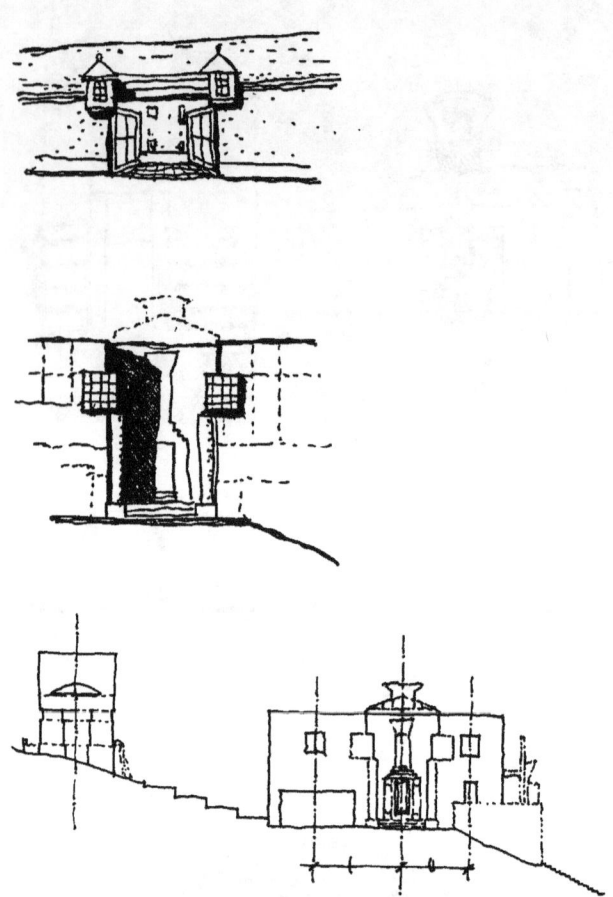

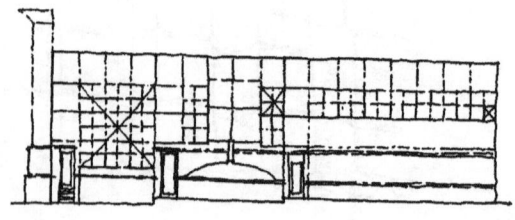

Las dimensiones estéticas de la topogénesis

Ejemplo Segundo de Análisis Retórico:
La "Porta Pia"

Ejemplo Tercero de Análisis Retórico:
El Cementerio Brion-Vega

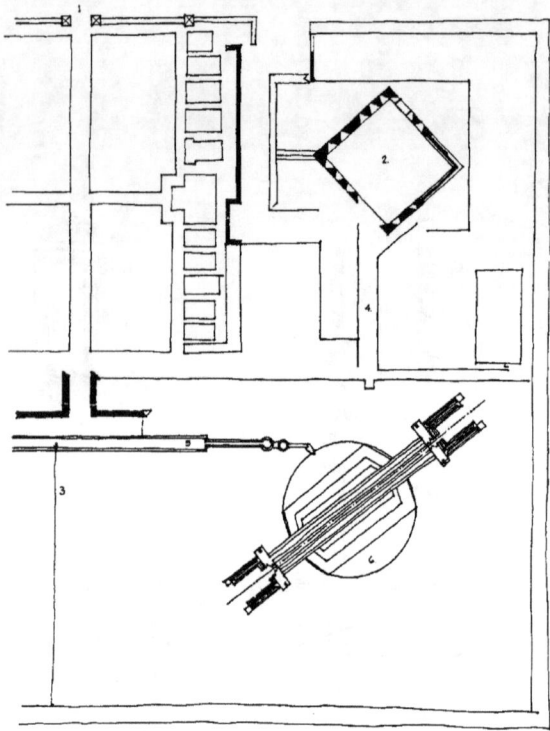

1. Oval cemetery entrance.
2. Chapel
3. Tension wire
4. Path to tomb.
5. narrow pond.
6. Brion's tomb.

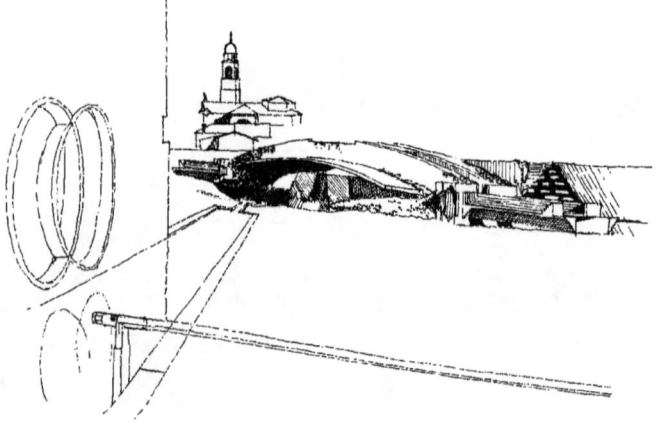

Las dimensiones estéticas de la topogénesis

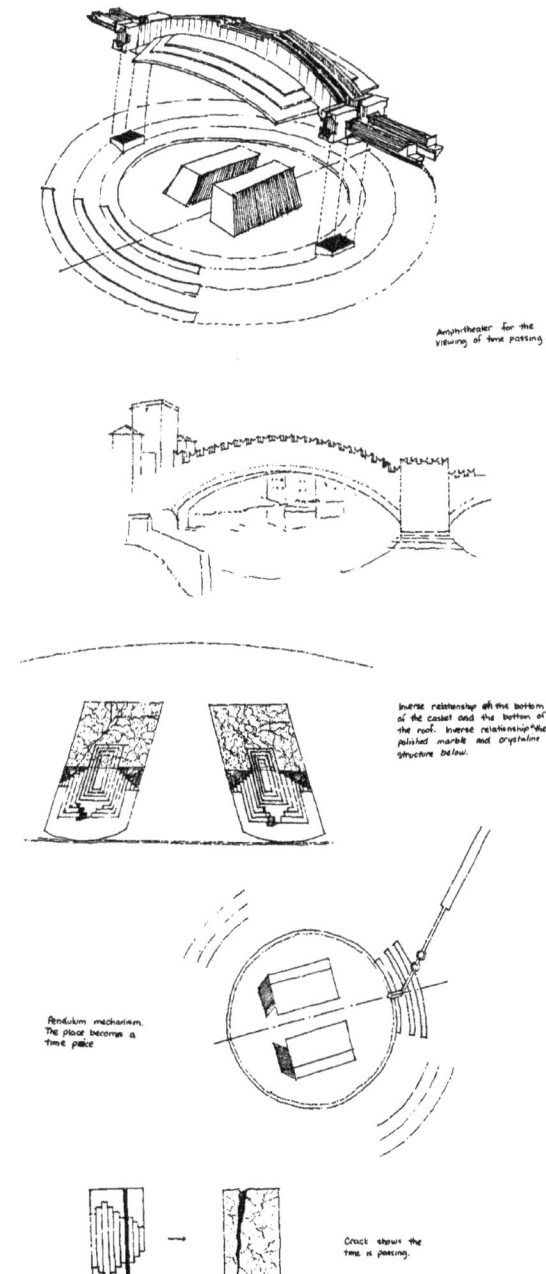

nímicamente, un trozo por la totalidad, desde el agujero en el muro de Le Corbusier hasta el panel de cristal. La base maciza del edificio solamente puede atravesarse por «ojos de buey», que nos invitan a una lectura con referencias de corte medieval.

Los ejes «procesionales» son siempre estrategias de composición arquitectónica muy usadas por Graves. En la planta principal, además del eje del cual ya hemos hablado, existe otro paralelo que relaciona los espacios y los abre simultáneamente al jardín. Lutyens es aquí claramente la inspiración, incluido el hecho de que la escalera tiene su acceso a noventa grados con respecto al eje principal o eje «procesional»...

Ejemplo segundo. La Porta Pía, de Miguel Angel. Extractos del ejercicio realizado en Berkeley en 1984

La Porta Pía fue diseñada por Miguel Angel pocos años antes de su muerte y su construcción empezó en 1562. De los diseños se desprende que Miguel Angel quiso que la puerta se leyera como si de una abertura en la muralla de la ciudad se tratara. Para enfatizar la importancia de esta puerta Miguel Angel se vale de la figura de la *hipérbola* sucesivamente superpuesta: dobles, triples y cuátriples hipérbolas engarzadas en el eje de simetría tradicional. De la misma manera, tres pares superpuestos de columnas marcan los laterales de la puerta. En el centro de la puerta monumental Miguel Angel coloca un dintel rusticado en forma de arco aplanado presidido por un tímpano ornamental. El tratamiento rústico era más propio de las villas en el campo, y Miguel Angel asocia las dos caras de la puerta a la oposición o *categoría retórica* de lo urbano contra lo rural, lo liso contra lo rugoso.

Un arco plano sólo es posible si un arco de descarga lo precede. Esto lo logra Miguel Angel mediante el tímpano que simultáneamente permite *la estrategia retórico-constructiva* de expresar el trabajo mecánico de la puerta.

Toda la puerta está recubierta, además, por figuras de *repetición* progresivamente ampliadas, jugando con las proposiciones y las escalas. El material, como siempre en Miguel Angel, cobra plasticidad y vida propia, a medio camino entre la escultura y la arquitectura; todo ello logra poner en movimiento muchas estrategias retóricas de forma simultánea.

La *prosopopeya retórica,* la «voz en *off*» está presente en todos los niveles de la puerta bajo formas figurativas directas, como es el emblema papal, etc., o de forma abstracta, al producir *elipsis* retóricas, huecos constructivos sin rellenar que crean la sensación de que algo ha de venir, algo falta o que alguien entra por la puerta. Todo ello sin alejarse demasiado de la tradición de lo que es un portal de entrada en la ciudad desde tiempos antiguos.

La habilidad de Miguel Angel como escultor y, como arquitecto, su habilidad en reinterpretar el lenguaje clásico trabajando como manierista, se equipara con su habilidad por expresar en piedra la complejidad retórica del lenguaje verbal y convertir la arquitectura en diálogo vivo con la cultura circundante en su momento.

Aparte del ejercicio del estudiante veamos una descripción verbal de Lotz de la Porta Pía, en la que se ve la complejidad retórica descrita por el estudiante en sus dibujos de las páginas: «...el paso de la puerta es el vano central de un frente o fachada con tres partes y se destaca, por su rudeza y gran relieve, del fondo liso de ladrillo de los vanos laterales. El dintel recto de este paso, con ángulos obtusos, se expande gracias a una luneta aplanada que aparece a modo de arco de descarga; la cornisa que está encima de este primer dintel está apoyada en pilastras que marcan la puerta, y está, a su vez, coronada por un frontón segmentado, el cual también está bajo otro frontón triangular mucho más amplio...».

Ejemplo tercero. El cementerio Brion-Vega, de Scarpa.
Extractos del trabajo de Craíg-Tim-Wong (Berkeley, 1985)

El lugar del cementerio era una pequeña ciudad medieval italiana, las raíces culturales de la cual podían trazarse desde muchos siglos atrás. El cementerio de Carlo Scarpa se convirtió en una parte más de esta historia.

Brion Vega dio a Scarpa todo el apoyo económico como ya no es habitual hoy en día.

Quizás la imagen de Venecia como puerta entre el este y el oeste está como categoría retórica fundamental de este edificio. Scarpa parece escoger en su composición espacial una aproximación oriental colocando objetos diversos, todos ellos en relaciones similares a las que existen en un jardín japonés. Minicanales de agua dan al cementerio un carácter mítico indiscutible. El eje del antiguo cementerio se enlaza estratégicamente con una pareja de ventanas circulares entrelazadas. Sirven tanto como término que como portal o entrada. (Lo cual tiñe la composición de unidad retórica.) Desde este centro y final un estrecho estanque surge perpendicularmente y conforma el único enlace con la tumba propiamente dicha. Concentrando mi descripción en la tumba, puede considerarse su estructura como la de una isla en medio del mar. Scarpa llega a atraer hacia su composición la imagen de la iglesia situada fuera de los muros del cementerio, pero directamente visible sobresaliendo por encima de dichos muros. La inclinación de la tumba es la misma de la iglesia y el eje tumba-capilla la refuerza, no sin romper elípticamente dicho eje antes de llegar a la tumba.

El juego intrigante de Scarpa con la geometría es bien aparente en este proyecto. Las estrategias retóricas de combinar formas curvilíneas con formas rectilíneas le sirven a Scarpa como medio para amplificar la importancia estética de la tumba. Es esencial en esta estrategia de composición la fusión entre estructura y ornamentación, hasta el punto en que ambas son totalmente indisociables tras una retórica emparentada fuertemente con la escultura.

Las referencias figurativas de las *inversiones* retóricas que construyen la composición de Scarpa son fáciles: Sullivan, Wright, Art Decó, etc., pero Scarpa sabe cómo conseguir un sabor figurativo específico en sus edificios, en los que cuanto más abstractas son las referencias figurativas más vivas permanecen las referencias histórico-formales.

Ello se consigue, en parte, gracias a las constantes referencias a la máquina, o mejor, a los mecanicismos de la propia arquitectura como artefacto vivo. Ejemplos de esta estrategia mecanicista tan alejada de la figuración metafórico-maquinista de un Le Corbusier, por ejemplo, es la conexión de la forma redonda con el estrecho canal de agua mediante un artefacto en forma de pivote pendular. Por otro lado, la ornamentación de las vigas en voladizo son un elemento mecánico-constructivo real que absorbe tensiones de la cubierta. Una estructura de cables en tensión se contrapone dialécticamente a la estructura anterior, logrando una estrategia retórica mecánica de gran sutilidad: un equilibrio dinámico que expresa su forma a través de sus propias tensiones mecánicas sin perder por ello ni lo más mínimo su elegancia.

La estrategia retórica del ritual ante la muerte es una protagonista privilegiada del edificio. Ya indicábamos que el usuario puede dirigirse a la tumba pero no accede nunca de forma directa, encuentra siempre su camino procesional interrumpido por algún simbolismo que le detiene y le obliga a elevar su práctica hacia una mística. La misma forma de la tumba como teatro sin actores, ya que los actores son los muertos en sus sarcófagos, se aúna perfectamente con este ritual interrumpido, pero siempre sugerido, como, por ejemplo, en el hecho de existir gradas que permiten imaginarse la muerte como espectáculo sumergido en la tierra.

El valor metafórico de las formas es riquísimo. La tumba memoriza un puente por el que no puede pasarse, pero que cubre la muerte, o, mejor, conecta la muerte y la vida. Las referencias a formas marinas, de barcas, están también inmersas en la forma, y la idea de pasaje, de transición o de umbral se repite incesante y obsesivamente. El canal, por otra parte, termina en dos pozos, uno lleno de agua, el otro seco. De nuevo las referencias metafóricas paganas y bíblicas son fáciles y múltiples, y quedan a disposición de la imaginación del visitante. Todo el valor metafórico debe entenderse bajo el prisma de Venecia como potente foco histórico-geográfico de referencia.

La ornamentación sigue teniendo una fuerte componente figurativa. La estructura que recuerda la cristalografía y la estratografía mineralógica o geológica se expresa en capas de calidad y pulido diferenciado, como si simulasen el paso del tiempo, y lo mismo las grietas construidas con todo esmero indicando algún signo catastrófico y tectónico. Un edificio nuevo que se construye como expresión de su propia vejez, de su edad, algo inherente al propio uso de una tumba como expresión de una edad, de una vida limitada.

Scarpa, pues, *invierte* lo sólido y lo débil, lo macizo y lo hueco, lo viejo y lo nuevo (deja crecer la vegetación en lo nuevo y atrae la vieja iglesia a lo nuevo), lo pulido y lo rugoso, el uso y el desuso, lo seco y, lo húmedo, etc. Todo el proyecto se apoya en mil categorías retóricas de la arquitectura que pone en movimiento apenas sin esfuerzo, con simplicidad y suavidad.

La inversión y la rotación retórico-compositiva son, pues, las claves de todo este aparato significativo sutil. El ojo y los pies del usuario se transforman poéticamente ante esta sucesión de imágenes invertidas, superpuestas y giradas. La simetría nace de las inversiones y de las rotaciones, no al revés.

Si un lugar arquitectónico es siempre un depósito de tiempo en el espacio, esta obra de Scarpa lo consigue y es un *lugar* por antonomasia, en el que su poética intenta unificarse con la propia construcción compositiva del edificio, hasta el punto en que el tiempo de la mente del usuario y el tiempo de la muerte se sincronicen en la arquitectura, en el espacio medido, invertido y pivotado de la vida. Los pasos del usuario se miden, se sincronizan, con los «pasos» o medidas, dientes, cornisas, resaltes, etc., de la ampliación del cementerio de Scarpa. La obra es como un inmenso calendario solar, cósmico, mecánico. El tiempo se mide de otra manera y aquí radica la poesía arquitectónica de Scarpa. Aquí termina su retórica.

1.3.7 Epílogo

Este breve repaso a la retórica de la arquitectura ha dejado muchos más aspectos por resolver que resueltos. Pero es que su única intencionalidad ha sido la de «persuadir» que un punto de vista retórico sobre la arquitectura no es inútil, superficial o superfluo, sino todo lo contrario, esencial, estimulante y disciplinar.

Esencial en lo suyo, como lo era la poética en lo suyo, pero esencial al fin y al cabo. En lugar de ver en la composición las leyes herméticas de un saber hacer autónomo o la obediencia a unas leyes inmutables de la fisiología o de la historia de la cultura, he definido una posición aristotélica y antiplatónica según la cual la composición es una forma de persuadir y no solamente de expresar o de autoconvencerse de algo. De ahí no puede deducirse malévolamente que equiparo la arquitectura a una interpretación psicológica o sociológica, ello sería malinterpretarme a mí y también a Aristóteles. Lo importante de la retórica es que ayuda a desestructurar los discursos de composición, a extraer de *cada tema su composición*. O, lo que es lo mismo, lo que en cada caso *pertenece al persuadir*, como indica el mismo Aristóteles.

No se trata de hacer un psicoanálisis al arquitecto, o al crítico, ni tampoco de analizar la sociología del objeto a base de estadística o de observaciones directas, se trata de extraer las figuras, las estrategias y las categorías retóricas que sirven en cada edificio para componer una persuasión, un efecto particular que puede variar a través de la historia en cuanto a efecto poético, pero que contiene algo de invariable, algo de argumentación feliz, de efecto retórico, de verosimilitud, más o menos acertada, pero siempre en busca de la persuasión. Si la poética se centraba en las leyes generales de un efecto *catarsis* dentro de una cultura, leyes que unían figuras, categorías y argumentos de una misma realidad poética condensando el efecto final, la retórica se centra en la dispersión, en el juego de espejos, que diferencia figuras, categorías y argumentos entre sí a través de un análisis del instrumental en un discurso, o sea, de sus modos y modas de componer. Ambicioso proyecto, pero que, bien hecho, da excelentes resultados.

Pero, ¡atención!: un buen retórico, tanto si es un diseñador como si es un crítico, no es automáticamente un buen poeta. Entre ambos está sólo el filo de una navaja, pero basta para formar un abismo infranqueable. Un poeta no persuade, un retórico no convierte...

1.4 Conclusiones: la medida estética de los lugares

Tras esta breve ojeada poética y retórica a la arquitectura, voy a intentar definir el poder y "el lugar" de la invención dentro del campo de la estética de la arquitectura (hacia el año 2000). Es evidente que la invención trabaja en el seno de la estética tal como Aristóteles la localiza con sagacidad. Pero es también cierto que, como indica Cicerón, existe una invención, puramente "retórica", en la ingeniosidad del discurso para "persuadir y componer", y que ella existe tanto en edificios pequeños como en grandes ciudades.

Admito también una invención hermenéutica más allá de la invención poética y retórica, como indica Paul Ricoeur. Y más aún, que existe una "filosofía crítica" que delimita los contornos de la hermenéutica. Veamos la argumentación, siempre precisa, de este filósofo francés:

"... El momento hermenéutico es el del pensamiento a través del cual el mundo del texto se confronta con lo que consideramos realidad, con el fin de redescubrir esta realidad ..."

"La hermenéutica quiere ser consciente permanentemente de la relación fundamental entre el lenguaje, el trabajo y el poder ..."

"La poética es el arte de construir y siempre 'intriga' con el fin de argumentar el imaginario de una cultura. La retórica es el arte de argumentar para persuadir una audiencia. La hermenéutica es el arte de interpretar textos desde un contexto diferente al del autor. Configurar, argumentar y redescubrir, tres operaciones mayores que son totalizadoras, pero que la finitud de los lugares de origen de cada una de ellas las obliga a complementarse ..."

Hasta aquí, Paul Ricoeur.

Las finalidades de la hermenéutica son, pues, claras según Paul Ricoeur; de la misma manera es la "filosofía crítica la que delimita el trabajo hermenéutico y su capacidad de invención". Digamos, enseguida, que esta capacidad de invención se manifiesta en tres "dominios hermenéuticos": en el campo de la traducción, en el campo de la "legislación" (y de la "legitimidad" entre texto y contexto) y, finalmente, en el campo de la "exégesis" propiamente dicha.

Llegados a este punto, podemos darnos cuenta de que estamos en una situación límite entre la estética, la ética y la ciencia, y de que esta misma situación es la que reconocemos si queremos ubicarnos entre la poética y la retórica. Se trata de un entrecruzamiento entre espacio y tiempo en el que se desarrolla la dialogía entre poética y retórica, y, como veremos en la tercera parte de este libro, es también este lugar-límite el que permite articular el tiempo del relato con el tiempo histórico para constituir el tiempo humano propiamente dicho.

Los arquitectos tienen razón cuando desconfían de una invención hermeunéutica siempre más allá de la experiencia estética. Pero se equivocan sobre todo en los últimos años, al no aceptar una crítica y una reflexión hermenéutica que entrecruce las tres dimensiones del diagrama 1 en busca de una verdad estética cada día más diáfana entre la poética y la retórica. Pero esta verdad no puede nunca expresarse totalmente en una obra de arte concreta. Las obras concretas sirven de referencia provisional en un proceso cultural y espacio-temporal ilimitado, abierto, que solamente la muerte limita, y todavía de manera provisional.

Si es cierto que el hermeneuta no puede confundirse con el artista, y que solamente puede aproximarse a los límites de la estética, no es menos cierto que el artista, él también, ha de permanecer en estos mismos límites fluctuantes, semificticios, semireales, para desde allí poder inventar, sin llegar nunca (y no debe) a identificarse totalmente con la estética del objeto que inventa. El artista, como el científico o el político, debe situarse en un límite estéticamente impuro para provocar el efecto estético. Pero hay que ser muy prudente en este tipo de apreciaciones, puesto que sabemos, científicamente, muy poco de lo que ocurre en nuestro cerebro llegados a este punto.

Esta "ojeada" hermenéutica hacia la estética arquitectónica nos permite ahora presentar de nuevo el análisis, inigualable, de la experiencia emocional del espacio según Pierre Kaufmann. El libro de Pierre Kaufmann sigue siendo un modelo fenomenológico de la génesis —y de la topogénesis— de la emoción espacial. Como este tema se trata más ampliamente en la tercera parte de este libro, voy aquí a resumir la tensa argumentación de un trabajo que articula ciencia, arte y filosofía.

El origen de la noción de "lugar" en el hombre está siempre relacionada con la "ausencia del otro", en mi propio lugar, ya que en un lugar sólo puede estar un cuerpo en un momento dado. Esta certeza científica puede parecer obvia a un adulto pero un niño tarda cuatro años en comprender lo que aquí ocurre. El uso por parte de Kaufmann de la literatura griega clásica y de los mitos clásicos, en clave psicoanalítica, incorpora el lenguaje, de manera que el lugar es el "lenguaje" de la ausencia del otro, y ausencia del "lenguaje" como signo de la ausencia del otro, por lo que se convierte en objeto estético y establece una dialéctica entre lenguaje y lugar, y lenguaje y arquitectura, de gran interés. Además, con sus reflexiones Kaufmann plantea las relaciones entre relato y historia, en el lugar como espacio habitado, treinta años antes de Paul Ricoeur.

Ciertamente que Kaufmann no usa explícitamente la noción de intriga; el relato es el punto de partida. Pero como usa como instrumento filosófico la *Iliada,* este hecho cultural con su "intriga" entra a formar parte de sus argumentos implícitamente. Paul Ricoeur sitúa el relato donde Kaufmann sitúa "un relato". (Por otro lado padre y madre de muchos otros relatos.) De la misma manera, donde Paul Ricoeur sitúa las leyes hermenéuticas del relato en general, Kaufmann sitúa la experiencia fenomenológica, también en general. Hermenéutica y fenomenología se desarrollan pues en paralelo, y llegan a complementarse sin destruirse.

Veamos ahora la estructura nuclear y fundamental de la relación entre relato y lugar tal como, por ejemplo, se resume en el diagrama 8 [pág. 71]. Se trata de acercarnos a una estética de la arquitectura del año 2000 como interrelación social, como coexistencia, a la vez intelectual y sensible, entre todos y cada uno de los "cuerpos" humanos que habitan el espacio-tiempo, o historia. No se trata, en mi opinión, de la voluntad de transformar la arquitectura en una máquina, o en un sistema matemático, racional, que no acepta ni la emoción, ni la sensación, ni la sensualidad, ni la diferencia cultural, en sus preocupaciones[27]. Se trata, bien al contrario, de transformar las máquinas, las matemáticas y las culturas en mil y una "arquitecturas" posibles. Justamente Aristóteles y Kaufmann nos han elaborado las herramientas necesarias.

El lector podrá ver que, como conclusión de este libro, yo propongo en mi "epílogo" mi propia visión sobre la estética arquitectónica, ilustrada además con ejemplos reales de arquitectura construida, que yo mismo he definido como "modernidad específica"; se trata de una posible "relatividad restringida" expresada a través de un "manifiesto arquitectónico", y que es también un homenaje a Kaufmann y a su "sujeto estético".

Volviendo a la estructura fundamental, estética, de la arquitectura como lugar, hay que seguir la descripción hermenéutica que realiza Paul Ricoeur, para extraer luego las consecuencias teóricas y prácticas aplicables a la arquitectura.

En el *Tiempo y el relato*[28], Paul Ricoeur establece diferentes ocasiones en las que relato y tiempo se entrecruzan. En el campo de la estética, en especial, define tres dominios de la hermenéutica: la traducción, la intertextualidad y la modernidad. Antes de analizar cómo, en la arquitectura, la relación entre lugar y historia se da en tres niveles: a) el proyecto; b) el objeto construido; c) la historia y uso del objeto ya construido, es preciso explicar los tres dominios o problemáticas que analiza Paul Ricoeur.

---

[27] N.T. Estos argumentos están escritos antes de conocer a fondo la obra redescubierta de M. Bakhtin. Esta traducción está influida por esta lectura, así como lo estarán libros y artículos escritos posteriormente a 1995, ya que este autor ruso es especialmente eficaz cuando describe las relaciones estéticas entre seres humanos, contraponiéndolas a las relaciones tecnológicas, científicas, éticas, etc.
[28] Ricoeur, P. *Le temps et le récit*. Seuil, París, 1985.

La problemática de la traducción es extremadamente importante en la arquitectura y apenas si se ha estudiado. En efecto, los arquitectos creadores son traductores en el sentido profundo, hermenéutico, en el que Walter Benjamin define la capacidad de "traducción" de un texto cualquiera. Según este autor el traductor reconstruye en un nuevo lenguaje el texto original, porque esto sobrepasa su propio lenguaje gracias a su poder "interlingüístico", de cierta manera universal. Esta operación de traducción "profunda" puede ser peligrosa para los textos, para la memoria cultural y para la salud mental del traductor, que puede caer en el abismo de la locura en su afán perfeccionista en busca de la traducción ideal del lenguaje ideal, perfecto. Como ejemplo de esta situación peligrosa hay que citar a Hölderlin y su incansable búsqueda de la perfecta traducción al alemán de los poetas clásicos de la antigua Grecia. En el mundo de la pintura Van Gogh sería un ejemplo análogo y en el de la arquitectura, aunque en menos medida, Gaudí.

La traducción debe ser fiel al mensaje original y también al nuevo lenguaje. Dos fidelidades que nunca son al cien por cien compatibles. Así, invención y traducción son dos caras de la misma moneda. Y no son dos actividades totalmente opuestas, ya que en ambos casos hay invención y creatividad, aunque sea por caminos distintos. La dimensión estética de la cultura debe admitir esta complejidad.

Para poder relacionar las problemáticas de la traducción, la intertextualidad y la exégesis entre ellas, Paul Ricoeur utiliza una vez más la dimensión redescriptiva de la estética en general y de la poética en particular. Ya me he referido a esta capacidad redescriptiva de la poética de la arquitectura en el capítulo 1.2, pero ahora es preciso insistir en ella para entender mejor el paso desde la traducción a la exégesis hermenéutica, y también para plantear, muy rápidamente, un acceso hermenéutico a la modernidad.

El argumento esencial de Paul Ricoeur es la necesidad poética de alejarse de la vida real para volver a ella a través de la redescripción necesaria en cualquier proceso de representación (o ficción) artística o estética. Decíamos que Aristóteles nos orienta en el mismo sentido cuando nos plantea la necesidad de una distancia óptima para ver la estética de un objeto, distancia que no es nunca la misma que se precisa para construir, pintar, etc., el objeto artístico considerado. La redescripción se descubre en el objeto poéticamente producido, y contra más poética hay, más potente es la redescripción de la realidad. Existe un mundo que va "por delante" de la obra poética, capaz de transformar la realidad circundante, capaz de producir una "nueva manera" de ver, de habitar, de tocar, de oler, de escuchar, etc., la realidad. A menudo, este poder de redescripción se olvida. Este olvido es especialmente peligroso cuando se acepta la modernidad de una obra de arquitectura solamente como "invención", como "originalidad", sin analizar, criticar y descubrir su enorme poder de redescribir la realidad, de interpretar nuestra cultura y nuestro paisaje.

La razón primordial de este "olvido" es la persistencia, en las actitudes que defienden la modernidad, del deseo de reprimir cualquier tipo de crítica, para apoyar solamente un análisis de la obra como "texto" aislado de cualquier "contexto" y, todavía más, de cualquier perspectiva dialógica "intertextual". Los trabajos de Mikhail Bakhtin, recientemente traducidos y aclamados por la crítica mundial como textos fundamentales de nuestra modernidad (escritos sobre todo entre 1917 y 1927), han demostrado ampliamente que los objetos artísticos: edificios, pinturas, partituras musicales, libros, etc., existen como "intertextos" antropológicos, es decir como realidades significantes situadas más allá y por encima de cualquier sistema lingüístico preciso, con una sintaxis y una semántica precisas. Hay que "olvidar" las arquitecturas "intrínsecas" y "extrínsecas" de Eisenman, que han producido una gran confusión teórica en la arquitectura, y paradójicamente, una parálisis del estudio de la redescripción poética de la arquitectura contemporánea. Una "vanguardia" (*avant-garde*) arquitectónica, no ha sido nunca un sistema lingüístico "intrínseco", sino una "intertextualidad" antropológica que define con precisión una manera concreta de "*re*-descubrir" la realidad, y, que por tanto, tiene un poder "*ex*-trínseco", sale de ella misma, se relaciona con el pasado y propone un futuro desde un presente concreto. Esta manera de redescubrir poéticamente la realidad, es, a la vez, la aportación más innovadora de cada vanguardia y su limitación en relación a otras posibilidades de redescripción de una totalidad intercultural muy compleja. *No existe redescripción sin "poética intrínseca", pero no hay poética sin redescripción "extrínseca".* El equilibrio dinámico entre el argumento poético (intrínseco) y su poder de redescripción (extrínseco), es el motor de una intertextualidad poética y retórica en la invención (o innovación), en la traducción y en la exégesis.

Las implicaciones prácticas de una hermenéutica estética de la arquitectura son muchísimas. Veremos algunas más adelante, cuando en la segunda parte de este libro analicemos muy someramente la ciudad, o *polis*, o en la tercera parte cuando tratemos del paso de la deconstrucción de lugares a la *co*-construcción de estos mismos lugares.

Aquí, finalmente, debemos insistir en que la arquitectura debe siempre concebirse desde una hermenéutica basada en la estética *co*-construida en la "ausencia" del otro, como base de la distancia arquitectónica que se construye en cada caso. Y esta distancia estética *co*-construida entre "yo" y "el otro", sigue existiendo en la modernidad. Con ello llegamos al final de nuestra ojeada a la dimensión estética de la topogénesis, o sea *a la medida estética de los lugares como "ausencia" del otro*.

2 Las dimensiones éticas de la topogénesis

2.1 Ética y topogénesis: texto y acción

La medida estética de la topogénesis no puede sobrevivir sola; necesita las medidas políticas, éticas y lógico-científicas con el fin de contener y de proteger la vida humana. Sería insensato pensar que podríamos vivir solamente del arte, esencial sin embargo para poder vivir...

De la misma manera que tenemos textos sólidos sobre la poética y la retórica del espacio, también existen precedentes en el campo de la medida ética y política de la arquitectura. Pero la ignorancia con respecto a estos trabajos es común, y, en general, los arquitectos se resisten a analizar las raíces éticas y políticas de las decisiones y las medidas espaciales. Por el contrario, como veremos, la filosofía griega clásica, con Aristóteles, analizó cuidadosamente las relaciones entre la ética, la política y el "arte" de hacer ciudades (*polis*), y la lógica usada en este análisis fue mucho más realista y mucho más compleja que la que usamos hoy. En este libro voy a explorar muy sucintamente las medidas éticas del lugar habitado con la ayuda básica del libro de Bödeus.

La hipótesis central es, en este contexto, que la medida ético-política de la arquitectura tiene la misma estatura que "la ley" en general. Como en el campo de la justicia, las medidas ético-políticas del lugar habitado parten de una "sabiduría" que "prevee" el mejor lugar posible, o, al menos, uno de los mejores lugares posibles. De la misma manera que una ley delimita un comportamiento social y cultural (más o menos relacionado con un pasado) la topogénesis ético-política ha de tener una capacidad de evaluar hasta qué punto unas medidas, funciones y formas espaciales podrán permanecer, sobrevivir o deberán cambiar. Como lo demostró el geógrafo norteamericano L.S. Mitchell en un libro sobre la didáctica de la geografía, muy avanzado a su tiempo, la forma de un lugar es únicamente un "umbral" entre el pasado y el futuro, un instante en el paso de millones de años de catástrofes, erosiones, erupciones y vientos cósmicos. Poco a poco, y a veces instantáneamente, una montaña cambia de forma, y sus leyes de cambio de forma, también.

La topogénesis del lugar humano, mucho más "consciente" que una montaña, no debe ser menos sensible a este proceso "legal" de transformación.

Estamos en el punto justo desde el cual recordar un conocido pasaje de Lévy-Strauss que presenta un mito que le contaron dos tribus diferentes sobre la "distancia" (o medida) óptima en la que debían establecerse, o coexistir, en el lugar: "Si nos ubicásemos más cerca de esta distancia óptima, las fiestas, el ruido y las costumbres diferentes debidas a nuestra cultura de cada tribu molestarían la convivencia y nos pelearíamos. Si la distancia fuese mayor, el miedo a no saber qué hace la otra tribu, al no verla en absoluto, generaría también peleas y conflictos. Hemos de colocarnos a la distancia justa, única y singular que nos permite el diálogo y la supervivencia y el desarrolla sincrónico de las dos culturas...".

Esta medida topogenética es la que debemos analizar aquí, medida que la historia (y el mito) descrito por Lévy-Strauss nos muestra con toda precisión.

Estamos, pues, cerca del texto delicado y preciso (y bello) de Jacques Derrida sobre la *khôra* de

Platón (que él traduce como *lugar*). He aquí una topogénesis transformada en "*khôra*-génesis y *khôra*-lógica", que en el libro de Derrida tienen, sobre todo, un alma política. Estética, ética y ciencia están de nuevo sintetizadas en una topogenética.

2.2 El intento de Aristóteles o la moral como arquitectura

La clave de una lectura y de una escritura moral de la arquitectura hay que buscarla una vez más en Aristóteles. En este caso, las referencias están inmersas en varios libros de aburrida lectura para el arquitecto, por lo que la extraordinaria labor de Bödeus nos es aquí doblemente preciosa. En lo que sigue debo muchísimo a su precisa y concisa lectura de las relaciones entre ciudad y moral en Aristóteles.

En primer lugar, es muy importante tener en cuenta que Aristóteles busca a lo largo de sus libros de ética, de moral, y de política, un objetivo común, que es el de definir lo más característico de lo "moral", a la vez como virtud y como sabiduría, de manera que los defectos que él veía en la moral platónica se subsanasen. Tengamos, pero, bien en cuenta, que todo ello se realizaba bajo la sombra de Platón y, del mundo griego en general, el cual era muy diferente del nuestro, aunque no tan diferente como para que las sugestivas ideas de Aristóteles dejen de ser interesantes. Para Aristóteles, pues, y tal como demuestra Bödeus, la política y la ética son dos polos de una misma realidad y necesidad de lo moral. El polo educativo-ético y el polo legal se unen en una moral de la ciudad, en un "civismo". (urbanistas-*polis*). Es absurdo, indica Aristóteles, educar al margen de una constitución, o sin criticarla en absoluto. La ética no tiene sentido abstracto, sólo puede valorarse si se relaciona dialécticamente con la constitución y con las leyes de la ciudad en la cual se ejerce.

El segundo punto esencial es que Aristóteles, para explicar metafóricamente cuál es la naturaleza específica de la *virtud sabia* que ha de usar el "legislador" en contraposición con la *virtud-sabia*

que necesita un político ejecutivo (o un ciudadano normal*)* usa al *"arquitecto" y a su virtudsabia "arquitectónica"*. Esta sabiduría práctica y virtuosa del arquitecto, esta *virtudsabia "arquitectónica"*, es la clave de las relaciones entre ética y política en Aristóteles y es también la clave de la "moral" aristotélica, cosa que evidentemente Santo Tomás de Aquino tuvo bien claro en su asimilación del aristotelismo al cristianismo. Veamos con más detalle las cualidades de esta *virtud-sabiduria-arquitectónica.*

Tanto el que legisla las leyes mejores para el futuro de la ciudad, como el maestro que enseña a los niños, como el arquitecto que projecta edificios, es imprescindible que literalmente y realmente posean una *sabiduría-virtud-práctica* que Aristóteles llama "arquitectónica". Arquitectónica porque se trata de una *sabiduria-virtuosa* que ordena una práctica (y una moral) sin que la persona que la ejerce actúe, de hecho. El legislador esta muerto cuando sus leyes se obedecen: legisla el futuro. El caso mítico es el de Solon, legislador modelo según Aristóteles por su saber democrático, el cual, tras legislar, se fue de viaje para no estar presente durante la aplicación de la legislatura y no confundir el poder legislativo con el ejecutivo elegido. El maestro de niños tampoco actúa él mismo como un niño, sino que debe transmitir la *sabiduria-virtud* a partir de las costumbres y de las leyes; probablemente no exista cuando el niño actúe como adulto. El arquitecto, en fin, no construye lo que proyecta, sino que ordena el trabajo de los demás. Sus edificios, en muchos casos, le sobreviven, además. En todos estos casos, insiste Aristóteles, lo importante es que esta *sabiduría-virtud* moral, sea en la educación, en la política o en la arquitectura, exige, no solamente una experiencia imprescindible de lo que se quiere ordenar (la política, la enseñanza, la arquitectura, etc.) sino un algo más, un sexto sentido de un saber transmitir, de ser consciente de lo que se es, de ser critico con respecto a lo que se enseña. Este "algo más" es lo que es "arquitectónico". Aristóteles no exige a todos este espíritu crítico, pero piensa que es esencial que los arquitectos, los legisladores (no los simplemente políticos) y los profesores tengan este espíritu crítico para prever los cambios de la historia, para adaptarse a las diferencias entre las ciudades y para evitar a los tiranos y a las tiranías excesivas.

De ahí, que la figura del arquitecto sea analizada con cariño y con ironía por el filósofo, cuando indica agudamente que el importante arquitecto Hipoddamus de Mileto, "el mismo que inventó el arte de planificar las ciudades...", "era un hombre extraño, que en su búsqueda por la distinción llegó a excentricidades en todo su comportamiento, llegando algunos a pensarse que era un ser afectado. Tenía el cabello siempre flotando y vestía con gran gasto en ornamentación, sin embargo, no dejaba ni un momento un gastado abrigo, ni en invierno ni en verano, el cual parecía muy cómodo a pesar de todo. Además, justo es reconocerlo, fue la primera persona que sin ser un hombre de estado se dedicó a investigar la mejor forma de gobierno. Sus resultados son un tanto raros y muy marcados por una personalidad tan estrafalaria, pero ello no le quita ningún mérito...".

Bödeus dedica la mitad de su libro al análisis exacto de las diferentes naturalezas de las palabras con que Aristóteles define lo que aquí he nombrado siempre bajo la ambigua forma de *sabiduría-virtud-práctica*. Por un lado, es evidente que con su sutilidad Aristóteles quería dejar bien claro que la *sabiduría-virtud* de la moral (en ética y en política) no es del saber científico o lógico en general, ni tampoco la del saber estético en particular. Esta preocupación es constante en sus libros y marca la pauta de la división de Kant entre razón práctica y las otras "razones". Pero en Aristóteles, la mezcla entre virtud y sabiduría es constante en su análisis de la moral, y ello ha convertido la traducción del griego a otros idiomas en algo extremadamente difícil. Como es imposible analizar y seguir en profundidad los argumentos de Böedeus, que usa siempre el griego como guía, solamente he extraído en los párrafos anteriores y en los que siguen las reflexiones sintéticas más importantes.

Digamos que Aristóteles quiere conseguir definir la naturaleza de lo moral justamente como puente entre "virtud" (que nace de la práctica del bien y de la belleza) y "sabiduría práctica" (que sabe deliberar y elegir el recto camino en la acción). Todo el mundo debe adquirir esta excelencia moral, tanto en su polo ético, como maestro de virtud, como en su polo político, como ciudadano. Por ejemplo, los padres deben tener esta capacidad moral, a la vez virtud y sabiduría práctica. Pero los que ejercen misiones especiales en el campo moral, como son los maestros, los arquitectos y los legisladores, ellos, además de los de todos (subraya Aristóteles este *además*), han de poseer la completa *sabiduría-virtud-arquitectónica*, es decir la sabiduría en el cenit de la excelencia de la virtud y de la sabiduría práctica, puesto que se trata de una virtud y sabiduría práctica que no se aprende sólo por la práctica de la virtud y del juicio, o en la deliberación sobre la acción, sino gracias a una capacidad de juicio que no está en las *sabidurías-virtudes* normales. Esta virtud de virtudes o sabiduría práctica de segundo orden, se caracteriza, digámoslo una vez más, por proyectar el futuro, por ser capaz de ser justo, no ya por virtud inherente al presente, sino por capacidad de juicio reflexivo sobre la realidad de la propia acción, personal en el caso del maestro, colectivo en el caso del legislador.

No es difícil ver que toda esta doctrina esta muy relacionada con todo lo dicho en primero sobre el proyecto como historia y la historia como proyecto, a partir, evidentemente, de la relectura que Paul Ricoeur ha hecho de Aristóteles.

En arquitectura, creo que ello tiene interesantes consecuencias. En primer lugar, define un *lugar* a las claves morales de la arquitectura que no se identifique con la connotación moral de un estilo o de una tendencia artística. En segundo lugar, diferencia una lógica de la ciudad o del edificio, de su "moral", lo cual ha sido también objeto de abusos inadmisibles en los últimos años.

La vía abierta por Aristóteles al resumir la cultura griega de la ciudad y estructurarla con su agudo sentido crítico es hoy todavía esencial para nuestra "ética del lugar". Tal como ha analizado Braunfels, las ciudades europeas, en total conformidad con el modelo aristotélico, reflejan en su forma espacial el tipo de contracto social, o de poder, que han padecido a través de sus 2000 años de historia.

Tal como hemos visto, el proyecto ético de Aristóteles acaba con un paradigma arquitectónico: la suma virtud y sabiduría se da en un saber comportarse "arquitectónico", es decir, en un saber comportarse que es capaz de reflexionar sobre el pasado y el presente y conformar un futuro mejor para todos. Y esto es precisamente lo que se necesita para prever el futuro de una ciudad en la cual todos vivan con comodidad, belleza y seguridad.

Para encontrar una teoría sobre este comportamiento sociofísico de las ciudades previsto por Aristóteles hemos de adelantar muchos siglos en nuestro calendario y llegar a Leon Battista Alberti, en el renacimiento italiano. Gracias a estudios recientes, se ha comprobado documentalmente cómo este humanista italiano supo aunar la tradición clásica con la realidad de la Edad Media, sin perder la coherencia de una ciudad como expresión de un tipo concreto de convivencia social.

Este trabajo de conexión entre Grecia, Roma y el Medievo no es fácil, está plagado de lecturas históricas claramente partidistas. La historia permite siempre interpretaciones diversas, pero lo que ha ocurrido con esta tradición aristotélica de la ética de la ciudad supera cualquier riqueza interpretativa y cae en la peor de las distorsiones.

La distorsión ha estado en la tozuda eliminación de la tradición aristotélica en defensa de un progresivo platonismo del pensamiento humanista que solamente hoy se ha empezado a poner en duda con conocimiento de causa. Para Platón, la forma de la ciudad expresaba un equilibrio eterno, divino, entre personajes condenados de por vida a cumplir su papel dentro de una estricta jerarquía. Las leyes poco tenían que hacer en la ciudad de Platón como no fuera condenar cualquier intento de cambio en las jerarquías de poder siempre unitarias, de centro único. Por el contrario, las ciudades aristotélicas pueden ser policéntricas, con varios centros, y, lo que es más importante, han de ser diferentes una a una, con leyes específicas hechas por sus habitantes respectivos en pleno proceso democrático. Al eliminar la tradición aristotélica y su sutil relación entre virtud, sabiduría y arquitectura de la ciudad, la ética de la ciudad ha perdido lo mejor de su tradición, y solamente hemos sabido mantener la tradición de una ciudad y un centro, una trama y un significado uniforme, etc. La dialéctica social, la movilidad social ha perdido así su mejor papel. Todo queda ya fijado de antemano en la forma omnipotente de la ciudad. La arquitectura, sus piedras, vigilan mucho mejor que el mismo poder el comportamiento colectivo. Las leyes son inmutables, como las piedras.

2.3 Breve reflexión sobre la técnica en la topogénesis

Una visión del papel de la técnica en la topogénesis necesitaría varios libros. Aquí, en esta ojeada introductoria hacia una teoría general de la génesis del lugar, o de los lugares, la técnica se encuentra en cualquier sitio, en el sentido de la *techné* griega ancestral, de transformación de la naturaleza y de "producción" de naturaleza.

La referencia a un autor francés excepcional, George Simondon, me permite escribir una nueva reflexión sobre la técnica y el hombre, tal como ya hice hace veinticinco años con mis primeras referencias a Simondon. Este autor siempre defiende la técnica como una posibilidad de "autonomía" del hombre con su ética propia. Es inútil lamentarse de los "males" de la técnica o intentar eliminarla, tenerle miedo. Por el contrario, hay que conocer sus leyes, sus límites y ser capaces de utilizarla al servicio de la propia supervivencia.

En consecuencia, la técnica debe de estar al servicio de la cultura, y la cultura, si existe, es porque el hombre tiene "conciencia" de su cultura. La técnica, es automática independiente y "mecánica", justamente por lo contrario: porque no es conciente de sí misma, ni de su "cultura". Si una técnica llagase a ser "conciente", aunque fuese más "libre", dejaría de ser "técnica" y se convertiría en "cultivada". La máquina sigue inconcientemente sus propias leyes, y por ello la responsabilidad ética corresponde al hombre con su "cultura" y no a la máquina. La topogénesis debe de usar las máquinas en el interior de esta dialéctica (y dialógica) entre técnica y cultura.

Tenemos, pues, necesidad de una "cultura de la técnica", y aquí de nuevo Simondon nos ayuda, ya que esta nueva cultura abierta al futuro debe incorporar la técnica como una liberación y no como un obstáculo a un desarrollo humano. Así hemos de conseguir que todo el mundo "cultive" los objetos técnicos y, sobre todo, sea conciente de la relación de los objetos técnicos los unos con los otros, que, desde la perspectiva topogenética, se trata de una relación dialógica y cultural (y no mecánica).

Por ello, Simondon escribe: "La nueva tecnología no solamente debe innovar sino también reinsertar lo antiguo en lo nuevo y reactualizar el pasado a través de un presente que asimile el futuro".

Tenemos un camino arduo ante nosotros, y desconocido. Este tipo de sabiduría técnica todavía está muy poco desarrollada. Paradójicamente, Simondon toma como modelo la alquimia, ya que en ella la cultura y la técnica estaban más unidas. No es suficiente, hay que retornar toda la potencia hermenéutica del pensamiento moderno y "repensar" la técnica. Análogamente hay que llegar a un pensamiento "ecológico" que acepte la complejidad dialógico-social de la topogenética.

No podemos quedarnos satisfechos con una "técnica" que acepte determinismos ecológicos o a priori económicos, pero hay que agradecer a Simondon sus instrumentos de análisis y sus reflexiones en una sociedad que se "tecnifica" sin saber lo que ello significa.

Fue Lewis Mumford el que intentó, quizás por primera vez, analizar la dialogía entre técnica y cultura sin aceptar tres determinismos fundamentales: el determinismo de la máquina, el determinismo de la naturaleza y el determinismo de la cultura. Mumford describe cómo la cultura del espacio es el resultado de la utilización social de la técnica. Además, a partir de estas reflexiones sabemos que el uso de la técnica exige mucha más cultura (y no menos como muchos insinúan) para llegar a construir un medio ambiente espacial más humano.

2.4 Conclusiones: la medida ética de la topogénesis

Una obra excelente y reciente de los arquitectos Gerhard Spangenberg y Brigitte Steinkilberg, puede servirnos de ejemplo privilegiado de diálogo entre objetos, lo que considero esencial en la ciudad como lugar. El edificio se sitúa junto al famoso Charlie Check Point del destruido muro de Berlín, lugar en el que prestigiosos arquitectos como Rossi o Eisenman han construido edificios. El edificio hace esquina y tiene a su lado un edificio de piedra rosa milagrosamente salvado de la guerra (ver ilustraciones págs. 97-98).

Este edificio de acero y cristal ha configurado con la calle y con el edificio colindante un diálogo arquitectónico de mucha mayor calidad que los otros edificios citados. La razón no está en un estilo más "historicista", o menos "moderno" que los otros edificios; al contrario, su estilo es mucho más "moderno". La razón está en una actitud totalmente diferente, no sólo estética, sino ética y lógica. Los demás arquitectos ni tan siquiera intentan el diálogo, simplemente ignoran la calle y los edificios colindantes.

Lo esencial de un edificio reside en la correlación entre la coherencia interior y la coherencia exterior del edificio con la ciudad, el pueblo o el paisaje. Esta doble coherencia es la que Gadamer define como origen de la belleza y de la calidad fenomenológica de la arquitectura; este origen nos indica una individualidad coherente con una cultura.

Leon Battista Alberti propone la expresión de *concinnitas* como totalidad bien organizada, según la cual la sala de estar es al edificio lo que una plaza es a la ciudad.

La idea de cómo un lugar se transforma es mucho más compleja que lo que podría suponerse a primera vista. La lógica de esta transformación es "dialógica", tal como la definiremos en los próximos capítulos. La estética de este lugar en transformación, como ya hemos visto, se estructura en poéticas y retóricas inmersas en la "cultura" que las crea.

Tal como hemos descrito, las leyes urbanísticas son la expresión de las medidas éticas y políticas del lugar.

Las dimensiones topogéneticas esenciales de la ética y la política de los lugares son, de una parte, las relaciones entre proyecto e historia y, de otra parte, las relaciones entre la acción como "plan" y la acción como "traza". Vitrubio, Alberti, Mumford, Collins, etc., han sido autores importantes desde una perspectiva "ética", pero hay mucho camino por recorrer.

En efecto, para conseguir usar las nuevas tecnologías y liberarse del peso de los estilos históricos, hemos concebido una arquitectura "abstracta", sin medidas, y no una arquitectura con unas medidas nuevas en lo artístico, lo político y lo científico.

El diálogo entre la "traza" de un pasado y el "plan" de un lugar futuro, propuesto por Paul Ricoeur, nos plantea la complejidad de una dialéctica entre proyecto e historia. La acción humana no es nunca el mero resultado de un plan o de una traza, sino que se desarrolla a través de la superposición entre ambos. El plan no debe ser la repetición de la traza, pero tampoco debe eliminarla; si lo hace, convierte cada nuevo plan en un punto cero, como si la civilización no hubiese existido, lo cual es imposible.

La explicación y la crítica que Andrew Benjamin hace de la primera parte del *Discurso del método* de Descartes, es, en este sentido, ejemplar. Descartes unifica, proféticamente, el nuevo sujeto "universal" y el nuevo "sistema" universal del conocimiento, como si fueran dos caras de una misma realidad:

"... una de mis primeras reflexiones fue constatar que hay menos perfección en una obra construida por diversos constructores que en otra realizada por uno solo. Así los edificios acabados por un único arquitecto suelen ser los más bellos y mejor ordenados que los que han sido el resultado de varios arquitectos acomodando viejas murallas que habían sido construidas para otras finalidades. Del mismo modo, las ciudades antiguas que surgieron a partir de pequeños pueblos, y que a través de transformaciones sucesivas han llegado a ser grandes ciudades, suelen estar muy mal acompasadas, con edificios aquí grandes allá pequeños, dispuestos a lo largo de las calles recurvadas, hasta el punto de que parece ser la fortuna, y no la voluntad humana en uso de razón, la causante de tal disposición..."

En este texto de Descartes vemos ya una definición de una modernidad "monológica" que yo opondré a una modernidad "dialógica" a lo largo de este libro.

Esta modernidad "monológica" otorga a toda la arquitectura medieval un carácter propio de la "casualidad" y del "azar". También otorga a la nueva cultura una categoría de ser producida por sujetos universales y superiores que, además, son iguales: "clónicos". El valor de la tradición es siempre inferior a la nueva razón universal, y es el nuevo sistema monológico y racional el que supera la irracionalidad social de las culturas precedentes.

Por el contrario, una topogénesis dialógica, plantea una cultura totalmente diferente; sobre todo si se da a la noción de dialogía, todo el sentido de la palabra griega original "*dia-logos*, razón o palabra que atraviesa", que va de fuera a dentro y de dentro a afuera. Para entender su contenido hay que partir de resultados conseguidos por muchas disciplinas diferentes:

a) por la dialógica de Jean Blaise Grize, Michel Meyer, etc.;
b) por la hermenéutica de Paul Ricoeur;
c) por la *co*-construcción psicosocial de Jaan Valsiner; y, finalmente,
d) por la intertextualidad antropológica de Mikhail Bakhtin.

Para llegar a hacer real esta nueva ética y esta nueva política, dialógica, de la topogénesis hay que poner en marcha un diálogo social múltiple y complejo. Ningún sujeto genial, privilegiado, y ningún "sistema" por sí mismo podrá llegar a una modernidad dialógica a la vez específica en cada lugar, y universal en el respeto universal por la diferencia.

Uno de los últimos escritos de Derrida: *L'Autre Cap*, es un buen ejemplo de esta política que llega a lo universal a través de lo particular y a lo particular a través de lo universal, pero que coloca en un lugar privilegiado no al sujeto ni a la colectividad, sino a la diferencia como motor de cambio. La deconstrucción y la dislocación como expresión de esta diferencia que debe amarse y aceptarse, y no solo tolerarse, se utiliza como fuerza para construir y para transformar el territorio: en lugar de cohabitación.

Aceptar la diferencia como motor de cambio es una postura ciertamente "dialógica", muy diferente de la postura monológica en la que cada sujeto, cada sistema y cada lugar son centros universales, sectoriales y monológicos, impermeables a otros sujetos y a otros sistemas.

Podríamos aquí recordar los escritos poco conocidos de Jean Piaget sobre la sociología. Una sociedad monológica produce sujetos autoritarios. Por el contrario, las sociedades descentralizadas y con alto nivel de coordinación y de diálogo, producen personalidades capaces de la interacción social y de considerar las diferencias no como problema sino como incentivos para el cambio. Estamos llegando al final de esta reflexión sobre las dimensiones éticas y políticas de la topogénesis, que en otros escritos será ampliada en breve. Pero antes de entrar en la dimensión lógica de la topogénesis, quisiera hacer un análisis breve de la responsabilidad política y ética en la construcción del medio ambiente moderno, que demasiadas veces es, como dijo Walter Benjamin, un espacio de tristeza y de luto.

La modernidad no puede desarrollarse a partir de un fundamento de infelicidad. Hemos de conseguir un fundamento más cercano a la virtud que quería Aristóteles, virtud que aprecia la diferencia y la utiliza como base del progreso. De esta manera el territorio como "texto" constituido de "estrategias de acción" posibles, puede planificarse como dialogía entre lugares diferentes, y no como jerarquía monológica a partir de un sistema único.

Recordemos la postura de Paul Ricoeur: "Un texto es un campo limitado de construcciones posibles. La lógica de validación nos permite definir sus limites entre el dogmatismo y el escepticismo radical...". La acción humana es también un campo de construcciones posibles: podría decirse que la argumentación relacionada con cada acción se configura como un texto.

En el diagrama 8, finalmente, observamos cómo la acción se encuentra en el cruce entre el relato y el texto como productos de la historia, por un lado, y el proyecto como propuesta de lugares a construir. Tanto el texto como el proyecto, parten de acciones posibles, bien en la historia real, bien en el lugar real. La topológica habrá justamente de analizar cómo se relacionan el lugar y la historia a través del cuerpo humano.

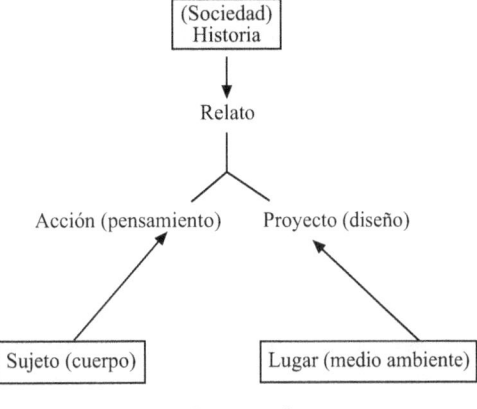

Diagrama 8

Una reflexión nos habría de permitir relacionar la medida "ética" del lugar con su medida "estética". A pesar de las sospechas de totalitarismo, Heidegger relacionó magistralmente en los años veinte la relación original entre el espacio de "*ser-en-el-mundo*" y la naturaleza social de este mismo lugar, o "*ser-con-el-otro*". No es posible aislar totalmente nuestro "*estar-en-el-espacio*" con el "*estar-con-el-otro*":[1] "*el ser en el mundo es un ser espacial*".

No es difícil a partir de estas ideas comprender que la topogénesis es, desde su origen, siempre estética, ética y lógica. Un conocimiento sobre el espacio debe tener siempre en cuenta esta situación tal como la describía a partir de la "distancia" topogenética entre dos tribus de culturas diferentes, a partir de los escritos de Lévi-Strauss.

---

[1] N.T. Una vez más, Bakhtin describió en los mismos años textos fundamentales sobre este mismo punto.

Sin la presencia del otro como diferencia, los lugares dejarían de tener significado. En este caso, no existiría ninguna cultura, y no sería posible cuidarse de nadie, ya que dos individuos idénticos no pueden cuidarse. La arquitectura monológica comporta la sincronización de todas las biologías, en una topogénesis perfectamente... muerta.

La ausencia total del otro, que es idéntico a mí mismo, sería además mi propia muerte. La vida, por el contrario, se desarrolla a partir de la diferencia con el otro y se prolonga más allá de la muerte de uno u de otro.

Un territorio totalmente idéntico a sí mismo, homogéneo y monológicamente habitado de sujetos idénticos, provoca la inmovilidad absoluta entre lugares iguales, clónicos. Sería el final del espacio, del tiempo, de la cultura y del hombre. Como veremos, el lugar construido por los niños expresa esta misma dialéctica entre diferencia entre yo y el otro, y la vida o la muerte en el lugar.

Pero muchos arquitectos insisten en una arquitectura moderna "monológica" que vacía el espacio de estas diferencias entre "sujetos", o "cuerpos" que usan el espacio desde el intercambio social.

Esta arquitectura construye lugares idénticos en todo el territorio, vacíos de significado dialógico y social, lugares que ya nacen muertos.

Las culturas concretas desaparecen en un territorio cosmopolita, universal, sin diferencias, en el que la presencia o la ausencia del otro no produce ningún cambio, puesto que el lugar monológico está concebido justamente para ser insensible hacia esta presencia o ausencia del otro.

Por lo mismo, una deconstrucción sin límites comporta la muerte de cualquier cultura y la pérdida de cualquier posible significado, abriendo la puerta a una disolución de cualquier argumentación y con ella al olvido de la diferencia. Sin la aceptación de la diferencia y de la *co*-construcción, crearemos un territorio monológico en el que la muerte social y la intolerancia producirá territorios de la violencia con enormes ciudades vacías como tumbas.[2]

---

[2] N.T. Desgraciadamente recientes visitas a ciudades sud y norte-americanas (y rusas) me han demostrado que tenía razón al escribir estas frases un tanto apocalípticas, hace tres años.

3 Las dimensiones lógicas de la topogénesis

3.1 La lógica de los lugares

Prólogo

No es una pura casualidad que el libro haya seguido un itinerario filosófico opuesto al de Kant. De este modo llegamos al final de nuestro camino y nos encontramos en el mismo sitio en el que Kant se encontraba cuando empezó a analizar la "razón pura" del hombre moderno, ya en su famosa tesis doctoral sobre la lógica del espacio y el tiempo como nociones a priori de la mente humana. La lógica del sujeto es a la estética del objeto, lo que la lógica del objeto (o sea la lógica de los lugares) es a la estética del sujeto. Entremedio del sujeto y el objeto, de la lógica y la estética, se ubica la ética, o razón práctica en Kant, que por ello se centra en una filosofía de la acción.

Voy a seguir, en este capítulo, una aproximación "lógica" a nuestro objetivo de llegar a definir una medida "lógica" del lugar habitado. Primero, resumo mis estudios sobre la epistemología infantil de la arquitectura. En segundo lugar, trataré, brevemente, sobre los sistemas semióticos de los lugares, o de los lugares como sistemas semióticos, para entender las dificultades "lógicas" de estos sistemas.

En los dos siguientes capítulos, voy a intentar desarrollar una hermenéutica preliminar de la lógica de los lugares, con el fin de llegar a una *dia-lógica*, con la ayuda especial de Jean Blaise Grize[1]. Ciertamente, la lógica del lugar está en sus inicios, pero existen ya aportaciones teóricas, recientes, muy interesantes, con aplicaciones posibles y directas al campo de la planificación del medio construido, en general.

Para acabar, en las conclusiones, describiré, más ampliamente, las "razones del lugar", o topogénesis, anunciadas en el capítulo introductorio de este libro, dando así mejor fundamento filosófico a la noción de lugar, y dando "la razón" a Platón, cuando insiste en su diálogo *Timeo* en que para entender las razones del lugar al llegar al final hay que volver al principio...

3.2 Hacia una epistemología del diseño arquitectónico como actividad constructora del lugar[2]

Resumen

Este escrito resume algunos de los descubrimientos a través de dos años de investigación sobre el diseño arquitectónico usando las teorías psicológicas del desarrollo del conocimiento de Piaget.

Estos descubrimientos están explicados de la siguiente forma: ante todo, describo la concepción que los niños de 3 a 4 años y de 8 a 9 años tienen

---

[1] N.T. La obra de Bakhtin es perfecta para este propósito, pero como al escribir estas páginas en francés todavía desconocía muchas de sus obras, prefiero dejar el texto cómo estaba para demostrar, justamente, cómo abordaba, 80 años después una temática "dialógica" de manera muy parecida a la de este antropólogo ruso. En libros futuros se verá una comparación entre ambos.
[2] Versión inglesa en: *Behavior and Meaning in the Built Environment*. Wiley, Londres, 1980.

sobre el lugar para vivir. Estas dos edades han sido escogidas por diferentes razones: por un lado, he observado cambios rápidos en la manipulación de los materiales que usan los niños para construir los lugares para vivir y, por otro lado, he hecho algunas comparaciones homológicas entre estas dos etapas del proceso del desarrollo mental, trazando una estructura que nos permite hacer algunas deducciones básicas sobre la epistemología de diseño arquitectónico considerado como un proceso conformador del lugar. Después intento establecer unas consecuencias generales de estas descripciones y de estas deducciones.

Prólogo

Le concepción de una arquitectura permanente y universal ha sido un viejo sueño en nuestra cultura desde la época griega, hace 2.500 años. Las culturas occidentales se han basado en la geometría divina, en las proporciones divinas, en el sistema lógico universal y en las esencias naturales de le arquitectura; todo ello para conseguir crear un valor eterno y permanente. Ninguno de estos "aspectos divinos" de la arquitectura llegó a ser realmente cierto. Las proporciones divinas y las esencias eternas se desvanecieron irremisiblemente a través del tiempo.

Mi propósito el hacer este análisis es, por una parte, explicar por qué existe esta profundo retroceso en la teoría de la arquitectura y, por otra, explicar por qué la lógica del diseño arquitectónico parece ser tan difícil y compleja.

Quisiera hacer esto siguiendo tras pasos sucesivos. Primero (capítulo 3.2.1), diré por qué he reducido la lógica del diseño arquitectónico a la lógica de la concepción del lugar para vivir. En segundo lugar (capítulo 3.2.2), analizaré las estructuras lógicas que están contenidas en la concepción que el niño tiene del lugar para vivir. Y en tercer lugar (capítulo 3.2.3), haré notar brevemente las consecuencias epistemológicas de este análisis del diseño arquitectónico considerado como actividad constructora de lugares para vivir.

3.2.1 Hacia un modelo piagetiano del diseño arquitectónico

Christian Norberg-Shulz ha escrito sobre el concepto de lugar y Christopher Alexander lo está haciendo ahora, aunque ambos usan diferentes bases filosóficas. La reducción de la lógica del diseño arquitectónico a la lógica de la concepción del lugar para vivir es un hecho común hoy en día y esto, en mi opinión, es algo importantísimo. Es importante porque pienso que de este modo puede combatiese a la vez el "objetivismo" extremo, que ha reducido la arquitectura a algunas estructuras inmanentes que sólo están presentes en los objetos (edificios), y el "subjetivismo" extremo, que ha reducido la arquitectura a unas estructuras inmanentes que sólo están presentes en la mente del sujeto (usuario o diseñador). Pero el concepto de lugar puede igualmente mezclar absurdamente estas dos teorías erróneas si no tenemos claro lo que significa.

Así, mi propósito es clarificar este concepto de lugar y, al mismo tiempo, evitar estas dos posiciones equivocadas tomando en lugar de ellas el punto de vista interactivo, tal como ha sido desarrollado por Jean Piaget y por otros psicólogos de todo el mundo. Haciendo esto, estoy reconociendo que si la arquitectura tiene algún valor humano es porque es capaz de concebir lugares para vivir. También estoy asumiendo que el concepto de lugar es el centro del paradigma del medio ambiente del hombre.

Leeman y Hillier han descrito recientemente y en términos muy sencillos lo que significa un paradigma: "...un paradigma es una estructura de ideas científicas o filosóficas que tomamos para investigar...". Las herramientas filosóficas del paradigma piagetiano se podrían encontrar en Aristóteles, Heidegger, Boole y Saussure siguiendo un estudio complejo que no puedo describir aquí. Sólo desarrollaré los fundamentos teóricos que son más relevantes para entender los diseños arquitectónicos.

De acuerdo con Piaget cualquier desarrollo mental es interactivo por naturaleza; así, siempre se producen transformaciones mutuas entre sujetos y objetos. Los actos inteligentes siguen dos grandes caminos estructurales y funcionales: uno, el conceptual, otro, el figurativo. El primero, se ocupa de las coordinaciones entra las transformaciones mutuas de los sujetos con los objetos y alcanza operaciones lógicas reversibles (matemáticas, geometría. etc.). Estas estructuras conceptuales son capaces de predecir y de formar sistemas de predicción. El segundo camino estructural, o sea el figurativo, es mas difícil de definir. Las estructuras mentales figurativas se ocupan de los procesos de información entre sujetos y objetos tanto como entre sujetos u objetos en ellos mismos. Si las estructuras conceptuales llevan a la determinación y a la predicción, las estructuras figurativas conducen a representaciones aproximadas de la realidad.

Como consecuencia del uso simultáneo de estas dos clases de estructuras mentales se producen "productos mentales" tales como: palabras, conceptos, imágenes, operaciones, etc., que no son fáciles de analizar, y ello por varias razones. Por una parte cada producto mental es una interrelación compleja entre las dos clases de estructuras mentales y, por otra parte, incluso si estos productos nos llegan organizados en lenguajes, estos lenguajes no pueden ser reducidos a sistemas conceptuales o a figuras sin perder la mayor parte de sus poderes comunicativos.

Los lenguajes alcanzan un proceso cultural trabajando simultáneamente a dos niveles. Primero, interrelacionando fuerzas naturales y físicas con estructuras sociales y políticas; segundo haciendo cada vez más complejas las estructuras mentales en los dos aspectos, conceptual y figurativo. De este modo están dando a los sujetos una amplia movilidad en el sentido aristotélico (de movilidad). De acuerdo con Aristóteles, movilidad y universalización son dos aspectos de la misma realidad.

¿Cuál es aquí el lugar del concepto de lugar? Según la antigua definición aristotélica: " ...lugar es la primera envoltura (o cerco) del contenido...". Y según Hegel "...lugar es tiempo colocado en el espacio". Si aceptamos alguna de estas dos definiciones, estamos diciendo que en la noción de lugar los conceptos, las imágenes y las percepciones (productos mentales) se mezclan, iniciando un proceso sociofísico de creación de lugares.

Quiero analizar como trabajo este proceso usando un paradigma piegetiano. He llamado a este paradigma "topo-simbólico-lógico", pero se podría llamar "paradigma arquitectural", ya que la arquitectura la consideraremos como instrumento "lógico-topo-simbólico" generador de lugares para vivir.

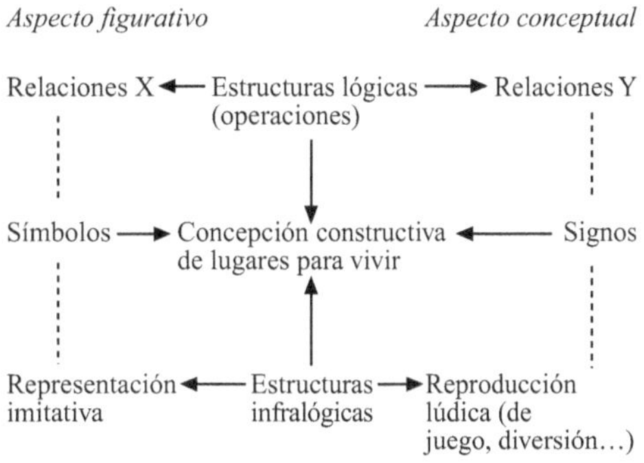

Aspecto figurativo   *Aspecto conceptual*

Relaciones X ←— Estructuras lógicas —→ Relaciones Y
                (operaciones)
                  ↓

Símbolos —→ Concepción constructiva ←— Signos
           de lugares para vivir
                  ↑

Representación ←— Estructuras —→ Reproducción
imitativa   infralógicas   lúdica (de
                                    juego, diversión...)

Diagrama 9

El paradigma arquitectónico trabaja simultáneamente a nivel conceptual y a nivel figurativo, como el diagrama 9 indica. Cada uno de estos dos niveles desarrolla, a su vez, transformaciones mutuas entro diferentes clases de estructuras mentales en un equilibrio progresivo. En la parte conceptual del paradigma estas dos clases de transformaciones mutuas de sujeto-objeto son las actividades infralógicas (de juego) y las operaciones lógicas (relaciones Y). Según Piaget: "...las actividades infralógicas producen el objeto a través de sus propios elementos. Alcanzan los objetos totales y nunca alcanzan operaciones lógicas de orden o clasificación ..."[3]. Estas actividades infralógicas son las que producen nuestros conceptos topológicos y elementales, y son la razón de nuestro sentido de continuidad especial y temporal. Por otro lado, las actividades conceptuales lógicas propiamente dichas (relaciones Y) están hechas de estructuras funcionales reversibles que incluyen el orden y la clasificación.

___

[3] Piaget, J. *La psychologie de l'intelligence*. Colin, París, 1947.

En la parte figurativa del paradigma arquitecturas el equilibrio del desarrollo está determinado por dos tipos de actividades simbólicas: una lógica, las relaciones X, y otra infralógica, la imitación simbólica elemental. Las estructuras mentales figurativas, como las conceptuales, provienen también de un equilibrio entre juego a imitación.

La hipótesis principal será la siguiente: en la formación del lugar el proceso conceptual y el proceso figurativo están unidos a través de un paralelismo estructural. Este paralelismo es, además, la razón de la naturaleza sociofísica de los lugares humanos.

3.2.2 Una interpretación arquitectural de la concepción infantil del lugar para vivir

El diagrama 10 y la figura 1 (a, b, c) muestran los productos y las etapas de desarrollo en las concepciones de los lugares para vivir desde los 3 años hasta el principio de la etapa III, que es la etapa operacional-formal correspondiente a los 13-15 años de edad.

He realizado un análisis de la secuencia completa de las etapas en un escrito anterior[4]; así pues, enfocaré aquí mi atención en una interpretación "arquitectural" del proceso. Para hacer esta interpretación usar el paradigma "arquitecturas" descrito someramente en el capitulo III.2.1.

Como indica el diagrama 10, la concepción del niño sobre los lugares para vivir, desde los 3 hasta los 15 años, tiene tres momentos principales de discontinuidad arquitecturas. Yo he llamado a estos tres momentos "articulaciones arquitecturales" (AA-I, AA-II y AA-III). Un análisis cuidadoso de estas articulaciones será el mejor camino para entender la estructura "topo-simbólico-lógica" del diseño arquitectural desde un punto de vista epistemológico. Sin embargo, aquí solo analizaré las dos primeras articulaciones (AA-1 y AA-II). La tercera, o sea la AA-III, será analizada en un trabajo posterior.

La primera articulación arquitectural (AA-I)

La primera articulación arquitectural (AA-I) se desarrolla en la mitad de la etapa I, o sea entre las etapas I-A y I-B (ver diagrama II). Los productos de la concepción de lugares en la etapa I-A son lugares *macizos*, lineales o puntuales (figura 1a). Los productos en la etapa I-B están formados por unidades volumétricas, o celdas arquitecturales tridimensionales. La gente, que son pequeñas muñecas de madera en el experimento con los niños, se organiza en hileras con la gente "mirando hacia afuera". Y, más adelante, en la etapa I-B, "están durmiendo". ¿Cuáles son las razones de esta revolución en la concepción que el niño tiene del lugar para vivir entre los 3 y los 4 años? Esto es lo que voy a analizar.

La AA-I produce el poder para concebir lugares vacíos tridimensionales, o sea las formas arquitecturales más primitivas. Para explicar este hecho voy a describir las estructuras conceptuales y figurativas que son responsables de este poder de transformación. Las estructuras principales de la etapa I-A, antes del crecimiento de la AA-I, son las siguientes:

a) Concepciones de tiempo: 2 acontecimientos sucesivos no se diferencian de dos acontecimientos simultáneos.

b) Concepciones espaciales: se construyen las concepciones topológicas más sencillas pero las relaciones de "envoltura" y las relaciones topológicas de orden aún no están diferenciadas. En términos generales, las relaciones X siempre están mezcladas con relaciones Y. Por ejemplo los niños pueden dibujar una puerta o una ventana fuera de la clase, topológicamente hablando, sin ningún problema (figura 1c).

c) Por lo tanto: las relaciones perceptuales simultáneas entre dos elementos del mismo lugar no pueden ser diferenciadas de dos manipulaciones sensorial-motores en el mismo lugar (fijación y actividad perceptual no están diferenciadas).

d) Figura gráfica: la imitación simbólica gráfica de un lugar (representación) no pueden ser diferen-

---

[4] Muntañola, J. *La arquitectura como lugar*. Gustavo Gili, Barcelona, 1974. 2.ª edición Ediciones UPC, Barcelona, 1996.

ciada del juego simbólico (reproducción) referido el mismo lugar. Piaget apunta que en estas circunstancias contenido y contenedor no se pueden diferenciar en esta etapa I-A del desarrollo mental.

e) Los dos tipos de lugares diferentes que los niños construyen en la etapa I-A, dan prueba de los cuatro puntos precedentes. Los lugares lineales (trenes, calles, columnas, etc.) con gente caminando "en líneas" son concepciones dinámicas de lugares para vivir que están hechas de manipulaciones sensorial-motoras sucesivas. Los lugares puntuales con gente "mirando hacía afuera" son concepciones estáticas de lugares para vivir (fijaciones) que están hechas de percepciones totales simultáneas (diagrama 10 y figura la).

Sin embargo, en cualquier caso la gente está siempre, a la vez, dentro y fuera de los lugares. Los niños expresan este situación con la "posición de frontera", a través de la cual la gente está en un lugar de tránsito, con nadie del todo dentro o fuera, sino "viviendo, caminando o mirando hacia afuera" (figura la).

En la etapa I-B, cuando ya existe la AA-I, las estructuras mentales funcionales son muy diferentes:

a) Concepciones temporales: un flujo de acontecimientos debe diferenciarse de otro flujo de acontecimientos y el tiempo será diferente en ambos incluso si son simultáneos.

El tiempo es funcional e irreversible y cambia

ETAPA 0. *Etapa presentativa* (los primeros dos años de vida).
Experiencia sensorial-motora. Aquí no hay representación o evocación de lugares para vivir.

ETAPA I-A - *Concepción de lugar ritual-transductiva* (de 2 a 4 años)
Productos: Lugares macizos y no vacíos.
Estructuras: La topología y la simbología se unen a través de las actividades en sí mismas. Razonamiento transductivo.

Primera articulación arquitectural (AA-I)

ETAPA I-B - *Concepción de lugares funcional y preoperacional* (de 4 a 7 años)
Productos: Lugares vacíos únicos y tridimensionales.
Estructuras: La topología y la simbología se unen a través de características idénticas de las cualidades perceptuales y sensorial-motoras de los lugares.

ETAPA II-A - *Operacional concreta (principio)* (de 7 a 9 años)
Productos: Superposición de formas únicas vacías.
Estructuras: Estructuras complejas con coordinaciones entre identidades, encajonamientos, rotaciones, etc.

Segunda articulación arquitectural (AA- II)

ETAPA II-B - *Operacional concreta (consolidada)* (de 9 a 12 años)
Productos: Lugares vacíos múltiples.
Estructuras: Topología y simbología unidas a través de las transformaciones concretas del material usando experiencias previas.

ETAPA III-A - *Concepción de lugares formal-operacitiva (principio)* (de 12 a 15)
Productos: Modelos formales complejos.
Estructuras: Invención simultánea de un marco social usando una interacción toposimbólica en la cual se equilibran las experiencias pasadas con posibles situaciones sociales futuras.

Tercera articulación arquitectural (AA-III)

Diagrama 10. Etapas de desarrollo en la concepción de lugares para vivir

Topogénesis

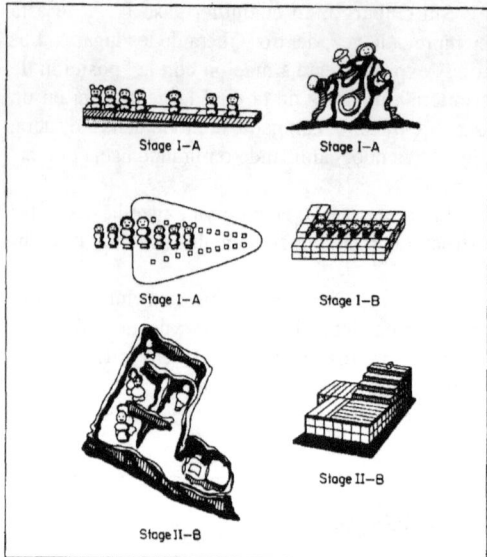

Figura 1a

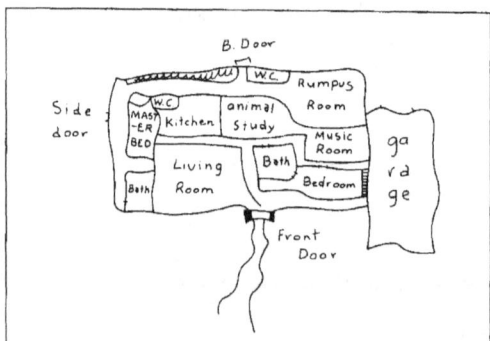

Figura 1b

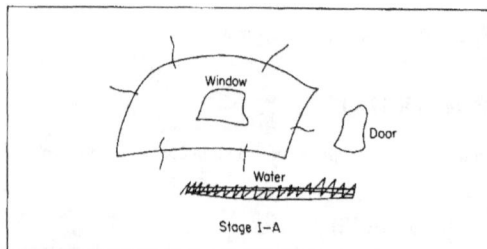

Figura 1c

con las cualidades espaciales. La unidad de tiempo es flexible y es posible cambiarla de lugar a lugar.

b) Concepciones especiales: el espacio es totalmente topológico por naturaleza; surgen las primeras construcciones mentales euclidianas y proyectivas. Por ejemplo, los niños empiezan a usar ángulos, paralelismos, perpendicularidad, líneas de proyección, etc. Las relaciones X y las Y se diferencian en una base cualitativa; la cantidad depende de la calidad, de la forma de la función, del tiempo del "espacio", y del contenido. Es el principio de una simbolización restringida.

c) Simbolismo gráfico: aumenta su poder de clasificación y orden. Los productos mentales figurativos tales como imágenes, gestos y dibujos se transforman en relaciones dentro-fuera. Como consecuencia, la representación y la reproducción se ligan a través de estructuras funcionales idénticas a las descritas en los dos puntos precedentes.

d) Los lugares singulares vacíos construidos en la etapa I-B son la síntesis de las dos clases de semilugares construidos en la etapa I-A. Estos dos semilugares, o sea los lugares puntual y lineal, son ahora el contenido de un nuevo contenedor arquitecturas, o sea de un lugar vacío tridimensional.

e) Conceptos sociales: en la etapa I-A la gente es abstracta. Todos miran y actúan del mismo modo. En la etapa I-0 la gente está durmiendo y, simultáneamente, se diferencia progresivamente entre sí.

Paso a resumir las estructuras incluidas en la primera articulación arquitecturas que, aunque sean las estructuras mentales funcionales de algo tan simple como un lugar tridimensional (cubo, esfera, etc.), son altamente complejas.

En la parte conceptual del paradigma estas estructuras funcionales de la AA-1 son identidades funcionales entre el espacio y el tiempo. Pueden ser detectadas en tres dominios diferentes. Primero, en el dominio de las identificaciones euclideanas cualitativas: ángulos, paralelismos, perpendicularidad, etc. El segundo dominio es el proyectivo: líneas rectas y puntos de vista. Finalmente, el tercer dominio donde se pueden detectar estas identidades funcionales es el dominio puramente topológico. Los productos en este último dominio son los conceptos de continuidad, como la composición y descomposición de un segmento en pequeños segmentos, un cuadrado en pequeños cuadrados, etc.

En el aspecto figurativo del paradigma las estructuras funcionales son las mismas identidades, pero ahora hay que observar el nuevo poder simbólico que producen.

Este nuevo poder simbólico figurativo implicado en el uso de AA-I puede ser detectado en la evolución de la representación gráfica de la etapa I-A, visto desde la etapa siguiente, o sea la I-B. En la I-A, la figura gráfica (significante) puede ser una señal cualquiera (relación convencional entra significado y significante). El proceso de comunicación entre los niños en esta etapa I-A se transforma en un tipo de proceso de significación inventada, coyuntural, y sin papeles sociales fijos. El juego (reproducción) y la imitación (representación) se pueden referir a un espacio-tiempo sin limitaciones (las puertas están fuera de la casa, las cabezas están flotando alrededor de las habitaciones, las montañas son casas, etc.). En la etapa siguiente, o sea en la I-B, la diferenciación dentro-fuera causa un proceso de contracción ya sea en la representación o en la reproducción. Entonces, todas las formas cuadradas son iguales, incluso si tienen diferentes contenidos en diferentes situaciones. Lo mismo ocurre al correlacionar juego e imitación y fijar límites a la simbolización.

Un punto interesante es analizar los vínculos entre las estructuras figurativas y conceptuales, más que referirse a algún tipo de actos inteligentes. La concepción del niño sobre el lugar para vivir indica que le interrelación entre "figuración" y "conceptualización" es sociofísica por naturaleza. La AA-1 expresa este hecho en el cambio simultáneo de la convivencia social y de la manipulación física. El juego interno constructivo entre imágenes, operaciones, signos y símbolos genera cambios, tanto en el conocimiento como en la comunicación social. Este hecho ha sido analizado por Kaufmann en su estudio sobre la estructura emocional de los lugares.

En otras palabras: nuestra capacidad simbólica se desarrolla simultáneamente a un nivel fisiológico y a un nivel sociológico.

La AA-I, o sea las formas vacías, con su contenido de "dormir", es el primer paso en este proceso de diferenciación física y social. Y este proceso se refleja tanto desde un nivel de análisis conceptual como desde un nivel figurativo.

La segunda articulación arquitectural (AA-2)

Las transformaciones estructurales incluidas en esta segunda articulación arquitectural son las siguientes:

a) Concepciones temporales: sufren un giro rápido y decisivo. A los 8 o 9 años de edad los niños pueden coordinar acontecimientos direccionales diferentes y generar dos estructuras funcionales que son la base de la reversibilidad operacional. La primera es la *asimetría temporal*. Si el par de sucesos A2-B2 sigue a A1-B1, entonces A1-B1 precede a A2-B2. Esto define una sucesión temporal que tiene como límite el caso simultáneo y que requiere la operación mental de irreversibilidad cualitativa. La segunda estructura funcional temporal es la *simetría temporal*. La duración entre A1-B1 y A2-B2, o sea, 1-2, es idéntica al intervalo 2-1. Cualquier ocurrencia entre 1-2 tiene lugar, necesariamente, entre 2-1. Esta duración se conoce tanto como intervalo entre dos etapas sucesivas que como ocurrencia simétrica. Necesita la operación mental de reversibilidad cualitativa.

b) Concepciones espaciales: en las concepciones espaciales, las tres construcciones mentales geométricas descritas en el último capítulo, o sea las identidades euclideanas, las identidades proyectivas y las identidades topológicas, se unen a través de la coordinación operacional de los puntos de vista y de las posiciones de objetos en el espacio.

En otras palabras, el espacio en el que los cuerpos se mueven y el espacio en el que los objetos son movidos por manipulación de los cuerpos sobre ellos llega a ser diferenciado y coordinado en una nueva vía. Esta nueva vía es operacional en el sentido en que las relaciones Y son ahora reversibles y realmente cuantitativas. Sin embargo, es importante tener en cuenta que este nuevo modo de pensar no implica un éxito automático. Por ejemplo los niños pueden intentar analizar el grupo espacial de transformaciones de una caja de madera sujeta o rotaciones a inversiones, con éxito, pero tienen aún serias dificultades en practicar ejercicios que dependen de formas más complicadas, o con mayor complejidad en las transformaciones. Con la AA-II se ofrece una nueva manera de enlazar las relaciones Y con las relaciones X, pero los experimentos prueban que cada individuo puede seguir diferentes caminos al construir estas interrelaciones mediante la invención de lugares para vivir.

c) Representaciones gráficas: se alcanzan poderes anticipativos gracias a la estructura operacional descrita en los puntos a) y b). Esto puede ser entendido rápidamente si vemos que en una situación espacio-tiempo en la que los desplazamientos del cuerpo y de los objetos pueden conocerse a través del mismo sistema operacional abstracto de referencia (por ejemplo, coordenadas cartesianas) cualquier clase de imagen o representación obtiene una movilidad simbólica, usando aquel sistema de referencia *como "rail" para mover y para proyectar el movimiento*.

d) El equilibrio figurativo entre imitación simbólica y juego simbólico también sufre cambios radicales. Si la formación de símbolos se vuelve "movible conceptualmente", la simbología idéntica intuitiva de una forma única obtiene la libertad perdida en la etapa mágica funcional I-B y en II-A. En otras palabras: el juego y la imitación aumentan cuando el egocentrismo que se necesita en una situación funcional idéntica desaparece.

e) Los conceptos sociales también cambian. Los papeles sociales, que reforzaban papeles mágicos en las etapas previas, llegan a ser papeles de cooperación tan pronto como la formación de los cuerpos de otra gente puede proyectarse dentro de la misma estructura abstracta espacio-temporal del pensamiento.

f) Concepción de lugares: los lugares construidos por niños después del crecimiento de la AA-II ya no son simple superposición de formas vacías singulares tridimensionales. Están construidos de una forma mucho más complicada, como indica la figura la. La composición de Erik (9 años) es un buen ejemplo (figura 1c). Empieza diseñando el marco externo del lugar. Luego dibuja la puerta del lugar diseñando la topología interna como si él mismo caminara a través del lugar que está construyendo. El lugar que diseña está lleno de "áreas blancas", y debe inventar extrañas funciones para llenar este espacio en blanco, o vacío.

La AA-II implica, pues, una segunda revolución en la concepción de los lugares para vivir. Las semejanzas entre los cambios en las concepciones de tiempo y espacio, estructuras figurativas mentales y conceptos sociales, nos guían hacia una discusión condensada sobre la estructura funcional de esta segunda articulación arquitectural.

En un sentido físico, la AA-II implica el poder de diseño simultáneo a un itinerario de funciones y a una interpenetración de formas. Es claro que una estructura funcional idéntica no puede alcanzar estos resultados porque está siempre enlazando funciones similares con formas similares, y porque las imágenes y las operaciones siempre están interrelacionadas en un mundo de identificaciones egocéntricas.

Esta nueva vía del pensamiento puede detectarse mejor en la concepción lógica de espacio-tiempo. Los conceptos de reversibilidad e irreversibilidad descritos en el punto *a*) no están en ninguna parte, y están, a la vez, en todas partes. Ahora los niños se pueden mover de lugar a lugar sin buscar una similitud estructural idéntica entre los dos lugares. Es posible unir estos lugares singulares conceptualmente, o sea a un nivel abstracto. Sin embargo, como he dicho antes, esta estructura de referencia lógica puede ser desencaminada y como prueba de esta posibilidad vemos cómo existen muchas regresiones espectaculares en los niños de 9 años en las transformaciones físicas espacio-temporales. El meollo de AA-II está constituido, pues, por la intercalación dinámica entre estructuras mentales figurativas y operacionales. La conservación del tiempo y del espacio es una condición necesaria para esta interrelación, pero cada nivel de transformación

física requerirá un nuevo esfuerzo de equilibrio total entre el sujeto y los objetos.

En un sentido social, el cambio de los papeles sagrados a papeles cooperativos, no es por casualidad, simultáneamente con los cambias figurativo-conceptuales. Si la AA-I implicaba los primeros pasos a través de un bienestar social de situaciones espacio-tiempo, la AA-II es el segundo paso. Los cuerpos ya no están obligados a compartir las mismas cualidades idénticas de los lugares. Ambos, los conceptos sociales y los conceptos físicos, se encontrarán más y más diferenciados y coordinados entre sí a partir de la segunda articulación arquitectural, la AA-II, a los 7-8 años de edad.

3.2.3 Hacia una epistemología del diseño arquitectural considerado como una actividad para concebir lugares para vivir

Después de este breve análisis de la concepción que tiene el niño sobre el lugar para vivir quiero continuar con el argumento iniciado en el capítulo 3.2.1.

La hipótesis principal es que en la concepción de lugares las actividades mentales conceptual y figurativa se generan conjuntamente a través de una estructura sociofísica, y de unos procesos paralelos en la concepción (construcción) de lugares para vivir. Ya que el trabajo ha analizado la secuencia de estadios mentales sólo bajo la etapa concreta-operacional discutiré aquí únicamente la génesis elemental del paradigma sociofísico.

La primera cosa que se debe tomar en cuenta es el paralelismo estructural entre AA-I y AA-II. El paralelismo más claro es la simultaneidad entre cambios profundos en la concepción constructiva de lugares y cambios profundos en el conocimiento del cuerpo de uno mismo y de los demás. La única explicación para este hecho debe ser que le esencia del diseño arquitectural como actividad que construye lugares radica en esta coincidencia estructural. Sin embargo, debemos ser muy cuidadosos: esta coincidencia no es causal. Existe una cierta clase de implicación recíproca entre cuerpo y lugar. En el entendimiento de esta implicación recíproca reside la posibilidad de una aproximación científica a las situaciones sociofísicas o paradigma entre el hombre y su medio ambiente.

La cuestión estriba en saber cómo esta implicación recíproca forma el desafío de nuestro presente entender, semiológico y epistemológico. Los estudios de Kaufmann, Piaget y Eco me parecen contribuciones importantes en este campo. También el análisis antropológico de Rapoport. Pero todavía estamos ante un "entender" muy confuso.

Desde un punto de vista genético epistemológico las dos articulaciones arquitecturales son ejemplos de cómo se desarrolla en el niño esta implicación recíproca sociofísica. La AA-I introduce la implicación del lugar-cuerpo en la concepción de un lugar vacío único. Hablando en sentido estricto esta implicación no es recíproca ya que está tallada en las identidades. Entonces cada cuerpo tiene su propia celda y sólo cuerpos similares pueden compartir las mismas celdas.

El AA-II tiene una estructura más ambiciosa. Las aplicaciones recíprocas empiezan por ligarse lógicamente y los lugares llegan a tener un nuevo poder estético. Cuerpos y lugares están relacionados a través de la implicación recíproca que consigue un niño de 10-12 años de edad.

La epistemología del diseño arquitectónico considerado como una actividad constructora de lugares nos indica que en la medida en que el espacio físico se construye a través de interrelaciones entra imágenes y operaciones de un modo complejo, el ambiente social se vuelve, él también, más diferenciado, y, simultáneamente, se forman algunas estructuras de comunicación nuevas entre seres humanos. El conocimiento constructivo del medio físico y su significado social crecen juntos en la concepción del lugar. Es muy importante apuntar aquí que la implicación recíproca de cuerpo-lugar alcanzará su desarrollo epistemológico en una invención de estructuras sociofísicas a los 14 años de edad. Ésta será la AA-III en la cual se desarrolla un equilibrio mental formal e ideal. Entonces el pasado y el futuro de las situaciones físicas se equilibran con el pasado y el futuro de las realizaciones sociales esperadas e deseadas.

La lógica del diseño arquitectónico parece estar situada entre lo racional y lo irracional. En este lugar (según Aristóteles) los hombres pueden vivir sintiendo el tiempo en el espacio y el espacio en el tiempo. Desde aquí, construir es comunicar y comunicar es construir.

3.3 Topológica y semiótica de los lugares

Los esfuerzos por definir una "lógica" de la arquitectura vienen de muy lejos. Ha estado siempre bien claro que la mera posibilidad de descubrir un "orden lógico" en el medio ambiente humano es de vital importancia para los arquitectos. Ello explica el éxito de la geometría euclídea, de la perspectiva en el renacimiento, de la astronomía y la cosmología, de la topografía en el siglo XVI, de los métodos de diseño en los años sesenta, etc.

Los resultados han sido más bien dudosos. La arquitectura se resiste a una formalización lógica, ya que es muy sensible a cambios tecnológicos, sociales, estéticos, etc. Una teoría del objeto arquitectónico o de la ciudad acaba por confundirse con una teoría de la cultura. Para citar solamente dos ejemplos es evidente que los trabajos de Georg Simmel o de Claude Levy-Strauss sobre el orden especial en el seno de una sociedad no hablan solamente de arquitectura, sino de un orden que abarca toda una cultura y toda una manera de analizar una cultura.

Las teorías semióticas y semiológicas de la arquitectura y del urbanismo no han tenido mejor sino. Unas por demasiado obvias, complejas, más complejas muchas veces que el propio objeto de estudio, muy pocas han sobrevivido con cierta decencia: Bill Hillier, Kevin Lynch, Pierre Boudon, son algunos de los esfuerzan que merecieron la pena, aunque su repercusión en la práctica no ha pasado mucho de la anécdota.

Las bases "lógicas" con más éxito en una teoría de la arquitectura han sido las "tipológicas". Es decir las que definen un orden local de la arquitectura tomando como base los edificios o los espacios urbanos más característicos de una cultura y de sus instituciones. Estos "tipos" arquitectónicos son, a la vez, elementos conformadores de la ciudad y "ejemplos" singulares. Alberti vio con mucha claridad este orden sociofísico de la arquitectura y a partir de él innumerables autores hasta hoy.

Pero no voy aquí a contemplar un panegírico de la lógica "tipológica". Dentro de las claves críticas estéticas morales y lógicas de la arquitectura, lo interesante es ver cuál es la especificidad de la lógica arquitectónica enfrentada a otras lógicas. Para ello hay que repasar algunos intentos recientes: en especial los de Bill Hillier, Wolfgang Braunfels y Pierre Boudon.

Aparentemente sus esfuerzos por definir un "orden" en el espacio social no pretenden tener ninguna relación, pero, de hecho, el resultado global de estos intentos consigue una notoria confluencia. Todos los trabajos, independientemente de su perspectiva, llegan a la conclusión de que la arquitectura y el urbanismo son una expresión tridimensional del tipo de solidaridad (y de intercambio) en el seno de la sociedad que construye. Es decir, construcción del espacio e intercambio social son dos caras de una misma moneda. A nivel de proyecto, el proyecto como propuesta de un lugar nuevo y como objeto de intercambio cultural, son también dos caras de una misma moneda. De esta manera se reconocen los dos polos, el individual y el colectivo, que anunciaba en la introducción. Y esta confluencia se consigue, tanto a partir de obras históricas como la de Braunfels, o de obras mas "semiológicas" como el libro de Hillier sobre la lógica social del espacio. Por otro lado, esta conclusión general es consistente con todo lo dicho hasta aquí sobre la moral de la arquitectura, con los resultados de mis libros anteriores sobre la significación social de la arquitectura y del urbanismo, y con los planteamientos de Jürgen Habermas sobre las relaciones entre trabajo y comunicación en el seno de una sociedad.

Pero los problemas subsisten cuando se buscan las reglas "lógicas" (gramaticales, tipológicas, dialécticas, semióticas, morfológicas, etc.) de esta estructura sociofísica de la arquitectura y del urbanismo. Tanto Bill Hillier como Pierre Boudon llegan a las mismas intrigantes características de la "morfología" de la arquitectura y del urbanismo. Sin conocer una cultura, el análisis visual de un edificio de una ciudad no puede conducir a ninguna lógica. Para descubrir la "morfología" de la arquitectura o del urbanismo hay que manejar simultáneamente dos tipos de significados, el simbólico y el esquemático (en términos kantianos) y ello exige el conocimiento de una mítica, de un ritual, etc., muchas veces no expresado a través del orden de las formas en el espacio. Dicho de otra manera: para leer la lógica de la arquitectura hay que conocer la cultura. Hasta aquí nada es extraño, puesto que esto ocurre con cualquier tipo de texto cultural, no solamente con la arquitectura.. Lo que es más extraño, son las dificultades para encontrar un *status* comunicativo estable, o un código estable es arquitectura.

Los trabajos de Hillier y de Boudon son también aquí importantes justamente con los últimos avances con respecto a la "lógica" de los lenguajes y del aprendizaje de la escritura.

Empezando por el final, es interesante recordar aquí que la escritura se "general" cuando un "lugar de configuración" y con un "lugar de representación" se articulan a través de un aprendizaje de la escritura de una lengua. Tal como indica Lilianne Lurçat en un trabajo excelente, en la escritura, el espacio que configura y controla los movimientos de la mano y el espacio que represente figuras imitando formas gracias a la vista se articulan, se automatizan y se adaptan a un código, quedando la expresión propia de la caligrafía de cada persona como contrapartida individual de este proceso de socialización del lenguaje escrito. Pero, indica la misma autora, este proceso no parece ocurrir por igual en el dibujo, en el que el proceso de configurar un lugar y representarlo parece generarse con independencia en cuanto a un código social, dependiendo tan sólo de la estética individual.

Pasemos ahora a las aportaciones de Pierre Boudon desde una semiótica del acto gráfico. Para Boudon la arquitectura como constructora de lugares es el caso extremo en una cadena de alfabetos que desde el ideograma llega hasta un máximo de complejidad figurativa en los planos y forma espacial de los lugares, y que desde el cuerpo humano llega hasta el lugar pasando por la escultura y el teatro. Según Boudon, el lugar construido consigue un máximo en la complejidad en ambos casos. El campo de los alfabetos se estructura en dos direcciones simultáneas: la que va de los diagramas a los alfabetos, definida como dirección "relacional" figurativa, y la que va desde los iconos a los ideogramas, definida como "parcialmente" figurativa. Por confusas que parezcan estas aproximaciones a un hecho tan complejo como es el "hecho gráfico", se trata de campos esenciales para poder establecer una lógica de la arquitectura y del urbanismo. La arquitectura resulta poder ser representada parcialmente por todas las "gramatextualidades": Desde los diagramas, hasta los ideogramas, desde los geometrías hasta los dibujos más impresionistas y menos "relacionales".

Veamos qué resulta de todo ello. En primer lugar, resulta que la arquitectura y el urbanismo tienen una lógica estructurada exactamente al revés que la lógica verbal, la cual, a su vez, expresa las posibles organizaciones lógicas entre las mentes humanas. El lugar de la configuración y el lugar de la representación se distinguen en el medio sociofísico justamente a través de la arquitectura. Y ello es cierto ya desde el menhir o el tótem primitivo. Él solo es capaz de estructurar todo en lugar sociofísico, evidentemente para el que lo "vea". Porque el lugar de la configuración y el de la representación al articularse dentro de la mente humana permiten "ver" el objeto arquitectónico y "actuar" en consecuencia. Por otro lado hemos dicho ya que expresan, en su articulación urbana antropológica e histórica, el tipo de intercambio social propio de la sociedad que construye esta articulación. Estamos pues cerca de comprender las dificultades de una "lógica" del lugar arquitectónico. Se trata de una "lógica" que, de existir, relaciona "lógicamente" el espacio de representación captado a través de la vista, el tacto, el oído, etc. y el espacio o lugar de la configuración de los movimientos del cuerpo en el espacio, la cualificación legal y estética de los cuales se aprenden por imitación, pero también por lectura de leyes, literatura, cine etc. Nuestra tendencia a comparar cualquier lógica con la lógica "verbal" nos impide ver que en este caso nos encontramos con una "lógica" muy particular. Bill Hillier ha puesto el dedo en la llaga cuando ha detectado la correlación entro las reglas "morfogenéticas" de crecimiento de un lugar arquitectónico, y las reglas "sociogenéticas" de relación social, comportamientos, papeles sociales entre sexos, etc., tanto a nivel sincrónico como diacrónico. Se trata de una sincronía entre la forma física y el comportamiento social mucho más fácil de analizar en las culturas "estables" que en las culturas en transformación profunda pero que existe, evidentemente, y que puede descubrirse a partir de diferentes disciplinas científicas: fisiología, antropología o historia.

La duda persiste, pero sobre su cualidad semiótica y sus reglas lógicas. Todos los estudios citados nos describen un "lenguaje" difuso que cambia de significado a veces con gran rapidez, a veces son gran suavidad, muy lentamente. En suma un "lenguaje" irregular, imprevisible, polisémico y polisintáctico. Algo extraordinariamente difícil de sistematizar y de clasificar.

Un ejemplo de esta movilidad es el funcionamiento de la relación entre analogía (o paradigma) y relación sintagmática, o entre lengua y palabra, categorías esenciales en muchas "semióticas". Según Bill Hillier y Pierre Boudon en la arquitectura y el urbanismo estas categorías se superponen y se encadenan de tal manera que no es posible diferenciar un sistema paradigmático de un lado y un sistema sintagmático del otro lado. Según Bill Hillier y Pierre Boudon el lugar puede cambiar de estructura significativa en pocos instantes, y lo que era paradigmático se convierte en sintagmático, y al revés. Es decir, es un lenguaje invertible en el tiempo y en el espacio, no tiene la unidireccionalidad de muchos otros sistemas de comunicación.

Esta capacidad de inversión es la que se coordina con la asimetría entre los cuerpos sociales, sus papeles sexuales, etc. Y vemos así cuáles son las consecuencias de un sistema de comunicación en el cual vivimos. Al revés del lenguaje verbal que está dentro de nosotros, el sistema semiótico del lugar está fuera de nosotros, somos nosotros que estamos dentro de él. Correlativamente, la falta de presencia, externa del lenguaje verbal, se compensa aquí por una ausencia interna de lógica del lugar. Se trata de una lógica del vacío progresivo, de la ausencia del poder llenarse. Algo de ello intuye Lukacs cuando indica que la arquitectura no tiene dialéctica "negativa", existe o no, pero no existe su contrario. También el fino análisis de Pierre Kaufmann sobre el lugar llega al mismo resultado cuando anuncia que desde el mismo lugar dos personas no pueden comunicarse verbalmente, de la misma manera que desde lugares distintos la arquitectura es incomunicable.

Dicho de otro modo, la lógica de la arquitectura, desde el menhir hasta la forma urbana más compleja, es la lógica de un lenguaje que sólo tiene existencia real externa, de manera análoga a como el lenguaje verbal es una propuesta, obligación, etc., de acción o de forma exterior, pero sin nunca serlo. Si esta "idealidad" externa del lenguaje verbal, su arbitrariedad, le permite su gran complejidad interna y su gran papel en el pensamiento, la imaginación, etc., la "idealidad" interna del lugar como sistema lógico, su arbitrariedad específica, le niega toda posibilidad de autonomía en el exterior. Para obtener una arbitrariedad semiótica externa estamos intentando bien descubrir la imposible idealidad o arbitrariedad de unos enormes objetos reales, que determinan de un modo bien real y en nada arbitrario nuestra vida, bien romper toda relación significativa entre arquitectura y pensamiento, cayendo en la esquizofrenia que evidentemente es completamente arbitraria, bien instaurar una lógica interna de la arquitectura parecida a la verbal, a la matemática, etc., sin darnos cuenta de que mientras estemos "dentro" de este lugar, y como decía Churchill, al determinar esta lógica nos estamos determinando a nosotros mismos en nuestro comportamiento social real externo, de la misma manera que las matemáticas y el lenguaje verbal no determinan nuestro comportamiento real exterior, pero sí nuestro comportamiento interno, real, del pensar, del imaginar, etc. En ambos casos es un proceso necesario y natural. Lo insano es la inversión del proceso, es decir una arquitectura con lógica real interna es como buscar una palabra que actúe simultáneamente y determinantemente en el comportamiento exterior, una palabra profética, todopoderosa.

Existe en pero un punto de confluencia. Se trata de la *ley*. La ley es palabra que determina el comportamiento exterior o, al menos, lo circunscribe. La arquitectura, tal como parece que por fin han descubierto los historiadores de la arquitectura y del urbanismo, es también una ley, y en cuanto ley, también puede relacionar lo interno con lo externo, salvar la incomunicación. Pero, ¿cuál es la lógica de la ley? No es la lógica del lenguaje, sino un uso de la permanencia significativa del lenguaje. Y ello es muy importante. La arquitectura como ley, como convenio de intercambio y de vivir en el mismo lugar, se apoya así mismo en la permanencia externa significativa propia de la arquitectura. Si seguimos la ley en la arquitectura veremos cuáles son sus aspectos mas canónicos en profundidad y no solamente en estilo. De ahí el interés de una hermenéutica de los lugares que analizaré en el capítulo 3.4.

En fin, y creo que está claro de todo lo precedente, para mí la lógica del lugar arquitectónico y urbanístico tiene que pasar por el análisis de lo social en sus diferentes formas, necesita una semiología.

3.4 La naturaleza dialógica del lugar humano

Todos los análisis precedentes convergen en un solo punto: la naturaleza sociofísica del lugar humano, y la posibilidad de que las medidas estéticas, éticas y lógicas de la arquitectura definan (midan) las auténticas "razones del lugar". Este es el desafío del año 2000 y también de una "modernidad *co*-constructiva de los lugares habitados". Ya hemos descrito los "instrumentos" y los "materiales" para responder a este desafío, y ha llegado el momento de ensayar una nueva síntesis, con ayuda de Paul Ricoeur y de Jean Blaise Grize[5].

---

[5] Una vez más se utiliza el *Timeo* de Platón como referencia metodológica.

Paul Ricoeur ha definido con precisión dos ideas hermenéuticas que ahora pueden ayudarnos; la primera idea es que el tiempo humano (y yo añado el lugar humano como depósito del tiempo en el espacio) es el resultado del entrecruzamiento entre el relato de ficción y la historia (en inglés entre *story* y *history*), puesto que existe una articulación profunda entre el uso del relato de ficción (*story*) en la historia (*history*) y el uso de la "posibilidad histórica" (*history*) en los relatos de ficción (*stories*).

Si consideramos el proyecto de arquitectura como relato de ficción (*story*) y el medio construido como historia (*history*), no es difícil deducir que el "lugar humano" propiamente dicho se desarrolla justamente a partir del *entrecruzamiento topogenético* entre estas dos aproximaciones (lugar como historia y lugar como relato) que se contraponen y se entrecruzan, día tras día, en el uso y la percepción del espacio construido. Incluso pienso aquí sobre la importancia del entrecruzamiento entre el proyecto de arquitectura como lectura inédita y original de la historia del lugar construido, y el lugar histórico ya construido como experiencia inédita y nueva de lugar habitado, en su tiempo. El proyecto representa historia y la historia representa proyecto (*story*). Todo el secreto de esta postura hermenéutica de Paul Ricoeur reside en la comprensión de la naturaleza y de la estructura de este entrecruzamiento dinámico entre dos "refiguraciones" genéticamente (topogenéticamente) complementarias.

La segunda idea de Paul Ricoeur a la que yo me refería, y que se articula totalmente con la primera, es el poder de "*re*-figuración" y de "*re*-descripción" del relato. La significación de un relato no puede descubrirse más que a través de su poder de "*re*-descripción" del mundo. Nada escapa a esta lógica inexorable. Las teorías sobre la autonomía de la arquitectura han olvidado a menudo esta ley esencial[6].

Podemos construir lugares nuevos con proyectos revolucionarios, pero aunque cambiemos radicalmente el lugar con "*re*-descripciones" inéditas, los nuevos lugares se entrecruzarán, tarde o temprano, con la memoria de la humanidad, y se analizarán por su poder de refiguración en relación a la totalidad de los lugares construidos. Bastaría solamente un solo lugar antiguo para juzgar todos los nuevos por numerosos que fueran. Como indica Hegel, cualquier lugar es ya todos los lugares pasados, presentes y futuros. En el lugar, lo singular es universal y lo universal, singular.

Las consecuencias de estas dos reflexiones de Paul Ricoeur, ya presentes implícitamente en la filosofía de Aristóteles, tienen gran importancia para una correcta comprensión del funcionamiento topogenético en temas como: las relaciones culturales entre naturaleza y técnica, las relaciones entre arquitectura monológica y arquitectura dialógica, las relaciones en el lugar habitado, entre realidad y virtualidad, entre deconstrucción y *co*-construcción, etc.

Pero si abordamos ahora esta misma temática a partir de una perspectiva estrictamente "lógica", veremos cómo el debate sigue interesante. Tomemos como punto de partida la lógica natural, o "dia-lógica", que presentaron Grize, Meyer y Apostel, en trabajos magníficos, desgraciadamente un poco olvidados. Como ya indicaba en el capítulo 3.3, la lógica de los lugares es "dia-lógica" en el sentido definido por Grize, ya que:

"En el discurso de una lógica matemática formal (y monológica) las diferencias entre los participantes en un mismo discurso no solamente se anulan, sino que han de anularse por necesidades de su propia lógica".

"El discurso formal y el discurso no-formal son totalmente distintos. En efecto, el primero es monológico y el segundo dialógico".

"Formalmente, las conclusiones lógicas de un discurso monológico no pueden contener nada que no esté ya presente en las premisas del discurso. La situación es contraria en los discursos no-formales: las conclusiones son únicamente válidas si van más allá de las premisas lógicas de partida, si ellas inventan algo nuevo".

---

[6] También en este punto la obra de Bakhtin es insustituible y hasta profética.

"Tenemos en los argumentos de un discurso no-formal (dia-lógico) una lógica que responde, de manera muy clara, al proceso de "consolidación" de un discurso no-formal tal como lo define Apostel en cuatro presupuestos lógicos:

1) A lo largo del proceso todo el texto está siempre en juego.

2) No existe proceso más que en cuanto el discurso se transforma.

3) La actividad argumentativa tiene un punto final.

4) La actividad persigue su autoconstrucción y su propia razón de ser.

Yo defino este tipo de lógica (no-formal), como la lógica de un espacio discursivo fibrado".

Las consecuencias de estas aportaciones de Paul Ricoeur y de Jean Blaise Grize a la topogénesis son muy importantes. He aquí una descripción condensada:

1) Si los lugares son el puente entre el cuerpo y la historia, debemos estudiar con detalle la historia del medio ambiente cultural y social. Excelentes trabajos han analizado la topogénesis, desde este perspectiva, en los últimos años, y ello debe de realizarse tanto desde la topogenética, como desde la psycogenética y la sociogenética[7] (el diagrama 11 define estas tres perspectivas y sus respectivas "muertes" culturales).

2) Hay que insistir en que cada una de las perspectivas de diagrama 11 interacciona con las otras dos pero, a la vez, es interactiva en si misma. La realidad física se analiza como dialogía, tal como acabo de sugerir. La realidad social es intercultural y se estructura análogamente a una historia de la cultura en general, y no solamente de la cultura de los papas o de los emperadores. Por último, la perspectiva psicológica se estructura interactivamente dentro de la escuela piagetiana más reciente. Voy a referirme brevemente a esta última.

Si consideramos un "texto" como una red de acciones posibles, con Paul Ricoeur, en un territorio un "plan de posibles actuaciones" está siempre presente, tal como Kevin Lynch intentó siempre defender. Por ello, el mundo del lenguaje (y su texto) y el mundo definido por un territorio (o su arquitectura como texto) están articulados por un proyecto arquitectónico que se concibe a medio camino entre el lenguaje y el territorio construido. El psicólogo americano de origen ruso Jaan Valsiner entre las teorías funcionalistas de Jean Piaget y las teorías "de campo" de Kurt Lewin, Mikhail Basov, etc., con un pie puesto en Vigotsky, es significativa para nuestros propósitos. Tal como indica este autor[8].

"La trama teórica que estoy construyendo debe equilibrar la relación entre el contexto social y físicamente organizado, y la acción individual. El individuo participa en la construcción de este contexto, y de esta manera llaga a un desarrollo culturalmente aceptado".

"Es un sistema teórico que quiere ser "estructural". Asimila tanto la noción de campo dinámico de Basov como los conceptos piagetianos de desarrollo personal como transformación estructural".

Estas ideas de Valsiner no definen un *collage*, sino un intento por dar a la psicología ambiental un nuevo impulso dialógico y científico. El "contexto" no es para Valsiner un a priori contra o a favor del cual actúa el individuo considerándolo como un "estimulo". Hay que volver a definir un modelo interactivo entre el desarrollo del niño y la transformación de su contexto social y físico, que sea sensible a la dialogía significativa que se va generando año tras año, tanto a escala microsocial, local, como a escala social global. Por lo tanto, el medio construido y su conocimiento es siempre "social". Sólo existe territorio si existe alguien que los considera, dice Valsiner.

Las matemáticas, que según Valsiner definen mejor su modelo científico, se parecen sospechosamente a las que Grize, Meyer o Apostel seleccionan como "primeros pasos" de una lógica del discurso "no-formal".

---

[7] Este fue también mi trabajo en los libros previos sobre la topogénesis hace casi ya veinte años: *Topogénesis Uno, Topogénesis Dos* y *Topogénesis Tres*. Oikos Tau., 1980.

[8] Ver bibliografía final.

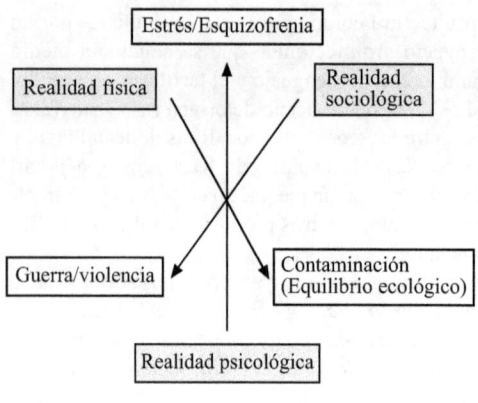

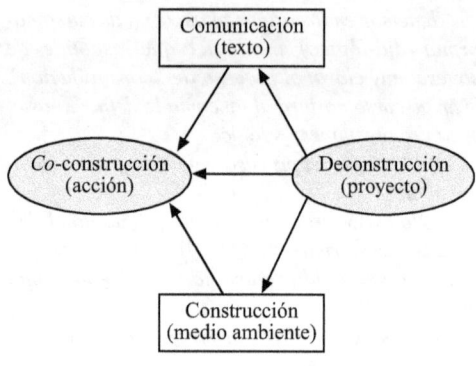

Diagrama 11 *Diagrama 12*

Estamos, pues, ante una perspectiva epistemológica de la topogénesis con los atributos y propiedades siguientes:

a) El conocimiento humano, en general, se desarrolla siempre a través de una interacción entre tres: el individuo, la sociedad y medio ambiente. Las transformaciones sociales, individuales y medioambientales se combinan de una manera específica en cada cultura, aunque sean generalizables parcialmente.

b) El territorio cambia, pues, como siempre, en función de la situación de cada individuo (niño o anciano) en la sociedad y de la interpretación social a partir de las normas y de las costumbres de cada cultura.

c) Tenemos pues "relatos" y "proyectos" que relacionan microgenéticamente, el individuo, su territorio y la sociedad, a través de una lógica muy compleja.

d) En el caso de los "proyectos" tenemos una situación complementaria de la presentada por Jaan Valsiner. Este autor, en efecto, como ya hemos descrito, nos describe cómo el niño se desarrolla a partir de "campos de acción posibles" que se articulan entre ellos a partir del lugar y la sociedad dentro de la cual el niño se desarrolla, aprende a usar las costumbres y las normas, etc., en un medio ambiente "*co*-construido" dialógicamente entre el niño y sus padres, maestros, etc. La historia y la arquitectura evolucionan lentamente en este contexto en el que se entrecruzan el desarrollo del niño, con la vida social con los adultos y con el medio ambiente construido, o territorio.

e) El arquitecto prefigura en sus proyectos los cambios en las necesidades sociales, en el territorio y en la construcción de edificios, articulando en una misma arquitectura uso, forma y estructura constructiva. El arquitecto no puede establecer un modelo definitivo y universal, sino un proceso dialógico, una generalización que ha de permitir variaciones. El "proyecto", como el "relato", no puede precisar una acción única, pero puede predecir posibles invariantes.

f) Desde nuestra perspectiva, un proyecto puede "hacer bascular" una situación compleja, de tal manera que un nuevo relato se articule con un nuevo territorio.

g) La ciudad como proyecto construido es a la sociedad que la habita, lo que la ley es en relación a esta misma sociedad. Así se comprende como Valsiner resuelve el tiempo de desarrollo del cuerpo humano a partir de "campos espaciales de acciones posibles", mientras que el arquitecto proyecta lugares, espacios, a partir de "tiempos posibles", o "estrategias de acciones posibles", entrecruzando transformaciones físicas de los objetos con transformaciones sociales de los sujetos.

3.5 De la deconstrucción a la *co*-construcción en la arquitectura del año 2000

La complejidad hermenéutica de la topogénesis del medio construido por el hombre empieza a vislumbrarse. Asistimos a un proceso dinámico de equilibrio, en un mismo individuo, entre las dos dimensiones históricas y "de ficción" de la realidad social, equilibrio del cual depende la vida misma de este individuo. De esta manera, la topogénesis del medio construido juega un papel de mediadora entre el estado histórico, actual y real de este medio construido, y las posibilidades técnicas y sociales de transformaciones de este mismo medio a través de "proyectos". Es esta complejidad vital la que bosqueja el diagrama 12.

Una situación "pasiva" y rutinaria de esta topogénesis, tanto a nivel psicogenético, o de desarrollo de la consciencia, como sociogenético, a nivel de la historia colectiva, no es por tanto algo casual, insignificante, sino el síntoma, de acuerdo con Piaget, de una falta de correlación dinámica entre asimilación y acomodación del sujeto, o de la sociedad, con su medio construido, correlación de la cual depende tanto la inteligencia individual como la cultura social.

La cultura y la vida humanas se desarrollan en el punto de encuentro entre los "lenguajes" del cuerpo humano, los "proyectos" de un medio ambiente para este cuerpo y los "relatos" de la sociedad. Sabemos muy bien que esta cultura llega a veces a ser agresiva contra los "cuerpos" (contra la salud física y mental), contra el medio construido (o sea la destrucción de la ecología y la vida) o, finalmente, contra la sociedad (la guerra). La especie humana ha sobrevivido hasta hoy a esta agresividad, aunque por el camino han desaparecido grupos sociales y culturas específicas e irrepetibles.

Las reflexiones de este capítulo quieren responder a estas situaciones de agresividad, con el objetivo de aumentar nuestras posibilidades de supervivencia.

En los últimos años se ha ido difundiendo en los círculos interesados por la arquitectura un debate interesante sobre la deconstrucción. De hecho, este debate no es totalmente nuevo, puesto que muchos arquitectos de las vanguardias de la modernidad ya habían estructurado unas estrategias de proyecto basadas en una "deconstrucción constructiva". No obstante el alcance filosófico actual es importante sobre todo gracias a los trabajos de Jacques Derrida. Los artículos de Wigley, Benjamin y Norris representan las mejores explicaciones de este debate, muy a menudo confuso y hermético. La confusión se ha originado por razón de un uso equivocado de los argumentos de Derrida, hasta llegar a una "deconstrucción" elemental y arbitraria del medio ambiente de las arquitecturas históricas como base de un "proyecto" siempre de baja calidad.

Tanto la imposición de un estilo internacional cosmopolita e insensible a la diferencia cultural y social, como la proliferación de *collages* posmodernos, han llevado nuestras ciudades y territorios "modernizados" y "urbanizados" a lugares inútiles, sin significado y sin ningún interés topogenético. Todos los profesionales que han participado en este desastre topogenético no son conscientes de las graves dimensiones patológicas que sus actuaciones transmiten a la salud mental y física de individuos y colectividades, para no hablar de "sostenibilidad" ecológica.

Paradójicamente, un análisis delicado de las aportaciones de las vanguardias artísticas, del estilo internacional y del movimiento posmoderno, y de su posterior deconstrucción, habría evitado el desastre, pero los arquitectos no han hecho en general este esfuerzo de análisis. En efecto:

a) En primer lugar las vanguardias del *movimiento moderno* son una memoria excelente para evitar caer de nuevo en las trampas del academicismo en arquitectura. Pero, atención, cada vanguardia es un "todo" cultural, en el que hay que ver, comprender y leer. Hay que ver los edificios, comprender su razón de ser científica y social, y leer los textos escritos en la época que los acompañan. Sin este esfuerzo no se aprende nada de los edificios del movimiento moderno inmersos en una revolución estética, política y científica que cambió la arquitectura, pero también el teatro, la pintura y la "vida" social en sí misma. No puede analizarse la arquitectura moderna com un fenómeno aislado que debe estudiarse en un laboratorio.

b) El movimiento *posmoderno* puede ser útil como herramienta de defensa del "monologismo", o exceso de homogeneización y de globalización, del movimiento del estilo internacional, y, en ningún caso, como anulación de las vanguardias de principios de siglo. Nuestras ciudades han sido casi siempre un *collage* histórico fruto de las transformaciones de la ciudad, no es necesario hacerlo de forma artificial, de la misma manera que no se puede "simular" el crecimiento de la arquitectura vernacular. Pero hay aportaciones muy importantes del movimiento posmoderno como ya he descrito en muchos libros anteriores sobre Robert Venturi. Como, por ejemplo, la constatación de que la significación del espacio nace de la complejidad y contradicción entre "arquitecturas" monológicas distintas, y no de formas visuales encerradas en sí mismas. No se trata de confeccionar contradicciones con diccionarios de formas como en el academicismo del siglo XIX, sino de conocer las arquitecturas vivas y el pluralismo cultural de nuestra sociedad en cualquier lugar del mundo, evitando buscar una cultura "superior" a las otras que debe imponerse y anular las "diferencias" entre culturas o identidades. Dicho de otra manera, el movimiento posmoderno nos ayuda a entender que las "diferencias" culturales no son un problema, sino, al contrario, la única posibilidad de dinamizar e innovar las culturas de una sociedad cualquiera. Las culturas aisladas y homogéneas que se creen "superiores" están, de hecho, abocadas a la esclerosis y a la parálisis total.

Por todo ello, en lugar de dinamizar el movimiento moderno como pretendió Robert Venturi, el "posmodernismo" ha caído de nuevo en el academicismo internacional de un *pastische* arbitrario de gusto del estilo "superior", "único", de "élite". En lugar de explorar la interculturalidad, han caído en la indiferencia de "todo vale".

c) Finalmente la reacción deconstructiva también ha aportado elementos positivos y negativos. Hay que definir con cuidado en qué conclusiones es un movimiento práctica y teóricamente útil para el arquitecto contemporáneo, sin embargo, avisemos ya de entrada, que una mezcla entre vanguardias, el estilo internacional y las estrategias deconstructivas, es un *cocktail* venenoso que está hoy en día destrozando nuestro globo terráqueo, como si fuera una plaga bíblica.

Para los jóvenes arquitectos de finales del siglo XX, la deconstrucción ha sido una bendición, una nueva ilusión. Lo mismo en los años sesenta con el libro de Robert Venturi con los "jóvenes de la época", hoy ya en los sesenta años que estaban atrapados en un funcionalismo rígido de la modernidad.

La deconstrucción, al menos en teoría, permite la personalización de la labor del arquitecto y la búsqueda de una manera específica de construir la modernidad en cada lugar y en cada momento histórico. Permite, pues, una singularización dentro de la potente universalización actual. El *collage* histórico solamente es posible si se conoce el significado de cada parte para deconstruir correctamente la superposición de formas y figuras. Sin este conocimiento no se deconstruye sino que se destruye.

Con el equilibrio entre asimilación conceptual y acomodación histórica, cada obra arquitectónica se convierte en una experiencia espacio-temporal única, pero históricamente significativa, que se construye mental, física y socialmente mediante dislocaciones, relocaciones y distorsiones, y que acerca el proyecto a las vanguardias, pero también a toda la historia de la arquitectura.

Esta "maquinaria" deconstructiva, que Derrida ha descrito como nadie, muy compleja, puede también ser muy destructiva y provocar enormes desastres. Para deconstruir hay que saber construir, y, además, saber dislocar, distorsionar, dividir. Exige un nivel muy alto de conocimientos y una gran humildad: ¡dos cosas que los arquitectos no poseemos ciertamente en la mayoría de los casos!

En potencia, la deconstrucción posee unas cualidades culturales muy positivas desde la perspectiva topogenética:

a) Desde un punto de vista "lógico", los "costes" que provoca la deconstrucción, sus "dislocaciones", responden a una lógica compleja extremadamente "dialógica", y hasta "natural", según las definiciones ya explicadas de Grize. Los "espacios fibrados" que se plantean estas lógicas encuentran en las obras desconstructivistas (Gheary, Miralles, etc.) una plasmación viva y real de un diálogo entre espacios, funciones y formas dinámicamente contrapuestos, pero, a la vez, extrañamente "familiares" unos con otros.

b) Desde una perspectiva "estética" la posibilidad de interrelación entre la historia del territorio como relato de ficción y la ficción del territorio como historia, se acrecienta con esta lógica dialógica y natural que puede sintetizar las formas históricas con las tecnologías actuales sin solución de continuidad. La mejor desconstrucción contemporánea puede interpretar nuestra historia sin dejar de ser una propuesta específica, de futuro, de nuestro espacio-tiempo.

c) Desde un punto de vista ético y político, la desconstrucción puede descubrir en nuestro territorio trazas y "canales" estructurales que, sin agresión ecológica, marquen e impulsen transformaciones sociológicas y culturales específicas. Esto quiere decir que existen pocas formas nuevas que puedan implantarse correctamente en un tejido antiguo y complejo. Hay que descubrir las "grietas" en este tejido complejo e introducir la modernidad social y cultural a su través. Al igual que en tiempos prehistóricos en los que bastaba un solo "dolmen" para transformar un inmenso lugar "salvaje", bastan hoy unos pocos objetos nuevos para cambiar el comportamiento y la forma de una ciudad o de un territorio, *con la condición de que estén muy bien colocados*.

Pero todo este optimismo que respira una buena desconstrucción desaparece ante el arquitecto "prestigioso" e "intuitivo" que coloca los objetos de *marketing* de cualquier manera en cualquier sitio. Esto no es desconstruir, sino destruir.

Una comparación con el cirujano es aquí esclarecedora. De la misma manera que un cirujano que cortase el cuerpo sin un conocimiento previo sería la muerte segura, un arquitecto necesita, para evitar la muerte del lugar, la toponecrosis, un buen equipo de asesores, un buen instrumental técnico y una buena información de la historia de su territorio,

antes de "cortarlo", "transformarlo" o construirlo. Pero la analogía se acaba aquí, porque no existe una "anatomía universal" de la arquitectura como existe en el cuerpo humano, que tiene la misma universalmente. El conocimiento de un lugar estético, lógico y ético, puede ayudar a conocer otro lugar, de ahí el interés de la topogenética, pero cada lugar necesita tiempo para ser conocido y para ser cuidado. No se puede proyectar tras una rápida visita y un todavía más rápido reportaje fotográfico: hay que depositar tiempo y espacio. Hoy como ayer, la improvisación es aquí causa inequívoca del desastre.

La "genética" del proyecto en cada caso sigue siendo un tema poco estudiado y de gran trascendencia.

El equilibrio, anunciado por Jaan Valsiner, entre generalidad y variación, está aquí en pleno funcionamiento. Formas concretas, como por ejemplo la forma de una ala de avión, pueden utilizarse en situaciones muy diferentes y con materiales distintos. También las distribuciones en redes geométricas a gran escala pueden utilizarse correctamente de forma diferente en distintos lugares, sin dejar de ser geométricamente iguales.

Sin embargo, como ya he sugerido, todo este esfuerzo de las vanguardias, de la posmodernidad y de la desconstrucción, puede ser topogenéticamente inútil, si la construcción no llega a producir lugares habitables física y socialmente hablando. A través de este proceso complejo entre un academicismo rígido hasta una "virtualidad desconstructiva", hemos abierto la puerta a "liberación" del espacio y de la vida en este espacio cibernético y tecnológicamente muy desarrollado. Pero las posibilidades de destrucción siguen presentes y este proceso de "liberación" no es un proceso automático, sino político y cultural.

Hay, pues, que desarrollar con enorme rapidez una toponecrosis, o una ciencia capaz de prever las razones de una salud topogenética y de una enfermedad topogenética. Salud, que como he indicado, es mental, ecológica y social por un igual.

En las últimas páginas de este libro intento dar ejemplos positivos de una topogénesis *co*-constructiva, que ayuda a vivir e impulsa la vida cultural y social hacia una modernidad específica, no homogénea, de los lugares humanos.

3.6 La conclusión lógica: la forma de territorio moderno como lógica de una historia del mundo

La "inversión" entre pasado y futuro, y virtualidad y realidad, producida en el mundo moderno ha cambiado totalmente nuestra concepción del espacio habitado. Estaríamos equivocados si pensásemos que la cultura europea no tenía ya desde sus orígenes greco-romanos una dirección hacia esta "inversión" tecnológica de la vida humana. El relato griego se fundamentaba en un mito heroico de un pasado proyectado al futuro. Hoy proyectamos desde un mito de progreso desde el futuro de un gran bienestar técnico y social. Grandes diferencias y muchas analogías relacionan estos dos "mitos", separados más de 2000 años. Pero el territorio construido y su topogénesis, hoy como ayer, sirven de mediadores entre los personajes del mito y los personajes actuales, nosotros. El lugar sigue siendo el puente entre el cuerpo y la historia como indicaba en la introducción de este volumen.

El relato, pues, entrecruza historia y ficción, y el territorio como relato, estructura el espacio a través del movimiento en el tiempo, generando lugar. El lugar es la contrapartida exacta del tiempo humano, semireal, semiideal, que define Paul Ricoeur. La topogénesis debe analizar con todo detalle las relaciones entre este "relato", que mide el tiempo humano, y este "lugar", que mide este espacio humano.

El entrecruzamiento doble entre, de una parte, historia real y ficción, o sea el tiempo humano, y, de otra parte, el lugar real construido, y el proyecto ideal de este lugar, o sea el espacio humano, debe ser el objeto de estudio primordial de la topogénesis tal como indica el diagrama 13.

Los adultos nos comportamos ante las nuevas tecnologías y los nuevos "lugares" del mundo moderno de una manera muy parecida a los niños. Por ejemplo, cuando los niños descubren "el concepto" de "dar la vuelta" a los objetos para descubrir su forma o un uso nuevo, muchas veces, intentan "dar la vuelta" a cualquier objeto, como un vaso de leche o una cerilla, con las consecuencias desastrosas previsibles. Hoy sabemos "invertir" todos los procesos físicos y sociales, pero esta "inversión" aplicada sin discriminación e inteligencia, destruye y nos hace retroceder, aunque pretenda lo contrario. Análogamente un matemático no puede aplicar sus teorías al mundo real sin un proceso experimental largo y prudente.

Hablar, pues, de medidas, escalas, límites y proporciones del proceso topogenético no será nunca positivo si no se tiene en cuenta simultáneamente los tres niveles del lugar, el estético, el ético y el científico aquí descritos. De esta manera toda la complejidad del diagrama 13 se pone en marcha. También sería erróneo buscar un origen histórico en el que hablar o dibujar estuvieran como orígenes

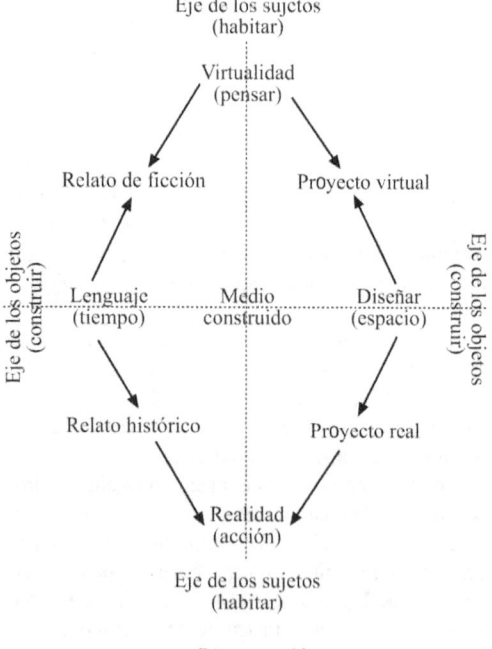

Diagrama 13

exclusivos. Tal como Derrida ha sugerido, no existe dibujo o palabra original, sino distinción original entre dibujo y palabra. Es a partir de esta distinción que se desarrolla la historia de los sujetos y de los objetos, y, de la misma manera, aquí se desarrolla la cultura en el entrecruzamiento entre historia y territorio (palabra y dibujo).

También deberíamos constatar que si bien a través de todo el discurso topogenético he tratado solamente de la "medida", justa, tanto estética, como ética, como científica, (verosímil, virtuosa y verídica), todo el discurso podría extenderse análogamente a las nociones de escala, proporción, límite, envolvente, etc., así como a la noción de "distancia" medida por Levy-Strauss en el mito ya citado sobre el asentamiento de dos tribus diferentes en un mismo territorio. También la noción de lugar en Aristóteles como envolvente *interna* del lugar, en el que coincide la forma del lugar con el perímetro o envolvente *exterior* de lo que ocupa el interior del lugar, puede servir de "medida" dialógica compleja de la topogenética. Si recordamos los lugares construidos por los niños en el capítulo III.2, encontraremos allí ejemplos de este cruce entre objetos y sujetos que se "mide" a la vez estética, ética y científicamente gracias a la superposición, o entrecruzamiento entre cuerpo e historia en el lugar construido.

"Por tanto, llegamos a la conclusión fundamental de esta ojeada a la topogénesis humana, y la epistemología de los lugares se nos presenta con toda su complejidad infantil y adulta: el hombre entrecruza en los lugares que construye el habitar (de los sujetos) y el construir (de los objetos) a partir de un encajonamiento progresivo entre tiempo y espacio, capaz, de una sola vez, de hacer hablar a los sujetos (el lenguaje verbal o relato) y de proyectar los objetos (dibujo o proyecto). Los lugares (topos) se generan a partir de este entrecruzamiento entre relatar y dibujar, es decir en la articulación (encajonamiento) entre espacio y tiempo"[9].

Así, hablar de la topogenética como historia no es solamente un hablar "metalingüístico" y/o estético. Como los describió Derrida, proféticamente, en su primer trabajo *La voz y el fenómeno*, el lugar no existe para quedarse vacío como una tumba, sino para llenarse, para ser habitado, como ciudad o como casa. Habitar y construir dialogan para poder ser "vivibles". Diseñar (proyectar) y hablar (relato) se entrecruzan de la misma manera para cambiar el territorio de los objetos y el comportamiento de los sujetos de forma solidaria, como indicaba Jaan Valsiner. Por tanto "hay que hablar en los corredores. Hay que hacer resonar la voz dentro de los lugares...", tal como indicaba Derrida hace 30 años.

Nuestra modernidad es la forma de nuestra historia, su "lógica", pequeña o grande, qué importa, de la manera que la queremos contar y diseñar. El proyecto y el relato, no son más que las dos caras de una misma moneda: nuestra vida. La "distancia" y la "diferencia" entre la voz y el fenómeno definen nuestra cultura. Es inútil que pretendamos huir de esta distancia peculiar entre virtualidad y realidad. Más allá de esta distancia, fuera de ella, sólo existe la muerte del sujeto y lugares vacíos como tumbas.

Por el contrario, entre la cuna y la tumba, nuestras ciudades y nuestros paisajes del año 2000 nos esperan en un universo día a día más global en su tecnicidad y, simultáneamente, más específico en cada lugar por su cultura y su simbolismo.

Es responsabilidad nuestra, y de cada generación, definir la topogénesis del mejor territorio para las nuevas generaciones. Entre el pasado y el futuro, ellas dejarán oír su voz en los lugares por nosotros construidos y nos dirán desde un presente indestructible si hemos fracasado o no.

---

[9] N.T. Esta conclusión, hecha antes de conocer la obra de Mikhail Bakhtin, sigue con gran proximidad la visión "arquitectónica" y "dialógica" (constructivista y pragmática) de este inmenso antropólogo ruso. La relación fundamental y topogenética, entre la "arquitectónica" de los objetos y la "dialógica" de los sujetos estará en la base de libros ya en preparación. Ver también la tesis doctoral de Blanca Sala Llompart: *Antropología y arquitectura*, UPC, Barcelona, 1999.

Ejemplo I. Casa de campo en Arenys d'Empordà

Esta rehabilitación de vivienda en un núcleo rural en el norte de Catalunya, realizado por la arquitecta Magda Saura entre 1976 y 1981, es un ejemplo excepcional de modernidad específica, gracias a la capacidad dialógica física y social con una arquitectura tradicional que pasa desapercibida por casi todos los arquitectos actuales.

Una vez más las estrategias dialógicas aplicadas a objetos de pequeño tamaño podrían aplicarse a conjuntos de objetos hasta llegar a territorios de gran tamaño.

Además, la calidad poética del espacio producido, es una prueba viviente de la hipótesis de Paul Ricoeur sobre el cruce entre ficción y realidad como base de cualquier poética: lo antiguo y lo nuevo se interpenetran poéticamente multiplicando los efectos hasta una complejidad arquitectónica muy alta, sin ninguna necesidad de silenciar la presencia de arquitecturas anteriores con excesos formales y tecnológicos.

Colocar sólo lo necesario para producir el efecto de una modernidad específica, pero no más, es en este caso una realidad modélica. Lugar y proyecto se cruzan poéticamente como si se hubiesen conocido desde siempre.

Ejemplo II. Edificio de oficinas en Berlín (1990)

Edificio construido simultáneamente a edificios de los prestigiosos arquitectos del IBA de Berlín de principios de los años 1990, por dos jóvenes arquitectos: B. Steinkilberg, G. Spangenberg.

Destaca por su voluntad de coconstruir la calle con el edificio contiguo que resistió milagrosamente la segunda guerra mundial.

Las reglas del diálogo mudo entre los dos edificios no son nunca la copia, y sin embargo cohabitan con toda naturalidad hasta el punto de que podría suponerse que el más antiguo es un edificio "posmoderno".

El lector puede entretenerse en captar las estrategias retóricas y poéticas que estructuran sólidamente estos dos edificios tan diferentes, y, a la vez, tan dialógicamente solidarios estética, ética y lógicamente.

Ejemplo III. El Palau de la Música Catalana transformado por Oscar Tusquets (et al.)

Este edificio de gran importancia histórica para Cataluña fue transformado y rehabilitado por Oscar Tusquets y su equipo de forma, a la vez, respetuosa y sencilla.

Las transparencias conseguidas no han rebajado el valor del edificio original, sino, todo lo contrario, sin hablar del enorme esfuerzo en su transformación constructiva ante graves problemas de seguridad. Un ejercicio muy difícil de dialogía física y social.

Ejemplo IV. El territorio como proyecto: un paseo en la playa de la ciudad griega de Empúries

Este paseo delicado y efímero fue el escenario de la llegada de la llama olímpica a Catalunya en las Olimpíadas de Barcelona, en 1992.

En un territorio complejísimo tanto ecológicamente como históricamente, el proyecto intentó evitar la destrucción sistemática de la costa española ante el turismo de masas. Todas las administraciones estatales, autonómicas regionales y locales estuvieron implicadas, y también estuvo presente la arqueología, en un paseo que se desliza entre el mar, las dunas y los restos de la ciudad de Empúries, la más occidental de la colonización griega.

Se construyó muy deprisa y con poco dinero, y ahora precisa ya de una reconstrucción, pero la estrategia, dialógica, en la construcción de una arquitectura del paisaje que evite la presencia aplastante del tráfico sigue válida, así como el trazado sensible a la complejidad del lugar, no solamente "ecológica", sino, a la vez, histórica y social, ya que el supuesto paisaje "natural", es el resultado de una acertada política de reforestación del gobierno de la Mancomunitat de Catalunya, hace ya más de ochenta años.

Las dimensiones lógicas de la topogénesis

Ejemplo I de Modernidad Específica

Topogénesis

Las dimensiones lógicas de la topogénesis

Ejemplo II de
Modernidad
Específica

Las dimensiones lógicas de la topogénesis

Ejemplo III de Modernidad Específica

Ejemplo IV de Modernidad Específica

Las dimensiones lógicas de la topogénesis

4 La topogénesis de una modernidad específica

El año 2000 debería abrir una nueva etapa para la humanidad y su territorio. La topogénesis no podrá salvar a una sociedad que quiera autodestruirse, pero puede ayudar a esta sociedad a conocer sus problemas y a reflexionar sobre los impactos positivos y/o negativos de la transformación acelerada del territorio que estamos realizando hoy en día.

La superposición de las tres medidas topogenéticas en cada lugar podría ayudar a conseguir un nuevo equilibrio dinámico entre naturaleza y cultura dentro del mundo moderno. Pero hay que actuar con rapidez y precisión.

Si la estética, como hemos visto, se abre hacia la medida en la ausencia del "otro", la ética y la política miden su presencia ineludible y, muchas veces, múltiple. Será la "medida" lógica, dia-lógica, la que impulsará un lugar co-construido en el que se equilibren, coordinen y articulen dinámicamente los objetos con los sujetos, el construir con el habitar, a través de una inversión espacio-temporal, material y mental, entre las medidas estéticas y las éticas[1].

Insistamos en que jamás llegaremos a la co-construcción sin una implicación de las tres dimensiones (o medidas) intersubjetivas de la topogenética. Tenemos suficientes ejemplos de lo que ocurre cuando una o dos de estas dimensiones toman el control global de la arquitectura. Inútil insistir más en los desastres de una topogenética estética pura que convierte el territorio en un monumento puro, visualista, totalmente inhabitable, que solamente sirve para ser fotografiado. O aquel territorio que quiere responder solamente a una medida topogenética "científica", que prolonga permanentemente el urbanismo monológico del estilo internacional, es inútil que intentemos fotografiarlo, puesto que es siempre igual, clónico. Tampoco una topogénesis

---

[1] N.T. Es sugestivo volver a comparar este resultado con la estructura dialógica de Bakhtin, para ver la estrecha analogía y, a la vez, el contraste "dialógico" entre una visión originada en una topogénesis del objeto arquitectónico y una dialogía cultural de un antropólogo. En efecto, ambos colocamos a la intersubjetividad "cognitiva" y científica como función monológica, esencial, pero incapaz de pasar de una relación para la cual las diferencias entre "yo" y "el otro" no existen. Así desde una perspectiva topogenética, la reciprocidad lógico-cognitiva entre "yo" y "el otro" es esencial, pero, al mismo tiempo fuente de abusos si no se completa con una cultura estética y política. Desde las dimensiones éticas y estéticas la comparación es todavía más interesante. Desde la topogenética la "ausencia" del otro en la intersubjetividad estética y la "presencia" del otro, ineludible, en la ética, se complementan entre ellas y, a la vez, completan la insuficiencia dialógica de la intersubjetividad cognitiva plural (la razón pura en Kant). En Bakhtin, lo importante es cualificar el "yo", no "el otro, por lo que la estética se basa en un exceso de "presencia" (de vista por ejemplo) en el sujeto, el cual es capaz de ver en el otro cosas que "el otro" no puede ver (por ejemplo su exterioridad). En la intersubjetividad "ética", Bakhtin define, magistralmente, la incapacidad del sujeto a "no decidir", ya que su diferencia radical con "el otro" le impide totalmente que "el otro" decida por él. No es difícil ver que la suma de las dimensiones topogenéticas y de las dialógicas bosquejan una "arquitectónica" y una "dialógica" indisolubles, tal como en este libro y en los escritos de Bakhtin se repite una y otra vez. Además, se vislumbra ya un juego de interacciones entre sujetos y objetos en el que las relaciones entre el interior y el exterior del cuerpo humano, de la arquitectura y de la sociedad (mente, territorio y sociedad) se dinamizan mutuamente caracterizando los impulsos más propios del ser humano en general.

política pura nos salva del desastre con su territorio totalmente basado en el oportunismo de un pragmatismo desaforado, o en la tiranía de una oligarquía que impone una cultura para satisfacer sus propios intereses.

Estas tres dimensiones dialógicas e intersubjetivas de una "arquitectónica" del territorio construido nunca se superponen de la misma manera en dos lugares diferentes, ni en el mismo lugar en dos momentos diferentes. Se trata de la contrapartida exacta a la irreductibilidad del tiempo predicha por Paul Ricoeur que indica:

"...es en la manera con la que la narratividad (en el relato) llega a sus propios límites donde reside el secreto de la réplica a la inescrutabilidad del tiempo..."

La modernidad que construimos hoy olvida a menudo esta verdad. Preferimos "parar el tiempo" para *pre*-fabricar una superposición entre las tres dimensiones intersubjetivas fija: el estándar. El lugar no puede ser estándar. Arquitecturas estándares se repiten en lugares y momentos históricos diferentes con indiferencia total ante las diferencias de clima, de sociedad y de situación histórico-cultural. Los arquitectos hemos confundido de este modo la autonomía de un concepto con la autonomía de una casa, una ciudad o un pueblo.

La autonomía del pensamiento moderno que hace posible la fabricación y el uso de máquinas y de conceptos revolucionarios en el arte, la ciencia y la política actuales, no debe equipararse a la especificidad de un objeto construido para un lugar preciso con una situación histórico y geográfica precisa. Los aspectos no conceptualizables del objeto son esenciales desde una visión dialógico-social del contexto físico y social dentro del cual este objeto está ubicado.

Lo que defino como modernidad específica contiene una actitud ante la arquitectura que se opone tanto a aceptar una historia y una tradición sin modernidad, como a una modernidad sin historia. Por el contrario es estrictamente necesario valorar la historia desde nuestra modernidad más innovadora, más reciente y más nueva. Esto es lo que hacían Picasso, Dalí o Miró con la arquitectura y el paisaje tradicionales: ni ignorarlo, ni copiarlo, sino interpretarlo con su "cubismo", para conseguir una nueva visión más moderna, más abstracta, pero estrictamente respetuosa con lo más específico y valioso de la obra de las generaciones precedentes.

Veamos pues algunas dimensiones de esta arquitectura de una modernidad específica, que es totalmente compatible con las definiciones hechas hasta aquí de una "arquitectónica" definida desde una dialógica social *co*-constructiva:

1) La arquitectura moderna nació como reacción en contra de los academicismos, o sea en contra de las posturas que "congelan" la arquitectura en unas formas fijas controladas por grupos profesionales o políticos cerrados al progreso y al cambio social y cultural.

2) Gracias a esta modernidad se pretendía unificar ciencia, arte y política en un solo proceso de "formalización", el cual, lejos de apuntar a cualquier tipo de "formalismo", convirtiera cada proyecto de arquitectura en una aventura irrepetible, creativa y útil.

3) El desarrollo posterior del estilo internacional y de la idea de arquitectura estándar fue una reacción ante esta modernidad apenas naciente. En lugar de seguir sus presupuestos, el estilo internacional empezó a producir una confusión mental entre práctica y teoría en la arquitectura contemporánea. Todavía padecemos sus secuelas.

4) Los movimientos llamados "posmodernos" son una crítica a este estilo internacional y a cualquier filtración de la idea de estándar dentro de la arquitectura moderna. Algunas tendencias "posmodernas" han degenerado en grupos de defensa de unos estilos determinados o en unas arquitecturas arbitrarias, mezcla de estilos históricos antiguos y modernos, sin contenido ni interés estético. Sin embargo, en su origen, la reacción "posmoderna" no fue nunca un ataque al impulso "formalizador" de la modernidad, sino una crítica a los formalismos del estilo internacional y a los pseudofuncionalismos de la posguerra. Los estándares pseudoestéticos, pseudocientíficos o pseudoéticos son la causa de la reacción posmoderna, no las vanguardias de los años veinte.

5) En la situación actual, los arquitectos mezclamos constantemente aspectos arquitectónicos, objetivos e ideas que provienen indistintamente de estas tres situaciones de la arquitectura en nuestro siglo: situación de modernidad, situación de estilo internacional y situación de posmodernidad. El resultado podría ser una confusión de objetivos, medios y resultados en una arquitectura sin intencionalidades culturales claras, con teorías sin prácticas, o con prácticas sin ningún conocimiento de las consecuencias de sus acciones.

6) La situación de deconstrucción es un ejemplo de esta mezcla de actitudes. Si la deconstrucción fuese capaz de equilibrar su capacidad de deconstrucción formal y funcional, con un impulso de "construcción" cultural, produciendo una arquitectura realmente "viva", en el sentido del *Stijl* holandés, aumentaría la habitabilidad y generaría un nuevo impulso en la "formulación" moderna. En resumen, la deconstrucción es una puerta abierta al cambio, pero debería estar al servicio de las interacciones sociales más necesitadas de ayuda y evitar los defectos de un estilo internacional desconstructivo, o sea una forma estándar de deconstruir ciega ante las diferencias culturales y ante las necesidades de cada lugar cultural específico. Cada forma arquitectónica, cada cultura, tiene maneras específicas de desconstruirse.

7) Por lo tanto, cada lugar tiene su propia modernidad esperando ser descubierta, desvelada y creada. La modernidad no puede exportarse sin más, como un producto cualquiera, ya que está íntimamente relacionada con la interacción social que le da sentido. A la postre, la modernidad no es otra cosa que una "formulación" de relaciones entre tecnología y sociedad: una "formalización" de intenciones.

Bibliografía

Alexander, J.C. *Action and its Environments*. Columbia University Press, Nueva York, 1988.
Antoniadis, A. *Poetics and Architecture*. Van Nostrand Reinhold, Nueva York, 1990.
Aristóteles, *Art of Rhetoric*. Loeb Classical Library, Harvard University Press, 1975.
Banham, R. *Teoria del diseño en la primera edad de la máquina*. Infinito, Buenos Aires, 1963.
Barthes, R. *L'Ancienne Rhétorique*. Communications núm. 16, París, 1970.
Barthes, R. *Systèmes de la Mode*. Seuil, París, 1967.
Benjamin, A. Norris, Ch., *What is Deconstruction?*. Academy Editions, St. Martin's Press, Nueva York, 1988.
Benjamin, A. *Art, Mimesis and the Avant-garde*. Routledge, Londres, 1992.
Benjamin, W. artículo publicado en *Theories of Translation*. Rainer Schultee ed., University of Chicago Press, 1992 (texto original en alemán, 1923).
Bodeüs, R. *Le Philosophe et la cité*. Les belles lettres, París, 1982.
Boudon, P. *Le Paradigme de l'Architecture*. Balzac, París, 1992.
Boudon, Ph. (ed). *De l'Architecture à l'Épistémologie*. P.U.F., París, 1991.
Braudel, F. *Grammaire des Civilisations*. Arthaud-Flammarion, París, 1987 (primera edición 1963).
Bürger, P. *Theorie der Avantgarde*. Suhrkamp Verlag, Frankfurt, 1974, (edición inglesa 1984).
Collins, P. *Architectural Judgements*. Mc. Gill, Montréal, 1971.
Derrida, J. *Khôra*. Galilée, París, 1993.
Derrida, J. *L'autre Cap*. Editions de Minuit, París, 1991.
Eisenman, P. "La casa del fascio", traducción del Departamento de Historia II de la ETSAB, Barcelona, 1982 (Mimeo).
Eisenman, P. "La casa Giuliano-Frigerio", Departamento de Historia II de la ETSAB, Barcelona, 1982, *Perspecta* núm. 13-14, 1971.
Eisenman, P. "The futility of objects", *The Harvard Architectural Review*, vol. 3, 1984.
Elias, N. *The Symbol Theory*, Sage, Londres, 1981.
Ferran, A. *Philosophie de la Composition Architecturale*. Vincent et Fréal, París, 1975.
Fichler, R. "The early relationship of Le Corbusier to the Golden number", *Environment+Planning b*, vol. VI, Londres.
Finley, M.I. (ed.). *The legacy of Greece*. Clarendon Press, Oxford, 1981.
Flemuny, V. "The secret of the casa Giuliano Frigerio", *Environment+Planning b*, vol. 8, 1981.
Frye, N. *Anatomy of Criticism*. Princeton University Press, 1957.
Gadamer, H. *Vérité et méthode*. Seuil, París, 1976.
Gadamer, H.G. *La razón en la época de la ciencia*. Alfa, Valencia, 1981.
Grau, C. *L'Espace dans Borges et Kafka*. Catálogo de la exposición realizada en el Centro Georges Pompi-

dou, París, 1992. Tesi doctoral presentada en la Escuela de Arquitectura de Valencia; director de la tesis: J. Muntañola.
Greenberg, A. "La arquitectura de Lutyens de nuevo estudiada". Departamento de Historia II de la ETSAB, Barcelona, 1982. (*Perspecta* 12, Yale, 1969.)
Grize, J.B., Borel, M.J., Lieville, D. *Essai de logique naturelle*. Peter Lang, Berna, 1983.
Grize, J.B. (ed.). *Sémiologie du raisonnement*. Peter Lang, Berna, 1984.
Grize, J.B. *De la Logique à l'argumentation*. Librairie Droz, Ginebra, 1982.
Habermas, J. *Moralbewusstsein und Kommunikatives Handeln*. Suhrkamp Verlag, Frankfurt, 1983.
Hegel. *Hegel's Philosophy of Nature*. George Allen, Londres, 1965.
Hegel. *La Théorie de la mesure*. P.U.F., París, 1970.
Heidegger, M. *Identität und Differenz*. G. Neske, 1957.
Heidegger, M. *Prolegomena zur Geschichte des Zeitbegriffs*. Vittorio Klostermann, Berlín, 1979.
Hottois, G. *Simondon et la philosophie de la "culture technique"*. De Boeck, Bruselas, 1993.
Huet, B. "Les architectes contre la ville", artículo publicado en *Architecture, Mouvement, Continuité*, diciembre de 1986.
Johnson, Ph., Wigley, M. *Deconstructivist Architecture*. The Museum of modern art, Nueva York, 1988.
Kaufmann, P. *L'Expérience émotionnelle de l'espace*. Vrin, París, 1967.
Kostof, S. *A History of Architecture: Rituals and Settings*. Oxford Univ. Press, 1985.
Kristeller, O. *Renaissance Thought and its Sources*. Columbia University Press, Nueva York, 1979.
Lang Jon, J. *Creating Architectural Theories*. Van Nostrand, Nueva York, 1987.
Lapacherie, J. "De la grammatextualité", *Poétlque*. Scuil, París, septiembre de 1984.
Lausberg, H. *Elementos de una Retorica Literaria*. Gredos, Madrid.
Le Corbusier. *La Ricerca Paziente*. Catálogo de la exposición realizada en Lugano en 1980, Reichlin éditeur.
Lerup, L. *Planned Assaults on Single Family House*. Mit Press, Cambridge, 1987.
Lurçat, L. *Études de l'acte graphique*. Mouton, París, 1974.
Mac Cormac, R. *La Anatomía de la Estetica de Wright*. traducción del Departamento de Historia de la ETSAB, Barcelona, 1982 (*Architectural Rev.*, 1968).
Maj, B. *Elementi di Metaforologia Aristotelica*. Gabriele Corbo, Ferrara, 1987.
Manson, G. Wright and the froebel. *The Architectural Review*, junio 1953.
Meyer, M. *Questions and Questionning*. Walter de Gruyter, Berlín, 1988.
Meyer, M.(ed.). *From Metaphysics to Rhetoric*. Kluver, Londres, 1989.
Moneo, R. "On typology", en *Oppositions*, n. 13, París, 1961.
Mumford, L. *La Cité à travers l'histoire*. Seuil, París, 1961.
Mumford, L. *Technique et civilisation*. Seuil, París, 1950.
Mumford, L. *The Myth of the Machine*. Secker and Warburg, Londres, 1967.
Muntañola, J. *La Arquitectura como lugar*. Gustavo Gili, Barcelona, 1973.
Muntañola, J. "Remarques épistémologiques sur les systèmes sémiotiques des lieux", *Communications 27*, París, 1976.
Muntañola, J. *Topogénesis* (3 vol.), Oikos-Tau, Barcelona, 1979-1980.
Muntañola, J. *La arquitectura de los setenta*. Oikos-Tau, Barcelona, 1980.
Muntañola, J. *Poética y arquitectura*. Anagrama, Barcelona, 1981.
Muntañola, J. *Comprender la Arquitectura*. Teide, Barcelona, 1985.
Muntañola, J. *The Architecture of Esherick. or Anatomy against Composition*, Places, MIT Presss, Cambridge, 1986.

Muntañola, J. "Developmental architectural cognition and the semiotics of place", *Espaces et Sociétés*, núm. 47, 1987.
Muntañola, J. "Semiotics and architecture in Spain", 1968-1988, *Semiotica* núm. 1988-I, La Haya.
Muntañola, J. *La arquitectura española de los años 80*. Colegio de Arquitectos de Andalucía Oriental, Almeria, 1990.
Muntañola, J. "Urbanisme i arquitectura: contra unes fronteres confoses", *Espais* núm 34, 1992, Generalitat de Catalunya, Barcelona.
Muntañola, J. "Automatismos, conocimientos y aprendizaje de la arquitectura". *Bienal de la Arquitectura y Urbanismo de Zaragoza*, Electa, Madrid, 1993.
Muntañola, J. *Barcelona, l'arquitectura d'una ciutat i l'opinió dels seus infants*, texto en castellano, catalán e inglés, Ayuntamiento de Barcelona, 1993.
Muntañola, J. "Vers une analyse sémiotique de l'architecture de la modernité", en *Figures Architecturales et Formes Urbaines*, Anthropos, París, 1994.
Neves, V. *O Espaço e Arquitectura*. Lisboa, 1991.
Papadolaubakis, M. *Espaces de liberté* (en griego). Salónica, 1988.
Pellegrino, P. "Semiotics in Switzerland". *Semiotica*, 90-1/2, 1992.
Pellegrino, P. *Figures architecturales, formes urbaines*. Anthropos, París, 1994.
Pellegrino, P. *Arquitectura e Informática*. G. Gili, Barcelona, 1996.
Perelman, Ch. "L'empire rhétorique". *Communications* núm. 16, Paris, 1976.
Piaget, J. *Études Sociologiques*. Droz, Ginebra, 1967.
Piaget, J. *La Formulation du Symbole chez l'Enfant*. Delachaux et Niestlé, Neuchâtel, 1959.
Piaget, J. *La Psychologie de l'intelligence*. Colin, París, 1947.
Pinxten, R. *Evolutionary Epistemology*. Callebaut W/Pinxten R. ed., Kluwer Ad. Pub., 1987.
Piñon, H. *La Arquitectura de las Neovanguardias*. G. Gili, Barcelona, 1984.
Poggioli, T. *Teoria dell'Arte d'Avanguardia*. Il Mulino, 1962.
Porphyrios, D. *Sources of Modern Eclecticism*. Academy Editions, Londres, 1982.
Quaroni, L. *Proyectar un Edificio: ocho lecciones*. Xarait, Madrid, 1980.
Radwitzky, G.(ed.). *Evolutionary Epistemology*. Open Court, Illinois, 1987.
Rapoport, A. *Australian Aborigenes and the Definition of Place*, en EDRA, conferencia celebrada en Los Angeles, 1972.
Rapoport, A. *History and Precedent in Environment Design*. Plenum Press, Nueva York, 1990.
Richards, I. L. *Principles of Literary Criticism*. Routledge, Londres, 1924.
Ricoeur, P. artículo publicado en *From Metaphysics to Rhetoric*. Kluver, Dordrecht, 1989.
Ricoeur, P. *Du Texte à l'action*. Seuil, París, 1986.
Ricoeur, P. *La Métaphore vive*. Seuil, París, 1975.
Ricoeur, P. *Temps et récit*. Seuil, París, 1983-1985.
Rowe, C. *El Manierismo en el Movimiento Moderno y otros ensayos*. G. Gili, Barcelona.
Saura, M. *Architecture in Early Renaissance Urban Life: L.B. Alberti's De Re Aedificatoria*. University of California, Berkeley y Universidad Autónoma de Barcelona, 1988 (Ph. D., tesis doctoral), microfilm.
Saura, M. *Pobles Catalans/Catalan Villages*. Barcelona, 1997.
Schumacher, Th. *Terragni e il Danteum*. Officina Edizioni, Roma, 1983. (English summary in The Harvard Architectural Review. vol. 3, 1983.)
Seranyi, P. "Le Corbusier: the formative years" et "Le Corbusier's changing attitude towards form", en *Society of Architectural Historians*, marzo de 1965 y octubre de 1972.

Simmel, G. *Soziologie Untersuchungen über die Formen der Vergesellschauftung*. 1908. (Texto en castellano: *Sociología*. Ediciones Revista de Occidente.)
Simondon, G. "Trois perspectives pour une réflexion sur l'ethique et le technique", en *Annales de l'Institut de Philosophie et de Sciences Morales de l'Université libre de Bruxelles*,1993.
Slutzky, R. "The cooper union", en *L'ensenyament de l'arquitectura*. Colegio de Arquitectos de Cataluña, 1981.
Slutzky, R. "Transparency: Literal and phenomenal", *Perspecta*, núm. 13-14, 1971.
Sprague Mitchell, L. *Young Geographers*. Bank Street College of Education, Nueva York, 1934, 1963, 1971.
Stern, R. "The Evolution of Philip Johnson Glass House". *Oppositions*, Nueva York, 1977.
Stiny, G. "The Palladian grammar", dans *Environment + Planning b*, Londres, 1978.
Suhamy, H. *Les Figures de Style*. PUF, París, 1981.
Sust, X. (ed.). *La humanización de la arquitectura*. Editorial Tusquets, Barcelona.
Todorov, S. *Mikhaïl Bakhtine: le principe dialogique*. Seuil, París, 1981.
Tzonis, A., Lefaivre, L. "Kevin Lynch e la teoria cognitiva della città". *Casabella 600*, 1993.
Valsiner, J., ed., *Parental Cognition and Adult-Child Interaction*. Able Pu Corp., Norwood, Nueva Jersey, 1988.
Valsiner, J. *Culture and Development of Children's Action*. John Wiley, Nueva York, 1987.
Van Doesburg, T. (ed.). *L'Architecture vivante*. La Haya, 1923.
Venturi, R. *Complexity and Contradiction in Architecture*. Museum of Modern Art, Nueva York, 1966.
Weinberg, B. "From Aristotle to pseudo Aristotle", en Comparative Literature, Spring, Colorado, EE.UU., 1953.
Wittkower, R. "El modulo de Le Corbusier", traducido por el Departamento de Historia de la ETSAB, Barcelona, 1982.

Anexos

Hermenéutica, semiótica y arquitectura: *Timeo* visitado de nuevo*

Resumen

1 La epistemología del espacio y del tiempo: astronomía, ciencias sociales y arquitectura

Este artículo intenta analizar la situación epistemológica de la arquitectura mediante la física teórica y las ciencias sociales. Esta situación será comparada con el estado epistemológico de la astronomía, de la psicología epistemológica y de la semiótica.

2 La semiótica del trazo

Los recientes desarrollos de la hermenéutica serán utilizados para enfocar los puntos clave de la semiótica de la arquitectura. El trabajo de Paul Ricoeur será especialmente relevante en este análisis, así como las diferentes características hermenéuticas de la narrativa, la imagen, la comunicación y los lugares.

3 Relatos, cuerpos, palabras y lugares: la arquitectura, un camino hacia el *Khôra*

Este último capítulo intentará definir las características estructurales de la arquitectura como un modelo cultural del espacio y del tiempo, y, de este modo, analizar la naturaleza específica del enlace semiótico entre forma y contenido en arquitectura.

1 La epistemología del espacio y del tiempo: astronomía, ciencias sociales y arquitectura

La epistemología del espacio y del tiempo debería haber tenido un papel mucho más importante en el desarrollo de las teorías de la arquitectura en los últimos años. Desde los primeros estudios de Jean Piaget (Piaget y otros, 1964) sobre la psicogénesis del espacio en los niños, se han publicado varios trabajos relevantes: Pinxten (1983), Philippe Boudon (1991), Pierre Boudon (1981), (1992), Muntañola (1976a), (1987a), y Pellegrino (1992). Merece la pena recordar las conclusiones principales de la investigación de Jean Piaget para ver la relación con estos últimos trabajos. Según este psicólogo suizo, las concepciones de la epistemología del espacio en la niñez presentan dos peculiaridades: primero, combinan los conceptos lógicos abstractos con la experiencia física empírica, prelógica en la terminología de Jean Piaget, y segundo, mezclan intuición y lógica con unas diferencias interindividuales más importantes que en otros campos cognitivos. Como intentaré discutir, estas peculiaridades fueron detectadas por Platón casi tres mil años antes de Piaget.[1]

---

* Versión completa en inglés y en ruso en *The Semiotics of Space*, en *Arkitecton*. Ekaterinburg (Rusia), 1999. Resumen en inglés en *Semiotics Around the World* (Raunch, Carr, eds.) Monton de Gruyter. Berlin. 1997. Presentado en Berkeley en 1994, en el Congreso Internacional de Estudios Semióticos. Versión en polaco en STUDIA KULTUROZNAWCZE. (traducción E. Rewers) Poznań. 1999.
[1] El libro de Platón, *Timeo*, ha sido el libro más influyente sobre la cosmología en la historia occidental. El reconocido filósofo francés Derrida ha escrito recientemente

A pesar de su escaso impacto en la práctica profesional de la arquitectura real, estos análisis epistemológicos son extremadamente importantes para comprender las cualidades específicas, epistemológicas y semióticas, de la arquitectura y de la planificación urbana. Tenemos ejemplos de esta relación en campos familiarizados con problemas cognitivos espaciales y temporales como en la astronomía y en los modelos cósmicos sobre el origen del mundo. Los libros, y el pensamiento, de Stephen Hawking, por ejemplo, apuntan directamente al núcleo de la discusión:

"...mi concepto del tiempo imaginario ha sido un concepto difícil de aceptar... ¿Cómo puede ser relevante en el universo real? Pienso que algunos filósofos no han aprendido de la historia... Durante un largo período de tiempo consideramos evidente que la tierra era plana..."

"...un sistema (de partículas) en el espacio y en el tiempo no tiene una historia única, como supondría una teoría clásica, tiene cualquier historia posible (una suma de historias)..." (La idea de adición está tomada de Richard Feynman)[2]

(Stephen W. Hawking, 1991. Conferencia en Tokyo)

Esta interrelación epistemológica entre espacio "real" y "virtual", y tiempo "real" y "virtual", es una de las mejores contribuciones de Hawking para entender la relación entre ciencia, realidad y cognición en general. Podemos inmediatamente considerar las similitudes con otras perspectivas epistemológicas, como la perspectiva psicológica epistemológica o la perspectiva hermenéutica histórica de Paul Ricoeur. Analizaré esta última en el próximo capítulo de forma que consideraremos muy brevemente la primera, es decir, la perspectiva psicogénetica.

En mis propios trabajos sobre las concepciones del niño de los lugares para vivir (1980a), he demostrado la necesidad en el niño de un paralelismo mental, o una afiliación estructural según Jean Piaget, entre el desarrollo del concepto de tiempo y el desarrollo del concepto de espacio, siendo la concepción del lugar uno de los resultados o "productos" estructurales de este paralelismo. Este es exactamente el paralelismo, con la perspectiva mental evolucionista, que Hawking sugiere en los modelos científicos cósmicos. Además, tal como he descrito en otros trabajos (1993), las dimensiones culturales del lugar, a la luz de la arquitectura "construida" por niños en modelos y dibujos, "representan" el tipo de interacción social y circunstancias culturales que los niños experimentan y aprenden en el colegio. Así, la epistemología del lugar juega un papel importante, simultáneamente, a un nivel físico-cósmico y a un nivel social-histórico. Para ser más exacto, el lugar es la conexión entre la realidad cósmica y la histórica. En un libro reciente (Philippe Boudon (ed.) 1991), Prost plantea agudamente el mismo punto de vista:

"...la relación entre el espacio y la sociedad tiene dos órdenes temporales:

– El tiempo cronométrico, basado en cuantifications de uso y economía.

– El tiempo histórico, basado en los valores y los símbolos culturales y cualitativos sociales."

A estas alturas, haré un primer sumario de la complejidad de la epistemología de la arquitectura, a saber:

1) Las concepciones de la epistemología del lugar, como ha analizado muy recientemente Derrida en un texto extremadamente rico sobre *Timeo*, expresa el análisis epistemológico tanto en la comprensión científica de la génesis de la tierra, de orden cósmico, como en la historia política y cultural de este mismo lugar. El *Khôra*, que es el lugar humano, siempre es cronológico y histórico de alguna extraño manera, ya que va más allá de los dos. La astronomía y la historia humana están unidas forzosamente a través de la concepción del lugar, gracias a el *Khôra*. Como dice Derrida (1993):

"....Khôra, lugar para la política, política del lugar,...."

---

un comentario corto y bello sobre *Timeo*: *Khôra*. Utilizaré este libro por Derrida como un guía para deconstruir la complejidad y la inagotabilidad del *Timeo*.
[2] Ver también los libros de Mink (1987).

2) Esta correlación entre historia social e historia física a través del *Khôra* es, sin embargo, difícil de analizar. Derrida aconseja una y otra vez, usando el *Timeo* como un precedente, que lugar e historia nunca encajan completamente. El lugar nunca es un único "relato". La historia existe en un lugar, casualmente, pero nunca es sólo este lugar. La diferencia entre "relato" y "lugar" está en el nacimiento de nuestra cultura, y la reescritura de un relato y la reconstrucción de un lugar, en difinitiva, son los únicos caminos para llegar al *Khôra*. (Muntañola, J. 1987a).

3) Para analizar la naturaleza específica de la epistemología del espacio y las relaciones con el tiempo del lugar seguiré ahora un camino hermenéutico, abierto recientemente por Paul Ricoeur con el concepto de "traza". Después del análisis del acto de "trazar", volveré a la teoría de la arquitectura en el tercero y último capítulo de esta comunicación.

2 La semiótica del traza

Ante todo, consideremos cuidadosamente la descripción semiótica y hermenéutica de "traza" hecha por Paul Ricoeur (Ricoeur, 1983-1985):

".... De modo que la traza combina una relación de significado, mejor asociada a la idea de vestigio, y una relación de causalidad, incluida en la cosa, parecido a la marca. La traza es un "efecto-signo" o un "signo-efecto". Estos dos sistemas de relaciones están entrelazados. Por un lado, seguir una traza es razonar por medios de causalidad sobre la cadena de operaciones constitutivas de la acción de pasar de largo. Por otro lado, para devolver la marca a la cosa que la hizo, se debe aislar entre todas las cadenas posibles, las que también llevan al significado perteneciendo a la relación de vestigio al hecho de pasar...". "Esta doble lealtad de la traza, lejos de traicionar una ambigüedad, constituye la conexión entre dos áreas de pensamiento y, por implicación, entre dos perspectivas del tiempo...."

"*La traza ilustra la forma invertida de intercambio entre dos figuras de tiempo, la de una contaminación mutua. Tuvimos un presentimiento de este fenómeno en nuestra discusión de las tres mayores características de "estar-dentro-del-tiempo": databilidad, y su carácter público. Recuerden que ya sugerí allá la idea de una "interrelación" de lo existencial y lo empírico. La traza está constituido por esta interrelación".*

".... Esencialmente, se debe a él (a Levinas) la idea de que la traza se caracteriza entre todos los signos porque desarregla *un "orden"...."*

".... La traza es este desarreglo expresado en símismo...."

"De este modo la traza es uno de los instrumentos más enigmáticos mediante el cual la narrativa histórica "refigura" el tiempo. Refigura el tiempo construyendo el cruce producido por la interrelación de lo existencial y lo empírico en el significado del trazo..."

(Paul Ricoeur, *Time and Narrative*, volumen III)
(los destacados no pertenecen al texto)

Yo pienso que estos pasajes del libro sobre la narrativa y el tiempo de Paul Ricoeur representan unas de las contribuciones más asombrosas de la filosofía moderna. Definen un nuevo contexto teórico no solamente del concepto de "traza" (de latín *tractus*: dibujo) sino del mundo entero del diseño. No puedo aquí repetir las largas argumentaciones de Ricoeur, pero es muy importante indicar las consecuencias principales de estos análisis sobre la comprensión de la semiótica del espacio y del tiempo. Si una traza, dibujo o diseño es fundamentalmente un "*des*-orden", un "*des*-arreglo", podemos ver inmediatamente la conexión de este fenómeno con el discurso de Derrida sobre la escritura, y sobre la "diferencia" como *des*-orden que permite el descubrimiento de nuevas ideas en el texto. Olvidemos por un momento la trivialización y abusos de los deconstructivistas, y consideremos la semiótica de la arquitectura como un *des*-arreglo, o *des*-colocación, que afecta simultáneamente e igualmente a sujetos y objetos, y hace imposible la adaptación perfecta del lugar (*Khôra*) a la historia (relato) tanto virtualmente como realmente.

Siempre según Ricoeur, podemos concebir una "traza" (y yo añado, un "dibujo" o un "diseño") como una interrelación de lo existencial y del sentido empírico del "estar-en-el-tiempo", una expresión tomada de Heidegger por Ricoeur. Porque no debemos olvidar que todo este discurso está pretendiendo superar algunas limitaciones en la posición de Heidegger. Es conveniente, por ejemplo, recordar la noción básica por Heidegger de *Dasein* como "*des*colocación", diferente de conceptos previos sobre la espacialidad existencial humana (Heidegger, 1957).

Además, podemos ver que la interrelación del "estar-en-el-tiempo" existencial y empírico toma una estructura "histórica" en el acto de "la lectura del trazo", un valor "novelesco" en un "diseño" o "proyecto", y sitúa el acto de un "dibujo" en una posición "neutral" sugestiva similar a la posición de la "acción". Esta dialéctica entre historia y ficción es uno de los principales argumentos del trabajo de Ricoeur como veremos más adelante.

Este análisis del "acto de trazar" es una respuesta "moderna" a la posición de Platón en el *Timeo* cuando afirmó:

"*.... y hay una tercera naturaleza, la cual es el lugar (Khôra) y es eterna, y no admite ninguna destrucción y da un hogar a todas las cosas creadas, y es percibida, cuando todo sentido es ausente, por una especie de falsa razón, y es apenas real, que contemplamos como en un sueño, es decir de toda existencia que por necesidad ha de estar en algún lugar (Khôra) y ocupar un espacio...*" *(Timeo, 52b)*

"Trazando" el argumento de Ricoeur comprendemos inmediatamente el significado del concepto de Levinas del significar mediante "estar escondido", puesto que esta "interrelación", que es la "traza", se entiende justamente gracias a la "interrelación" que produce el "estar escondido". Este proceso de "escondite" de comunicación llega en Levinas hasta Dios, y en otros estudios fenomenológicos hasta la manera que estamos "separados de" la experiencia de "ser distinto", a través de la arquitectura.[3] (ver Kaufmann, 1967). Según Ricoeur este procedimiento de "escondite" es específico de "trazos" o "de los signos-efecto", que es el único tipo de signos que "entrelaza" una realidad humana cronológica y histórica. Como dice Ricoeur: las trazas y los calendarios son la misma cosa.[4]

Es oportuno ahora introducir muy brevemente una referencia al comportamiento de los niños, que he encontrado una y otra vez en mi investigación sobre la concepción de los niños de los lugares para vivir (1974). Me refiero al papel principal de los procedimientos del "escondite" en la primera infancia, cuando el niño pretende descubrir el significado de los lugares, los cuerpos y los dibujos. Los niños juegan con objetos y sujetos de una manera paralela a la manera que juegan con las palabras, burlarse de una "luna" que es una "manzana" o una "pelota". Si con las palabras pueden jugar con significados metafóricos para comunicar su habilidad a los adultos, con objetos, cuerpos y trazos pueden usar el procedimiento del "escondite". Cuanto más analizo el comportamiento de niños a través del camino epistemológico psicológico abierto por Jean Piaget y seguidores, más descubro que este comportamiento nunca es insignificante, gratuito o estúpido. Los niños se dirigen a los principios básicos. Volveremos ahora a nuestro análisis hermenéutico.

La semiótica de la arquitectura debería tener en cuenta esta especificidad, este procedimiento del "escondite" de comunicación propia del "trazar" o del "diseño". Representa la precisa contrapartida, en arquitectura, del "ser-o-no-ser", identificado por Paul Ricoeur en el meollo del valor metafórico del texto (Ricoeur, 1975).

En algún sentido profundo, podemos decir que la arquitectura es un sistema de "trazas" (o "diseño"). La arquitectura es interrelación, umbral o *des*arreglo, y constituye la frontera o limite, entre construcción empírica y vivencia existencial. En

---

[3] No puedo en esta comunicación describir las dimensiones sociales y fenomenológicas del sentido de lugar. Utilizando el excelente libro de Pierre Kaufmann (1967) he analizado el tema en: Muntañola (1974), (1994).

[4] Desde un punto de vista epistemológico y psicológico esta interrelación de trazos y calendarios estuvo demostrada ya por Piaget. Ver en Muntañola (1987a) la correlación complementaria entre la historia del espacio, el tiempo y las invenciones de reloj.

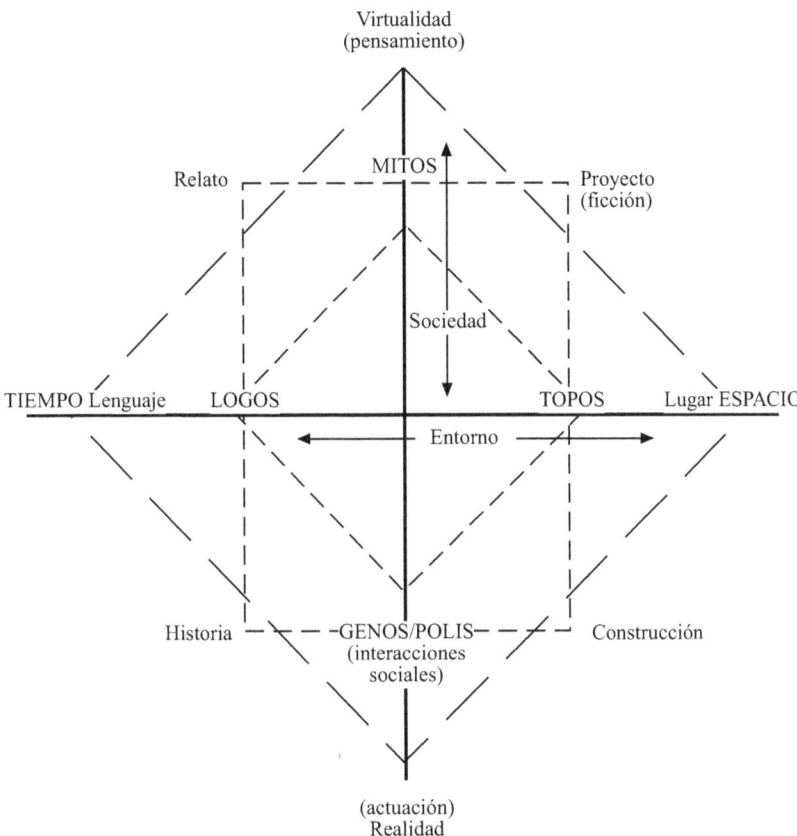

Diagrama 1 Las cuatro caras de Khôra: logos, topos, genos, mitos

cualquier dirección que avanzamos en el discurso encontramos la misma especificidad anunciada. Una "traza" existe porque se esconde, y se esconde porque significa. También, esta aproximación informa sobre la distinción entre arquitectura y lenguaje, ambiente y texto. Una "traza" y una "palabra", están las dos muy cerca uno del otro y muy lejos, como indica Platón en el *Timeo* una y otra vez. La cultura surge de esta distinción, e implica diferencias entre "lugar" e "historia". Sin embargo, si nuestro cuerpo no puede hacer conexiones entre historia y lugar, se muere (Muntañola, 1994). Las leyes sociales urbanas son conexiones necesarias entre trazas y palabras. Como ha sugerido Derrida desde uno de sus primeros libros en 1972, los palabras llenan los agujeros dejados por el trazado, y las trazas son transiciones entre palabras y textos (Derrida, 1972). Una buena cultura sabe como entrelazar diseño y texto, espacio y tiempo, haciendo la interrelación un rico diálogo de creatividad social humana y de calidad ambiental. Una mala cultura destruye el diseño con textos, y el texto con diseño (está basada en leyes de destrucción y no de construcción). Platón en el *Timeo* expone la analogía excelente, recordada por Derrida en *Khôra*, sobre esta interrelación compleja cuando explica la historia de Atenas empezando con la costumbre cultural egipcia de escribir en las paredes de los edificios, o de llenar los edificios principales con leyes escritas. Esto era la manera, decía Platón, que los niños podieran guardar la memoria de la humanidad.

El diagrama 1 representa la complejidad de *Khôra* como una interrelación entre cosmología y historia, lenguaje y entorno, o como define cuidadosamente Derrida, como una correlación abierta entre: *logos*, *mitos*, *genos* y *topos*, los cuatro lados del cuadro central.

3 Lugares, relatos, palabras, y cuerpos: la arquitectura, un camino hacia el *Khôra*

Hemos experimentado, aquí, en España, el uso y abuso político de la idea de la modernidad junto a una nueva y joven democracia. El entorno moderno deconstruido ha sido un modelo, político y social, fuerte, para la transformación del entorno español, empujando este modelo cada vez más en una dirección única.

El "nuevo" significado moderno del entorno democrático español funciona como se describe a continuación: los políticos insisten en el papel clave de la arquitectura moderna en el desarrollo económico de la sociedad española. Invierten una gran cantidad de dinero en nuevos edificios con un significado público fuerte, de modo que estos edificios llegan a ser la articulación, tanto del significado simbólico como del virtual de la democracia, y se convierten en los lugares donde las principales decisiones políticas y financieras se toman realmente. Entonces, una ópera, puede no ser solamente una ópera, si no también el lugar donde se toman decisiones políticas. Un ayuntamiento puede igualmente ser un centro financiero, que promueve negocios a través de una gran cantidad de sociedades de *marketing* y de decisiones políticas, medio privadas, medio públicas, etc. Así la arquitectura llega a ser un modelo político del espacio y del tiempo, como lo ha sido siempre. Sólo una última imagen.

Un político prominente del Ayuntamiento en Barcelona me preguntó recientemente acerca de la actitud de "la gente", en general, sobre los nuevos edificios y espacios públicos en Barcelona, porque conocía mis estudios sobre ese tema. Mi respuesta probablemente no le pareció suficientemente entusiasta, porque en seguida me dijo: "¿Muntañola, está usted de acuerdo conmigo que la gente de Barcelona crece mentalmente y culturalmente mucho más lentamente que lo hace la arquitectura?" Ahora ya podemos volver otra vez al *Timeo*.

Las últimas frases del *Timeo* registrado por Derrida en su libro *Khôra*, son un presentimiento de lo que la arquitectura debería ser:

"Ver entonces que hemos ahora preparado para nuestro uso las diversas clases de causas que son el material por el cual el resto de nuestro discurso tiene que ser tejido, justamente como la madera es el material del carpintero... Volvamos en unas pocas palabras a nuestro comienzo, y vayamos de prisa al punto del que partimos. Podremos entonces llegar al fin de nuestro relato con una cabeza que podemos coronar como conclusión"....
(Timeo 69a)

Así es que, en algún modo extraño, los lugares tienen cabeza y pies, como los relatos tienen un comienzo y un fin. La analogía anatómica es una interrelación de la estructura del cuerpo, el lugar y la estructura narrativa, exactamente en la misma manera que los niños conciben la arquitectura cuando tienen tres años de edad[5] (Muntañola, 1974, 1974 a). El *Timeo* parece ser consciente de los

---

[5] A esta edad, los niños dibujan edificios con piernas y personas con tejado. Los profesores intentan interpretar estos dibujos como "equivocaciones". No tienen razón. Estas "interrrelaciones" de cuerpos y lugares expresan tanto, la calidad semiótica del diseño, en general, como la necesidad existencial de la representación de la realidad y la virtualidad en su conjunto. No es un error, es un ejercicio mental muy inteligente. No estoy, en este contexto, tratando con la anormalidad (ver Muntañola, 1980).

hallazgos psicológicos epistemológicos de Jean Piaget 2500 años antes, o, al contrario, Jean Piaget parece que descubre 2.500 años después una estructura mental y cultural ya existente. A pesar de las diferencias profundas entre Freud y Piaget en relación a la epistemología del espacio y tiempo, hay muchas similitudes también, que no puedo describir ahora.

Como he sugerido antes, según Paul Ricoeur, la interrelación entre la ficción (el relato) y la realidad (la historia) constituye el "tiempo" humano, y, también, el acto de "trazar" y la lectura de un "trazo" constituyen los mejores ejemplos semióticos de esta interrelación, "materializada" en nuestro entorno. Este "acto de trazar" (o diseñar) construye la frontera, o el umbral, entre el mundo empírico y el mundo existencial, del "estar-dentro-del-tiempo", y, más importante aún, indica que los principios de la identidad narrativa son la clave para descubrir tanto los valores personales y poéticos de un texto, como la evaluación pública cultural de ellos. Ricoeur concluye el libro sobre el tiempo y la narrativa con la siguiente declaración:

".... la reafirmación de la conciencia histórica dentro de los límites de su validez requiere a su vez la búsqueda, por personas y comunidades a las cuales pertenecen, de sus respectivas identidades narrativas. Aquí está el meollo de toda nuestra investigación, ya que es solamente dentro de esta búsqueda que lo aporético del tiempo y la poética de la narrativa se corresponde uno con la otra de un modo suficiente".

Quiero finalizar esta contribución a una teoría de semiótica de la arquitectura con el estudio de la relevancia de estos principios de identidad cultural en el diseño arquitectónico. Ya tenemos algunos trabajos por Bill Hillier (1984), Donald Preziosi (1979), Irena Sakellaridou (1994), y Pierre Boudon (1981)[6] entre otros, que pueden ser útiles.

Todos estos trabajos describen los límites de la narrativa en la definición del lugar, o *Khôra*, y construyen principios de identidad en el modo que sugiere Paul Ricoeur. Para evitar un malentendido fácil en la interpretación de estas "estructuras de identidad", tanto en narrativa como en arquitectura, deberíamos hacer resaltar su naturaleza "dialógica" (Ricoeur, 1983-1985).[7]

Según estas consideraciones, cada "arquitectura" es un modo peculiar y específico de hacer una identificación, o juego del escondite, entre lo físico y lo social, o sea su coordinación. Esta peculiaridad se puede analizar a través de los principios de identidad específicos relacionados con cada cultura, que expresan tanto la singularidad de cada lugar como su significación pública. (Gadamer, 1960, Ricoeur, 1983 y 1985). Si interconectáramos varias "arquitecturas" en un modo dialógico, construiríamos un mundo cultural y intertextual, y un modelo cósmico y histórico. Probablemente la mejor descripción de esta complejidad cultural es la teoría dialógica y antropológica de Bahktin, que ha sido rescatada recientemente del olvido (Todorov, 1988) (Muntañola, 1994). Los mejores sistemas semióticos de la arquitectura deberían mantener tanto la identidad cultural de cada lugar como los valores universales del *Khôra* (Muntañola, 1987a). Estos sistemas semióticos tienen unas similitudes evidentes con algunos aspectos semióticos de los alfabetos y de la escritura, como señalaba Platón en el *Timeo*. Sin embargo, nosotros vivimos físicamente dentro de la arquitectura y no

---

[6] He clasificado algunos de estos sistemas semióticos según sus cualidades sociofísicas. Unos son más "mitológicos", otros más "topológicos", etc. Los trabajos de Pierre Boudon y Philippe Boudon (quien dice siempre que no es un hombre de semiótica), de nombre igual pero de muy diferentes enfoques, son muy sugestivos, quizás porque abren más puertas a la mente que lo que hacen otras teorías. Por ejemplo, el concepto de "escala" de Philippe Boudon está muy cerca en algunos aspectos del concepto del "sistema de trazos" como yo lo describo. El *templum* "dialógico" de Pierre Boudon es una construcción mental utilizada por muchos arquitectos. El trabajo de Irena Sakellaridou sobre Mario Botta debería estimular trabajos similares con otros arquitectos.

[7] Paul Ricoeur explica cuidadosamente las diferencias entre la hermenéutica dialógica y la hermenéutica monológica en el capítulo 6, volumen III del libro sobre el tiempo y la narrativa. Este capítulo analiza la posición hegeliana descrita como monológica. También son muy importantes los trabajos de Grize (ver Muntañola, 1994, 1994a).

dentro de un alfabeto. En uno de sus libros más tempranos, y en su último libro hasta hoy, Derrida analiza esta profunda interrelación, como cité antes (Derrida, 1972, 1993) (ver diagrama 1).

Un cementerio inacabado en Igualada, cerca de Barcelona, del arquitecto catalán Enric Miralles (ver figuras 1 a 6), es un bueno ejemplo real de todo lo que he dicho en esta comunicación. Este cementerio es un sistema de trazas que podemos "leer" como un "arquite-x-to". Es un complejo "efecto-signo" según la definición por Paul Ricoeur. Su comportamiento semiótico no es muy diferente al comportamiento de un dolmen prehistórico. Podemos analizar el edificio utilizando cada lado del cuadrado hermenéutico central del diagrama 1. Así, primero podemos hacer un análisis iconológico (mitos), segundo, un estudio social interactivo (*genos*), con sus implicaciones legales, tercero, un estudio lingüístico (*logos*) utilizando la narrativa verbal escrita por Miralles mismo, o cualquier otra narrativa; y, finalmente, podemos analizar el *topos*, o el modo con el que proyecto define un cementerio para siempre, el meollo poético que ata este objeto arquitectónico, y lo convierte en un único "efecto-signo", entrelazando la realidad y la virtualidad, la manera de "estar-dentro-del-tiempo" a la vez existencial y empírica.

Este cementerio es entonces, según el *Timeo*, más viejo que el relato más viejo, y podemos jugar al "escondite" dentro de este alfabeto gigantesco durante horas, días, años...

O podemos imaginar la muerte y la vida haciendo lo mismo con los cadáveres durmiendo eternamente cubiertos por los trazos sólidos de las tumbas. No por casualidad, "cementerio" en griego viene etimológicamente de "*koimeterion*", lugar para dormir. De modo que podemos considerar la arquitectura de este cementerio como si hubiera estado allí siempre, y el sitio "natural" que lo rodea como un lugar artificial construido justamente ayer.

Khôra, y arquitectura como un camino a *Khôra*, puede hacer esto y mucho más, pero solamente a través de un camino muy largo de consolidación, escribiendo paredes y *re*-escribiéndolas, como explicó el *Timeo*. Esta es la significación profunda del "Z-ementerio" Miralles, un lugar ("pla.Z.e") hecho por "tra.Z.os", en forma de "Z", a través de cual cosmología y historia se pertenecen una a otra de un modo único y universal, que es, *Khôra*, porque se han pertenecido siempre y se pertenecerán para siempre. Platón describió así esta extraña naturaleza del lugar humano y de su arquitectura:

"*.... de éste (Khôra), y de otras cosas de la misma clase, relacionadas con la realidad verdadera y despierta de la naturaleza, tenemos solamente este sentido como de sueño, y somos incapaces de desprendernos de todo del hecho de dormir y determinar la verdad acerca de ellas. Porque una imagen, como la realidad de la cual está modelada no le pertenece y existe como la sombra flotante de algún otro, tiene que estar en otro sitio (eso es, en el espacio, Khôra) alcanzando existencia de alguna forma u otra, o no podría ser en ninguna forma. Pero la razón verdadera y exacta, vindicando la naturaleza del ser verdadero, mantiene que mientras dos cosas (eso es, imagen y Khôra) sean diferentes, no puedan existir una de ellas en la otra y así ser una y también dos al mismo tiempo*". (Timeo 52, c)

Toda la discusión puede ahora ser repetida (como hizo Platón en el *Timeo* varias veces) teniendo en cuenta el hecho de la escala de las trazas en arquitectura, o sus aspectos por dentro y por fuera que impliquen una estructura tridimensional de las trazas, o sea una arquitectura o articulación entre lo empírico y lo existencial. Pero nuestra conclusión principal debería preocuparse del hecho de que *topos* es solamente una de las cuatro caras de *Khôra*, y que, por tanto, debería ser analizado en conexión con el resto de estas cuatro caras. Porque un análisis visual de *topos* distorsionaría la significación principal de la arquitectura, si confiara solamente en relaciones geométricas entre partes urbanas o constructivas del entorno, como es frecuentemente el caso. Por el contrario, si *topos* está tenido en cuenta como un sistema de trazas considerados de acuerdo a nuestras ideas de "estar-en-el-tiempo", nuestros ojos verán *Khôra* a través de ellos.

A lo mejor, en vez de clasificar los niños en buenos y malos, como hizo el *Timeo*, poniendo los malos en la escala social inferior y los buenos en las clases sociales superiores, esperando el progreso de los últimos para sustituir a los primeros en su *Khôra*, (*Timeo* 19a) deberíamos ahora clasificar los arquitectos según la cualidad del *Khôra* que produ-cen, y condenarlos a vivir en los lugares que proyecten y construyan, hasta que produzcan lugares mejores (o peores), etc. ¡¡Esta podría ser la mejor contribución de la semiótica y la hermenéutica para la mejora de nuestro entorno!!

Barcelona, abril 1994

Bibliografía

Boudon, P. *Introduction à une Sémiotique des Lieux*. Les Presses de l'Université de Montréal, Montréal, 1981.

Boudon, P. *Le Paradigme de l'Architecture*. Editions Balzac, Québec, 1992.

Boudon, Ph. (ed.) *De l'Architecture a l'Épistémologie*. P.V.F. París, 1991.

Derrida, J. *La Voix et le Phénomène*. P.U.F. París, 1972.

Derrida, J. *Khôra*. Galilée, París, 1993.

Gadamer, H.G. *Verité et Méthode*. Seuil, París, 1960.

Heidegger, M. (Versión inglesa 1969.) *Identity and Difference*. Harper & Row, Nueva York, 1957.

Hillier, B. *The Social Logics of Space*. Cambridge Univ. Press, 1984.

Kaufmann, P. *L'Expérience Émotionelle de l'Espace*. Vrin. París, 1967.

Mink, L.O. *Historical Understanding*. Cornell University Press, Ithaca, 1987.

Muntañola, J. *La arquitectura como lugar*. Edicions UPC, Barcelona, 1996.

Muntañola, J. "The Child's conceptions of Places to Live in." En *Environmental Design Research and Practice*. EDRA IV. Proceedings. Dowden, Hutchinson & Ross, 1974a.

Muntañola, J. "Remarques Epistémologiques sur les Systemes Sémiotiques des Lieux". *Communications n° 27*. (R. Barthes directeur, Pierre Boudon ed.), París, 1976a.

Muntañola, J. *Topogénesis*. Oikos Tau, Barcelona, 1978-1980.

Muntañola, J. "Towards an Epistemological Analysis of Architectural Design as a Place-Making Activity." In *Behavior and Meaning in the Built Environment*. Broadvent, Llorens, Bunt (eds.). Wiley & Sons, Londres, 1980a. (Versión en español en este libro).

Muntañola, J. *Poética y arquitectura*. Anagrama, Barcelona, 1981.

Muntañola, J. "Developmental Architectural Cognition and the Semiotics of Place". *Espaces et Sociétés*. n° 46-47. Toulouse-París, 1987a.

Muntañola, J. *Retórica y arquitectura*. Blume, Madrid, 1989.

Muntañola, J. *La arquitectura española de los años ochenta*. Colegio de Arquitectos de Andalucía, Almería, 1990.

Muntañola, J. y Dominguez, M. *Barcelona; A City's Architecture and Children's Opinions*. Ajuntament de Barcelona, Barcelona, 1993.

Muntañola, J. "Une Analyse Sémiologique de l'Architecture Comme Modernité: Formes Architecturales et Interaction Sociale". *Figures Architecturales et Formes Urbaines*. Pellegrino, P. (ed.) Económica. (Anthropos), París, 1994a.

Pellegrino, P. "Semiotics in Switzerland." *Semiotica 90. 1/2*, 1992a.

Piaget, J. (ed.) *L'Épistémologie de l'Espace*. P.U.F. París, 1964.

Pinxten, R. *Anthropology of Space*. University of Pennsylvania Press, Philadelphia, 1983.

Platón. *Dialogues*. Pantheon Books, 1961.

Preziosi, O. *The Semiotics of the Built Environment*. Bloomington, Indiana Univ. Press, 1979.

Ricoeur, P. *La Métaphore Vive*. Seuil, París, 1975.

Ricoeur, P. *Temps et Récit*. Seuil. París, 1983-1985.

Sakellaridou, Irena "Has Architectural Composition a Structure ?". *Figures Architecturales et Formes Urbaines*. Pellegrino, P. (ed.). Económica. (Anthropos), París, 1994.

Todorov, Tz. *Mikhail Bakhtin: the Dialogical Principle*. University of Minnesota Press, Minneapolis, 1988.

Hermenéutica, semiótica y arquitectura: *Timeo* visitado de nuevo

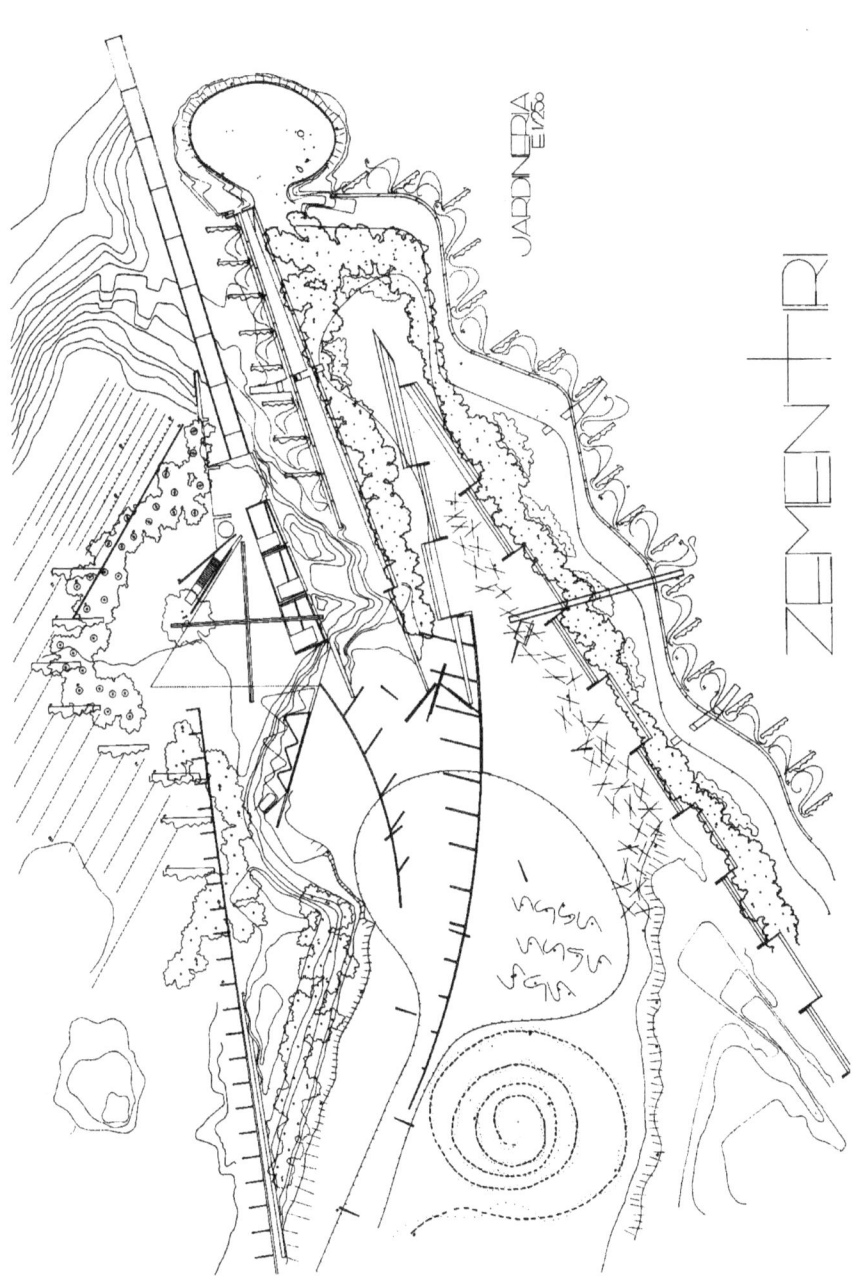

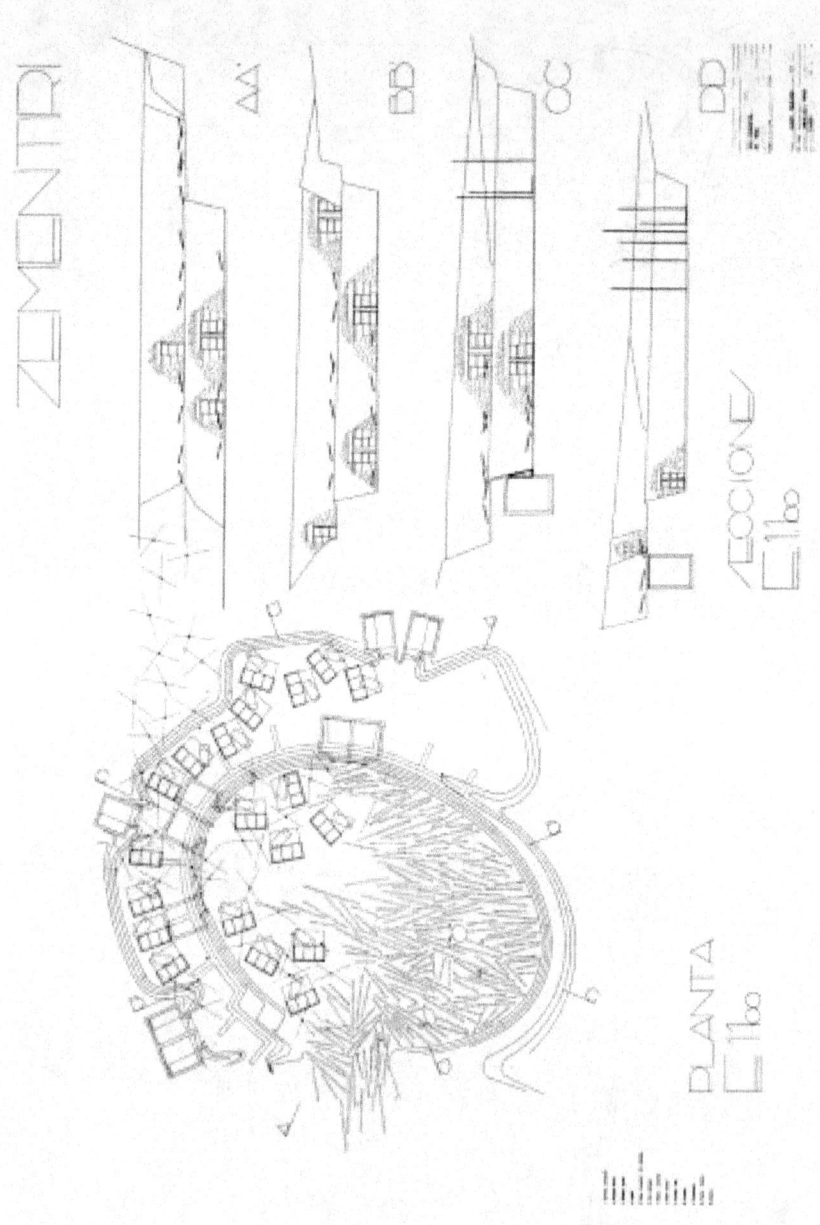

Hermenéutica, semiótica y arquitectura: *Timeo* visitado de nuevo

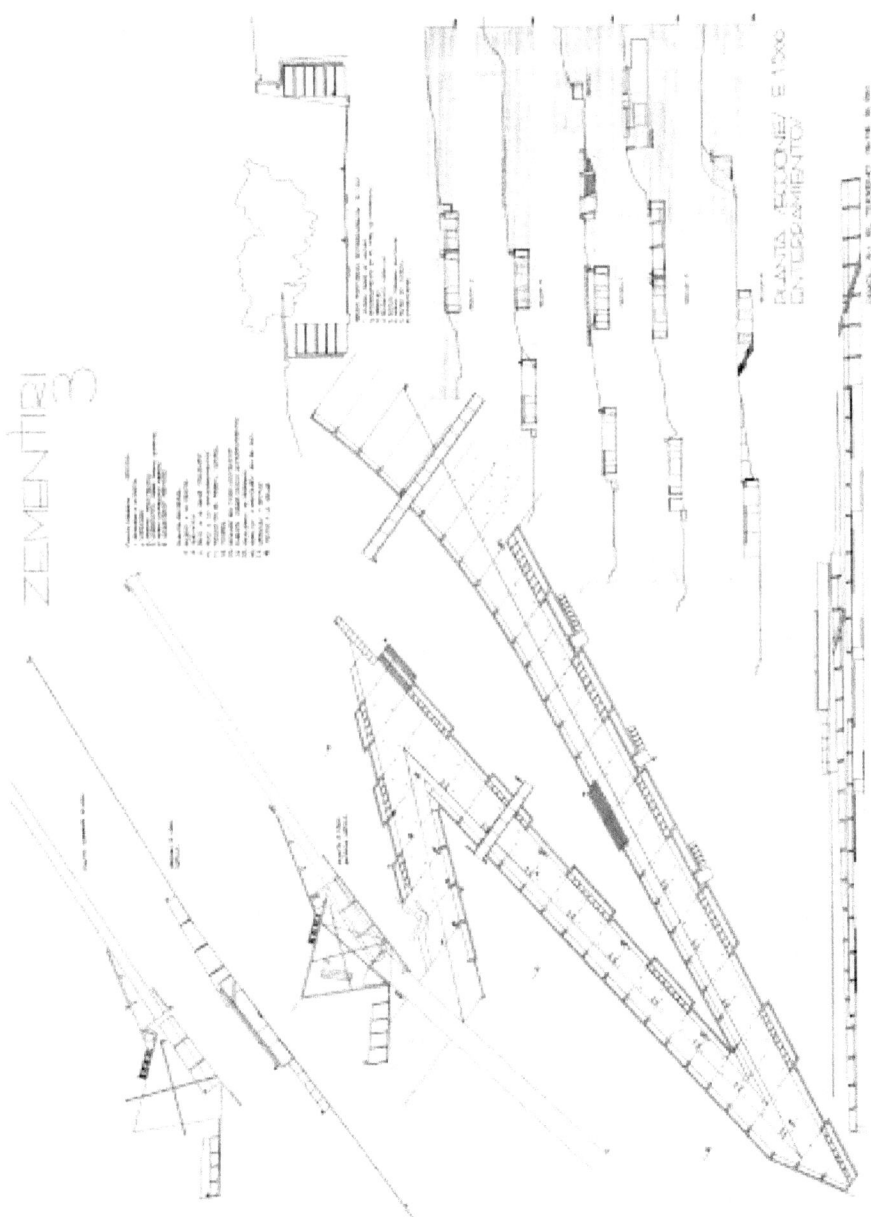

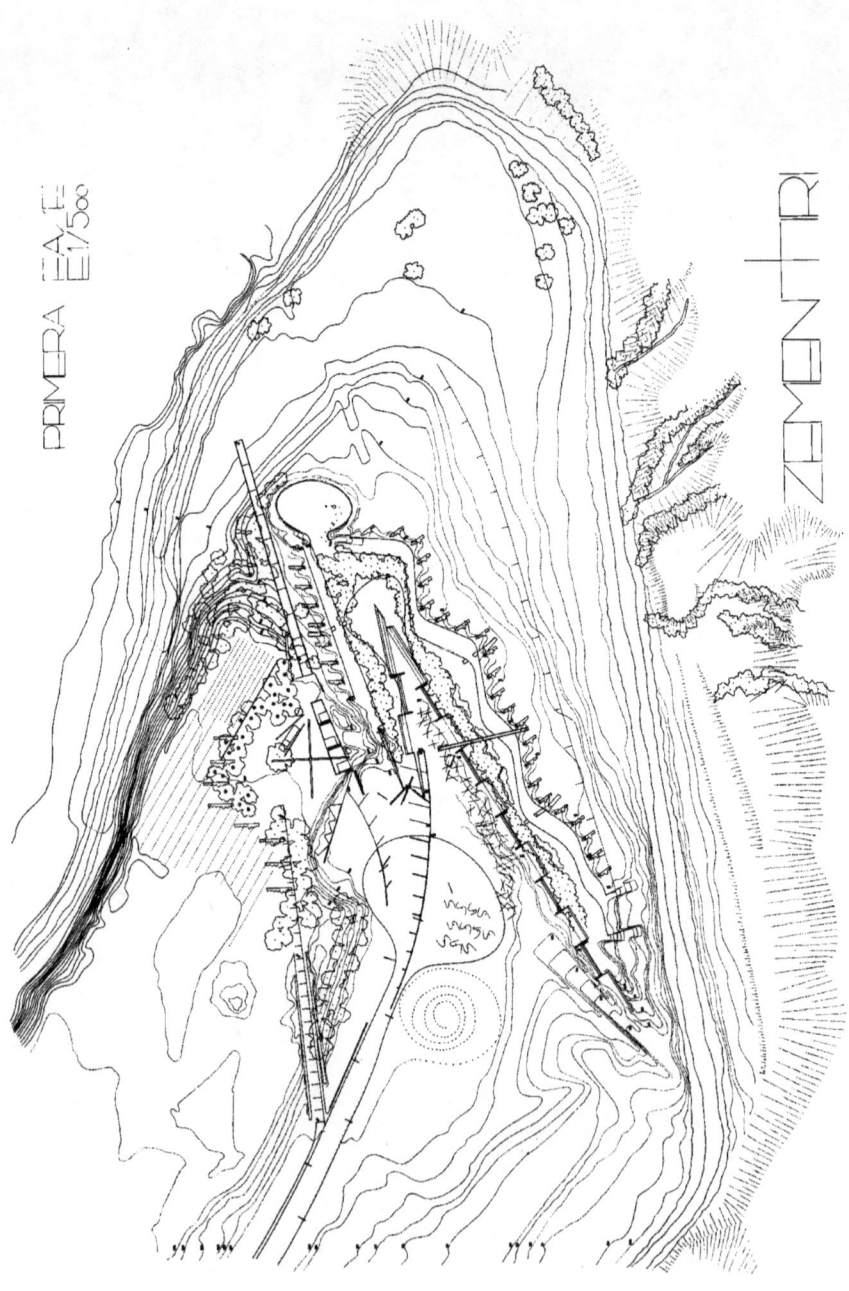

Arquitectura y racionalismo: espacio monológico y espacio dialógico*

Resumen

La conmemoración del pensamiento de Descartes es una buena ocasión para reflexionar sobre el origen, tal vez por incomprensión, de algunas interpretaciones del espacio en la arquitectura contemporánea, en especial de aquellas que tienen como modelos a las planificaciones del siglo XIX a gran escala, como el ensanche de Barcelona.

Mi comunicación analizará algunos textos de Descartes en los que se plantean por primera vez de forma explícita las relaciones entre los esquemas espaciales geométricamente homogéneos y el pensamiento de un solo hombre, otorgando a este tipo de pensamiento un nivel superior al que resulta del pensamiento de varios seres pensantes en el mismo lugar. Tanto este tipo de planteamientos como la base ética que los rodea tuvieron gran influencia en la defensa de un espacio homogéneo internacional como base necesaria para una modernización de nuestro espacio físico y social.

Mi reflexión acaba con una definición de arquitectura dialógica, en la que, de acuerdo con el pensador suizo Grize, no existe coincidencia universal entre trama espacial y pensamiento individual, más que en tanto en cuanto el espacio y el cerebro se digitalicen mutuamente a través de una arquitectura monológica, lo cual da su "razón" a Descartes.

1 Descartes y el planteamiento del espacio monológico moderno

Descartes es un filósofo complejo y algo engañoso, que nunca deja claro si no nos dice lo que sabe porque tiene miedo a la iglesia, porque nos quiere hacer ver que sabe más de lo que sabe o porque es más poderoso de lo que dice ser y nos envuelve en su política. De ahí que, al menos hasta Kant, la lógica y la ética del espacio siguieran muy confusas, y que el fantasma de un espacio monológico persiga todavía hoy a muchos de los defensores de la modernidad.

Descartes deja bien claro este punto crucial y polémico de su pensamiento en diversos momentos de su vida, y muy especialmente en su *Discurso del método*, en el que podemos leer:

"Uno de mis primeros pensamientos fue el que me sugirió considerar que no hay tanta perfección en las obras compuestas por varias piezas y hechas por varios maestros (de obras) que en las que un solo maestro ha trabajado. Así las obras que un solo arquitecto ha trabajado y acabado son mejores y más ordenadas que las que varios han intentado reacomodar haciendo servir viejas murallas para algo para lo que no estaban previstas".

"En las ciudades antiguas... a partir de la manera en que están ordenadas, aquí algo grande, allá algo pequeño, y con las calles tortuosas y diferentes, más parece la fortuna que la razón de los hombres, la que las ha dirigido...".

Nada que objetar, al contrario, sobre el aspecto lógico de un pensamiento individual que se desa-

---

* Presentado en la Conferencia Internacional sobre Descartes en Barcelona en 1997. Publicado en ENRAHONAR, *Quaderns de Filosofia*, Universitat Autònoma de Barcelona, n.º extraordinari 1999. (Victor Gómez Pin (ed.)).

rrolla universalmente de lo más elemental a lo más complejo. Nuestro mundo digitalizado, en el que cada individuo intenta "navegar libremente" será una prueba siglos después. Mucho menos todavía, debería objetarse el deseo de "refundar" constantemente la existencia propia sobre el pensamiento propio, evitando en lo posible los a prioris de un legado histórico con un "pensamiento" distorsionado, anticuado.

Pienso, sin embargo, que en los textos citados asoma ya el problema, o el drama, que se esconde tras esta refundamentación lógica que, desde Descartes hasta hoy, no deja de preocuparnos, pasando a través de Kant, Hegel, Husserl, o, más recientemente de Paul Ricoeur. Me refiero a las relaciones entre historia y pensamiento, que quedan bien patentes en los distintas concepciones de lo que es la intersubjetividad, y que, en el terreno de la arquitectura, se manifiestan bajo la alternativa entre monología y dialogía sociofísicas, tema clave de cualquier aproximación teórica contemporánea al espacio humano.

Paul Ricoeur ha sido, quizás, el filósofo que en los últimos años ha puesto más claramente de manifiesto la importancia de este punto preciso de la filosofía moderna, analizando las sutiles relaciones entre Descartes, Kant, Husserl y Hegel, para concluir, con Husserl y Gadamer sobre todo, que no hay "mediación total entre historia y verdad", por lo que una explicación monológica de la historia es algo que hay que abandonar, e, indica Paul Ricoeur, abandonar no porque sea o no falsa, sino porque si se acepta obliga a pensar y a existir en una colectividad en la que cada individuo piensa y existe presuponiendo que los demás piensan y existen de la misma manera. Se nota pues que Ricoeur quiere controlar al diablo que anda suelto, al menos, desde Descartes.

Visto desde la arquitectura, y tal como lo plantea Descartes, el espacio nos ofrece un ejemplo excelente de este drama: de un lado, cada arquitecto construye "su" mundo, la suma de estos mundos, según Descartes, es imperfecta; de otro lado, una ciudad hecha por un arquitecto único ha de ser superior por existir una singularidad histórica universal que asegura el puente entre lógica, ética y estética que el espacio humano debe construir. Todo ello dentro de una visión monológica de la intersubjetividad en la que todos han de participar de la misma red espacio-temporal para construir un pensamiento singular universal. Como intentaré definir en la segunda parte de esta reflexión, desde el siglo XIX hay muchas teorías y prácticas de la arquitectura y del urbanismo que han aceptado estas premisas. Dicho de manera muy simple, diríamos que si por un lado la transparencia lógica es la mejor garantía de que no se manipula la sociedad con la planificación del espacio, por otro lado, esta misma transparencia produce una indiferencia hacia la historia, hacia cualquier diferencia física o social, hacia cualquier cambio exterior al "sistema de la transparencia", y encamina la sociedad al totalitarismo.

No es Descartes el primero en plantear la arquitectura y el espacio como ejemplo privilegiado de su filosofía. Aristóteles ya planteaba mucho antes, que la "virtud-sabia" del arquitecto era la clave para entender sus libros de ética, y, con esta inteligente estrategia, resolvía de paso el problema de la forma regular o irregular del lugar construido. Simplemente lo regular o lo irregular correspondía a formas diferentes de "virtuosismo-sabio" para proveer formas de vida, "historias", diferentes, en lugares y situaciones temporales distintas, y con "constituciones políticas" propias. De este modo, las relaciones entre forma, del lugar, historia y pensamiento, tanto en lo lógico, lo ético o lo estético, se resolvían en un problema de relativa adecuación entre sociedad, historia y lugar, sin precisar si lo singular individual o lo singular colectivo eran o no incompatibles. Eran "figuras" urbanísticas que dialogaban entre lo local y lo universal.

En uno de sus últimos libros, Derrida replantea este tema desconstruyendo el texto de Platón, *Timeo*, con gran inteligencia[1]. Por esta vez, la deconstrucción *re*-construye un texto muy difícil de entender hoy. Sus conclusiones, a mi entender, se acercan mucho a la postura aristotélica de que lugar y historia no pueden nunca identificarse, y de que la rela-

---

[1] Derrida, J. *Khora*. Galilée, París, 1994.

ción entre un lugar y su contenido es extremadamente compleja, implicando necesariamente la política.

Descartes ve inmediatamente los problemas que plantea el diablo monológico que deja suelto al indicar que "éticamente" hay que ser fiel a la historia, al menos, "provisionalmente", lo cual no hace más que agravar el dilema anunciado, y abrir todavía más las puertas a un totalitarismo que, como los españoles sabemos bien, se apoya siempre en "éticas" y en "leyes" "provisionales" y "de excepción".

Volviendo a la arquitectura, en un libro reciente he precisado la significación profunda de esta oposición entre monología y dialogía a partir de diversas fuentes científicas, algunas muy innovadoras[2]. Siguiendo a Paul Ricoeur, quizás deberíamos pensar que "no podemos" apoyar a Descartes en su defensa por un pensamiento monológico, superior a los demás, singular universal y, a la vez, defender la tolerancia y la paz. No "podemos" no solamente por ética y por estética, sino, como indica valientemente este filósofo, porque epistemológicamente no puede admitirse: "si un hombre o un grupo de hombres, o un partido político (o estado) se otorga el derecho del monopolio del saber hacer práctico, se otorgará también el derecho de definir el bien independientemente de lo que el bien es para los afectados". Nunca la razón práctica puede pretender llegar a ser una teoría de la práxis, ya que, como advierte Aristóteles, "solamente existe saber de las cosas necesarias". La pretensión de unir un saber y una ética, que es el diablo que Descartes deja totalmente suelto, produce su mutua destrucción. Como veremos, algunos planificadores capitalistas del siglo XIX vieron aquí un futuro esplendoroso y moderno. Por ello renunciar a Descartes sería quizás el mejor homenaje que su genio se merece y la forma más racional de serle fieles, imitando su astucia.

2 Breves notas sobre Ildefons Cerdà y las manipulaciones entre verdad e historia en la Barcelona moderna

No resisto la tentación de describir muy brevemente un ejemplo excepcional que demuestra las virtudes y los vicios de este espacio "monológico" que Descartes dejó suelto bajo forma de diablo peligroso y ambiguo. Me refiero al ensanche de Barcelona de Ildefons Cerdà. El ejemplo es excepcional, no solo por su tamaño (más de 1000 manzanas con más de 2.000 habitantes potenciales cada una, algo así como todos los pueblos de Catalunya juntos), sino por que en los últimos años se ha convertido en uno de los fraudes históricos mejor construidos. Incluso se ha llegado a afirmar que bien se sigue ensanchando la trama Cerdà tal como es, o bien cualquier otra solución sería peor. El diablo convertido en Fausto condenado a crecer monológicamente, análogo a sí mismo, por toda una eternidad...

Son demasiadas la coincidencias entre Cerdà y el pensamiento "monológico" de Descartes, o de "un" Descartes, para ser casualidad. Tanto uno como el otro se dedicaron a la "ingeniería". Descartes se negó a ejercer de ingeniero, aunque tuvo muchas ocasiones para ello, en esto fue más listo que Cerdà. Si Cerdà no hubiese hecho el ensanche, hubiera pasado a la historia como el padre (teórico) del urbanismo moderno sin caer en las trampas prácticas del diablo "monológico", tal como previó Descartes. Ambos defienden la superioridad de la regularidad geométrica sobre los "caprichos" de la historia antigua. Cerdà, en la práctica, desoye los consejos de Descartes del respeto "ético" por la historia a pesar de defender la trama "lógica" universal para desmitificar: el ensanche arrasa todo lo que encuentra y si no le hubiesen "parado los pies", el diablo-trama se hubiese comido todo el parque de la Ciutadella y entrado a saco en la ciudad antigua, como, de hecho, lo está haciendo hoy, ya que, en parte, la zona de derribos actual coincide con los planteamientos de Cerdà de atravesar con la trama toda Barcelona hasta el mar, caiga lo que caiga.

---

[2] *Op. cit.*, n.º 1 y en "Hermeneutics, Semiotics and Architecture". *Semiotica* 1996. Presentado en el Congreso Mundial de Lingüística, en Berkeley, (USA) 1994. (Ver la versión en español en este libro).

El tratamiento de los espacios públicos y de los espacios verdes es un modelo de confusión monológica. Cerdà no puede romper la pureza teórico-práctica de sus "alineaciones" diciendo que aquí había un espacio verde o allá una iglesia. Se niega en redondo una y otra vez a ubicar espacios sociales; el libre intercambio ya lo resolverá y el ayuntamiento es un cliente como los demás. Total, no hay espacios sociales, todo se vende a manos privadas, incluso el nuevo solar público de las murallas (venta pactada antes de la aprobación del plan), y en los planos campea un color violeta en las manzanas (no verde) que legalmente es, para mí, la expresión más clara del diablo monológico: un espacio privado, legalmente, en el cual, en teoría, no hay nada de nada, pero que, en la práctica, se convierte en planta baja privada-comercial completamente separada del único espacio público, la calle, hecha para el tráfico rodado. El peatón, ese ser molesto de los espacios monológicos, se queda sin espacios públicos exclusivos[3]. Para colmo de confusión, y desoyendo todos los estudios sobre el ensanche por parte de autoridades de prestigio mundial como Pierre Lavedan a principios de siglo o Norma Evenson hace pocos años, al ayuntamiento democrático de Barcelona se le ocurre convertir a Cerdà en símbolo de la democracia y del progresismo en el urbanismo mundial, y en víctima de la burguesía especuladora que impidió que Barcelona fuese la ciudad más "verde" del mundo y, a la vez, la más moderna. Se ha llegado a presentar en todas las escuelas de Barcelona un vídeo "histórico" -de hecho "ficción"- de cómo hubiese sido el ensanche si se hubiese seguido a Cerdà: es decir, con todos los centros de manzana públicos. Es uno de los ejemplos más diáfanos de la imposibilidad anunciada por Paul Ricoeur de mediatizar totalmente verdad e historia, y, por otra parte, uno de los fraudes históricos más sonados que demuestra, de paso, que historia y ficción siempre tienen que entrecruzarse. Lo que ocurre es que, tal como el propio Ricoeur intenta demostrar una y otra vez siguiendo a Aristóteles, la ficción no presupone el fraude, sino, al revés, la garantía de libertad entre verdad y historia. La libertad se da, justamente, cuando se puede decidir entre ficción e historia, no cuando se "confunden" del todo o se separan del todo. Otros ejemplos de estas paradojas filosóficas esenciales son la retórica (nadie convence en un juicio si dice la verdad empírica a palo seco, hay que usar verosímiles tanto para condenar como para librar de una condena) y la poética: el mundo poético se separa del real solamente para verlo mucho más a fondo, no para crear una radical irrealidad, o un duplicado de la realidad, lo cual no tendría, en ningún caso, sentido "poético", etc.

En este caso, por ejemplo, el fraude es tan claro, que en los debates públicos sobre el interior "verde" y la tesis de Cerdà de espacios "verdes", se vuelve en contra de sus autores, y, como pasa en los actos forenses, estos "traspiés" se pagan con la pérdida del juicio. El juicio se instala, pues, entre verdad e historia. Allá lo coloca Kant y Ricoeur, y allá debe estar colocado.

El espacio monológico, nuestro diablo que anda suelto, tiene además la virtud de confundir las cosas, de hacer imposible saber si algo será público, privado, verde o construido, y este ha sido siempre el paraíso del especulador. ¡También en el colmo del fraude se da la culpa del exceso de construcción a la burguesía! Burguesía a la que nunca gustó Cerdà. Desde Garriga i Roca hasta Puig i Cadafalch, pasando por cantidades de arquitectos y familias "burguesas", la ridiculización de Cerdà fue patente y *es* patente en las arquitecturas de edificios, parcelas, etc., lo que, justamente, crea el encanto "extraño" y nada moderno de un ensanche ecléctico opuesto ferozmente a lo monológico. Gaudí fue el que más duramente luchó en contra hasta lograr la avenida Gaudí para que pudiera verse la Sagrada Familia desde lejos, proyectando una gran estrella asimétrica que, quizás, algún día pueda construirse, pero sería a costa de romper la monología, de "dialogizarla", y ello, todavía hoy,

---

[3] Ver la monografía de Magda Saura en la Escuela de Arquitectura de Barcelona, de 1982, con todos los documentos originales transcritos: *Història de l'Eixample: una metodologia de disseny*. Edicions UPC, 1997.

chocaría con muchos arquitectos "modernos" actuales que siguen creyendo que fue la trama homogénea la que nos trajo la prosperidad, la cultura y la fama. Luego, desde esta perspectiva se indica que algunos burgueses excéntricos quisieron impedir el progreso y el progresismo pero no lo consiguieron, triunfó la burguesía del progreso, de la modernidad, y así se dejó al diablo suelto.

Podríamos seguir mucho más, hasta llegar a cientos de páginas sobre el ensanche. Aquí solamente quería dejar claro las complejidades prácticas del juego monológico, complejidades a los que Descartes, ya viejo, se negó siempre. Prefirió ser pobre antes que perderse en lo que veía demasiado peligroso. Cerdà tuvo menos suerte, o mayor ambición, y murió totalmente marginado, víctima de su propio diablo monológico. Probablemente nunca sabremos hasta qué punto fue víctima o verdugo.

3 Las salidas del laberinto: dialogías y monologías en la arquitectura contemporánea

Ya finalizando, debemos confirmar que, tras este ejemplo polémico, habrán muchos otros, como la cohesión entre intersubjetividad y espacio que tanto gustaba a Heidegger.

De hecho, no ha sido hasta hace poco que una explosión dialógica ha producido centenares de nuevos planteamientos en distintas perspectivas científicas: Hawking en astronomía, Grize y Apostel en la lógica matemática, la reciente heterocronología biológica o Jean Piaget en epistemología genética etc. En filosofía, el libro de Derrida *L'Autre Cap*, de dificilísima traducción, es un planteamiento dialógico. Por último, el éxito de Bakhtin[4] con su antropología "dialógica", no se comprendería sin esta situación favorable hacia una dialéctica entre una cultura "mundial" uniforme y una cultura "local" diferenciada. La identidad total, mundial, monológica, en la que el individuo "navega" pero no dialoga, y la identidad "local" que "dialoga" con otras identidades "locales", son dos mundos que se atraen y, a la vez, se repelen. En teoría no tendría por qué existir dificultad en afirmar que el diálogo entre localidades espaciales y culturales "diferentes" se puede aumentar mediante las tramas, monológicas, homogenizantes, siempre que éstas no anulen las diferencias, sino, al revés, las desarrollen. Se trata, en suma, de convertir a los dos diablos, que son humanos, el monológico universal y el "local integrista", en ángeles en potencia, impulsando un cruce dialógico entre lo local y lo global, o como yo intento en mis escritos: desarrollando en cada lugar "local" aquella universalidad que solamente este lugar puede hacer posible, lo cual sería otra manera de expresar las opiniones de Bakhtin sobre la antropología cultural, o de Walter Benjamin sobre la esencia de la traducción[5]. Benjamin asombró al decir que la posibilidad de traducción en todas las lenguas ya está en la lengua originaria que debe traducirse, y si no está ya en el texto originario no hay traducción posible.

Esta confianza en que la clave de lo universal (*interlenguas*) está en lo local, y que al destruir lo local (aquel pueblo medieval, aquella planta, aquel animal), se pierde posibilidad de universalidad, es la vía que, a la vez, paradójicamente, da y no da la razón a Descartes. Se la da porque otorga a lo individual un valor universal que no es intercambiable, no se la da, porque no acepta (aunque nunca sabremos si Descartes, Hegel o Cerdà lo creyeron, lo hicieron ver o no se dieron ni cuenta) la existencia de una individualidad singular que media entre verdad e historia, estado y individuos, lógica y ética, economía y sociedad, o, finalmente espacio monológico y cultura. Lo individual sólo es universal en cuanto es diferente, [este "derecho a la diferencia" de un J. Derrida por una vez *co*-constructivo más que deconstructivo], y es sobre esta diferencia que se construye la trama monológica no destructiva. La teoría de Saussure fue un primer intento, pero hoy, en lingüística, proliferan las dialógicas univer-

---

[4] Todas las obras están comentadas en la *op. cit.*, nota 1, y sobre Bakhtine es muy útil consultar el texto y las notas del libro de Todorov: *Le principe dialogique*: M. Bakhtine. Sobre la heterocronología, ver Mckinney, M. L. *Heterochrony: the evolution of ontogeny*. Plenum Press, 1991.
[5] *Op. cit.*, nota 1.

sales que simultanean, sin salirse de la lógica, el respeto a la diferencia a través de una proliferación de "figuras" y "conceptos" nuevos, para lo que hay que desarrollar una gran imaginación lógica, ética y estética. La imaginación -también aquí Ricoeur es importante- es la que lo consigue: "solo podemos ser expuestos a los efectos de la historia si podemos aumentar nuestra capacidad de ser afectados por ella. La imaginación es el secreto de esta competencia". Además, sin imaginación -ni ficción- yo no puedo dialogar con otro que es diferente, ni construir en un lugar y desde un lugar diferente. El arquitecto monológico construye siempre el mismo lugar en cualquier sitio, por lo que una trama homogénea es su lugar ideal, el que justifica la identidad entre sus edificios, puesto que la trama monológica es indiferente, a la vez, al lugar y a la historia; así no necesita imaginación. Supongo que queda claro que no me refiero a la regularidad en sí de la trama como instrumento de planificación, sino a su uso, y a la identificación entre una trama homogénea y un pensamiento superior que se supone -erróneamente- detrás de una trama irregular. Por lo tanto, hay que ensanchar sobre todo las "figuras" políticas, urbanísticas, de dialogo[6] que pongan en marcha una dialogía universal en la cual las monologías tengan su papel, pero solamente su papel. La tolerancia tanto de lo universal como de lo local será condición necesaria para que estas "figuras" prosperen. Y pienso, por ejemplo, en la difícil "figura" espacio-temporal del futuro de Yugoslavia.

¿Hay que encerrar estos diablos monológicos? No lo creo, hay que dejarlos sueltos, porque son unos provocadores culturales y sociales profesionales excelentes que obligan a definir lo individual, lo local. Ya decía al principio que esto es para mí lo mejor de Descartes, su desafío a lo establecido, a la rutina, a la pereza mental de mediocridades establecidas. Pero "suelto" quiere decir "suelto", y no establecido. Por ello Descartes no quiso ejercer de ingeniero a pesar de la seguridad material aparente que ello conllevaba. Y si hay algo "establecido", eso es el espacio monológico construido que arrasa lo natural, lo cultural y cualquier diferencia con la fuerza de una gigantesca apisonadora. Aquí, si es preciso, hay que abandonar a quien sea: a Descartes, a Hegel, a Cerdà, etc., si es que a estos individuos y a sus obras se les otorga la desgracia de defender tan estúpidas actitudes y tan inútiles "figuras" urbanísticas, que son, además, totalmente "irracionales". Además, hay que dejar "suelto" también al diablo local, pero, ojo, tampoco aquí "establecido" en un caciquismo encerrado en sí mismo que prefiere la impermeabilidad al progreso, la pobreza al cambio. Cuando los dos diablos dialoguen entre ellos, algún ángel, como el de Wenders, relacionará el espacio y el tiempo para generar cultura. En este momento cualquier individuo será capaz de ver las diferencias espaciales de un pueblo medieval como hechos tan positivos como las diferencias entre tramas homogéneas distintas. Pero para ello habrán de dialogar muchos diablos diferentes: ¡Y no solamente a través de Internet!

Barcelona, enero de 1996

---

[6] Sobre las bases antropológicas de la dialogía, además de las indicadas, consultar la segunda edición de Muntañola, *La arquitectura como lugar*. Edicions UPC, Barcelona, 1996, con un índice temático informatizado. (Edición primera en 1974, también en Barcelona.) También: *Arquitectura española de los años ochenta*. Colegio de Arquitectos de Andalucía Oriental, 1990.

El lugar dialógico:
la arquitectura, la semiótica y las ciencias sociales[1]

1 La arquitectura, la semiótica y las ciencias sociales: un punto de vista personal

Mi interés por la semiótica y la arquitectura surgió hace muchos años cuando realicé una investigación sobre la epistemología de la arquitectura desde un punto de vista piagetiano. Este estudio ha sido publicado recientemente por la editorial de la Universidad Politécnica de Barcelona en una segunda edición revisada (Muntañola, 1996). Otros estudios fueron: el prefacio para la primera edición en español del libro de Giedion: *Arquitectura y el fenómeno de la transición*; un número especial de *Communications* sobre la semiótica del espacio (Muntañola, 1977) editado por Pierre Boudon; un artículo en el número de *Espaces et Sociétées* sobre la semiótica del espacio (Muntañola, 1985); y un artículo en *Semiotics* (Muntañola 1990).

Sin embargo, veinte años más tarde sigo pensando que el primer estudio era perfectamente acertado. Discutía sobre el espacio como un signo polisémico, desarrollando el conocido esquema semiótico por Hjemlslev en todas las direcciones posibles (diagrama 1). En ésta forma el espacio aparecía como anacrónico y atemporal, eterno, según la conceptualización de Christopher Alexander. También este punto de vista era apoyado por mis estudios de los trabajos de Hegel sobre el espacio y el tiempo (diagrama 2). El significado del lugar, es decir, el tiempo puesto sobre el espacio, abrió la puerta a la estructura social de este signo polisémico y polisemiótico espacial, que descubrí mucho más tarde.

Mis tres últimos artículos relacionados con la semiótica y la epistemología de la arquitectura intentan analizar cómo esta estructura social del signo espacial a través del tiempo se desarrolla en el lugar. Desde Platón a Derrida, y desde Aristóteles a Paul Ricoeur, he detectado o descubierto la misma estructura básica social de los signos espaciales, o de la "espacialidad". La naturaleza social y dialógica del lugar se hizo realidad porque esta orientación del espacio a través del tiempo es un proceso cultural (Muntañola, 1994, 1995, 1996).

En estos veinticinco años la semiótica del espacio se ha desarrollado en diferentes campos y la resistencia de unos autores durante años y años ha resultado fructífera. Los arquitectos han luchado tercamente contra la permeabilidad entre las teorías y la crítica de la Arquitectura y las ciencias sociales de forma que muchas implementaciones de la semiótica del espacio desarrollados durante 25 años permanecen ausentes. Pero el trabajo está hecho y nuevas generaciones de arquitectos lo usarán en el futuro. Yo recuerdo ahora un argumento que Lewis Mumford me escribió unos años antes de su muerte, sobre el optimismo que él sintió por la positiva reacción ecológica de las generaciones jóvenes por sus libros: ¡40 años *después* de que fueron escritos! (Muntañola, 1996).

Ésta ha sido una situación triste porque ni las teorías de la arquitectura tradicionales ni las teorías nuevas de la arquitectura y la práctica modernas han sido contradictorias con los enfoques sociales,

---

[1] Publicado en inglés en: *Arquitectura, semiòtica i ciències socials. Topogènesi.* Edicions UPC, 1996, Barcelona (Web site: www.edicionsupc.es).

lingüísticos y históricos de las relaciones espaciales sociales. Al contrario, la arquitectura siempre ha intentado establecer una conexión entre las ciencias sociales y la física, como ha demostrado Pierre Pellegrino (Pellegrino, 1996). Sólo en los últimos cincuenta años los arquitectos han concebido todo tipo de estrategias para evitar diálogos culturales y científicos sobre el espacio, la sociedad y el desarrollo de puntos de vista. El discurso arquitectónico ha llegado a ser un discurso "autónomo" y yo diría, muchas veces un discurso insignificante sobre la arquitectura para la arquitectura. Si estas estrategias son negativas para todas las profesiones, son precisamente perversas para la arquitectura y para todos los enfoques ambientales. Unos arquitectos, claro está, se libran de esta opinión: Robert Venturi, Aldo Rossi, Charles Moore, Leonardo Benevolo, y otros, pero en los últimos veinte años la actitud negativa ha llegado a ser mucho más agresiva (Muntañola 1990).

Todo lo que se ha dicho sobre la actitud "autónoma" referente al espacio está resumido en un "monólogo" por el cual todos los hombres y todos los lugares son iguales. Por lo cual tenemos aquí el paraíso del especulador del suelo que considera el espacio como una simple mercancía. Está claro que para una persona así el paraíso espacial es una red de comercio mundial de terrenos donde todo es posible y la única ley es el "mercado". De este modo todas las culturas son igualmente manipulables, igualmente explotables, y igualmente propensas a la "contaminación".

Todas las ventajas de una lógica matemática monológica (su universalidad, su claridad, etc.) se vuelven negativas en una cultura universal fácilmente comercializable. Cuando todos los lugares son iguales, todo es posible en cualquier lugar, y el dinero puede o bien ser concentrado en un pequeño espacio o ser dispersado. El precio manda. La política territorial llega a ser un esclavo de la especulación, que se ha de obedecer para mantener las oportunidades para inversiones internacionales. Para el arquitecto monológico, todo el mundo necesariamente ha de pensar como él. Los disidentes necesariamente han de ser mentalmente retardados o perturbados, y deberían estar encerrados en hospitales psiquiátricos. El arquitecto monológico no dialoga. Él sólo ejerce el arte del monólogo: se escucha a él mismo. Y sus edificios también consiguen hacer esto. Se miran eternamente. Desdeñan y ignoran todo lo que les rodean, sea cómo sea y sea por quién sea.

Para un espacio dialógico y un arquitecto dialógico, en cambio, la organización del territorio y de las ciudades es el resultado de un diálogo y de la actitud del arquitecto hacia la situación histórico-social. Un diálogo tiene un comienzo y un fin, y corresponde a los objetivos de encontrar soluciones para algo, con el fin de clarificar o iluminar algo, comunicar algo. Es un contrato.

En un diálogo positivo, la construcción y la comunicación están íntimamente unidas en el mismo proceso, y una arquitectura dialógica emerge a través del diálogo específico que es construido y comunicado por el propio espacio. Esta naturaleza "dialógica" de la cultura está de hecho presente en todos los campos científicos. Grice en la lógica, Mckinney en la "heterocrónica", donde todas las viejas teorías de Platón están puestas a prueba de nuevo, Hawking en la astrofísica, Buber y Bakhtin en la antropología, etc. (Muntañola, 1996). También un caso extraordinario de "dialógica" es la evolución de la escritura en la vieja Babilonia desde una escritura iconográfica a un alfabeto "abstracto" moderno. Escribir no es ya, como ha dicho Derrida una y otra vez, un *después* del lenguaje verbal, y además aún sabemos muy poco sobre el diálogo entre el hablar y el escribir. Donald Preziosi concluyó, en 1979, en su avanzado trabajo sobre la lingüística, el espacio y la antropología lo siguiente (Preziosi, 1979):

"...Conceptualmente, los códigos arquitectónicos y lingüísticos apropian el mundo en su totalidad. Y, de una manera mutuamente comprometedora, incorporan el uno al otro topológicamente. En sus orígenes, estructura funcional y comportamientos operantes son inseparables estereoscópicamente. Cualquier imagen de los orígenes humanos cognitivos y simbólicos que excluya el uno o el otro, y que separe los dos orígenes de los dos complejos

sistemas de comportamiento socioculturales, en los cuales están necesariamente arraigados, es una ficción académica".

Estas afirmaciones son verdaderas hoy como lo eran en 1973.

2 Dialógica, hermenéutica y el lugar

El desarrollo de un modelo dialógico de la arquitectura es, pues, no sólo un enfoque positivo para los humanos en general, sino la única manera de prevenir la muerte de la misma arquitectura. Como arquitecto, he experimentado la naturaleza dialógica extraordinaria de la arquitectura cada vez que diseño un proyecto o coordino la construcción de un edificio o un trozo de entorno. El proyecto se vuelve enseguida un "lugar" de confrontación de opiniones, de opiniones sociofísicas, es decir, de opiniones que unen aspectos físicos y sociales de la cultura. El espacio y el tiempo llegan a ser organizados de una manera nueva a través del proyecto también. De modo que la gente siente una preocupación verdadera por esta novedad, y la arquitectura llega a ser una nueva frontera entre conceptos y figuras, experiencia y expectaciones, lo "visto" y lo "no visto", como el filósofo, recientemente muerto, Emmanuel Levinas solía decir. Por supuesto, y esto es un punto que los sistemas semiológicos tendrían que analizar, la gente que no siente o que no está de acuerdo con el nuevo objeto-signo, intenta con todos sus fuerzas cambiar el objeto para coger el control sobre la realidad. Si son poderosos, esta gente puede deformar el objeto sin conocimiento del nuevo objeto que están exigiendo. Un proceso de alienación está en camino. El arquitecto que rechaza la naturaleza dialógica de la arquitectura es la causa principal de la alienación. A estas alturas hay que hacer una referencia necesaria al entorno monológico descrito por Descartes al principio de su iluminación religiosa y filosófica. Descartes consideraba las ciudades medievales como un ejemplo inferior de cualidad mental y de progreso. En la situación contraria, la cualidad cultural y mental más alta era representada por la ciudad regular, inventada por una únicamente. Algunos arquitectos "modernos" fundados en esta autonomía de la arquitectura, todavía sueñan con estas ciudades regulares monológicas ideadas por un arquitecto en solitario… ¿ o deberíamos decir por un arquitecto en soliloquio? (Muntañola, 1996)

Poggioli fue quizás el primero que concibió la naturaleza dialógica de la modernidad cuando en su libro "clásico" decía (Poggioli, 1962):

"No sólo la matemática y la física están en el centro de la modernidad, también lo están la psicología y la biología. Precisamente la influencia de estas disciplinas lleva el avant-garde desde la categoría del espacio y el tiempo einsteinana, donde lo absoluto llega a ser relativo, a las categorías bergsonianas de elan vital y durée, donde lo relativo se vuelve una vez más absoluto humanamente. Sólo en el plano donde estas dos líneas filosóficas y científicas diversas se cruzan (los dos romanticismos de la razón y de la pasión) el principio cubista de abstracción mental y el principio futurista de automatización mecánica concuerdan con los principios surrealistas y expresionistas de automatización psicológica y empatía física…".

También, en unos estudios recientes sobre la educación, la naturaleza dialógica del desarrollo humano se manifiesta con fuerza, sea en relación con la arquitectura o en relación con el juego. La pedagogía interactiva es un entorno importante para explorar. El diagrama 3 muestra la estructura dialógica del lugar explorada por mí en un libro reciente, gracias, entre otros autores, a los trabajos relevantes por el lógico suizo J.B. Grize. Este brillante científico define la lógica de un diálogo como una "dialógica" porque, en oposición a la matemática normal, los temas de un diálogo no comparten los mismos significados o opiniones sobre los temas de que se hablan. No saben cuál será el fin del diálogo. No obstante, pueden comunicar, dialogar, y, finalmente, llegan a un acuerdo común, al final del diálogo. Un tipo específico de lógica está en camino, y se pueden detectar unas estrategias de argumentación: estrategias de "consolidación" (o construcción de un espacio común de diálogo) que deberían ser desarrolladas a través del proceso de comunicación.

Jean Piaget y Jacques Derrida han descrito con mucho detalle esta estructura dialógica del lugar. Piaget escribió en 1967 un libro preciso sobre psicosociología desconocido por muchos científicos a pesar de esta precisión (Piaget, 1967). Derrida, en un libro reciente, *Khôra*, define claramente el *status* epistemológico profundo y complejo del concepto de lugar (Derrida, 1994). Ambas perspectivas, que parecen muy lejanas la una de la otra, se refieren a la misma estructura dialógica de la cultura: la estructura que une la epistemología y la historia en Piaget, y la interpretación cosmológica y la historia social de la ciudad en Platón y en Derrida. Un ejemplo extraordinario sobre esta dialógica es el libro por Pierre Kaufmann sobre la emoción y el espacio (Kaufmann, 1967).

Esta estructura dialógica de *Khôra* (el lugar), deja a descubierto en la arquitectura una gran responsabilidad cultural, tanto en las dimensiones estéticas y políticas como científicas. Los arquitectos no pueden negar esta responsabilidad sin destruirse. Al contrario, si aceptan dialogar, van a relevar dentro de la arquitectura una dialéctica rica entre reversibilidad y localización, primeramente formalizada por Platón. Entonces, desde ahí, muy lejos del principio de nuestro universo, pueden ver el fin de nuestra historia, es decir, la vida y la muerte, tumba y cuna, llegan a coexistir en el lugar, y pudiendo ser libres para dialogar y para contar "relatos" a "la historia" a través del *Khôra* (el lugar).

La semiótica (y las ciencias sociales o de la Tierra espacial) tienen un papel importante en este punto.

3 Dialógica, semiótica y lugar

No hay diálogo sin virtualidad, virtuosidad y verosimilitud, es decir, sin las tres dimensiones kantianas básicas de la modernidad: la estética, la ética y la lógica (diagrama 4). Aristóteles era consciente de las interrelaciones sutiles entre las tres dimensiones de las virtudes. De una manera similar, la realidad "virtual" moderna, comparte las tres dimensiones también: virtual en el sentido científico, en el sentido ético y en el sentido estético (ficción). Debates recientes sobre moralidad y política en Internet, demuestra que es cierto. Por otra parte, he explorado recientemente la naturaleza arquitectónica de la "virtuosidad" hablando éticamente, en los escritos de Aristóteles, de modo que la argumentación no es nueva (Muntañola, 1996).

La naturaleza dialógica de la arquitectura y del proyecto arquitectónico tienen esta complejidad "virtual", y los procesos semióticos involucrados en esta arquitectura dialógica deberían ayudar a descubrirla. El *templa* de Pierre Boudon, *la estructura generativa de la arquitectura*, descrito por Albert Levy, o las categorías semióticas definidas por Luis Prieto o Pierre Pellegrino, son instrumentos dialógicos para conceptualizar el significado de la arquitectura y de la planificación urbana en nuestra sociedad (Muntañola, 1996).

Como consecuencia de la estructura semiótica indicada en el diagrama I, el núcleo de todos estos instrumentos estratégicos para producir significados espaciales en la arquitectura, formas urbanas, etc., siempre es igual, es decir, la capacidad dialógica del lugar (*Khôra* en Platón) resulta de la articulación entre una representación cosmológica del mundo físico y la representación histórica de las relaciones sociales humanas. El paradigma de esta articulación es el cuerpo humano, tanto la consecuencia de un desarrollo cosmológico y biológico como el objeto básico de la historia. Y es importante notar que esta articulación entre funciones y formas físicas y sociales producen opiniones sólo por la reversibilidad del tiempo y del espacio, tal como sugirió Vitruvio y como se ha analizado en estudios epistemológicos recientes (Muntañola, 1985).

También esto es una consecuencia directa de la definición dialógica del lugar, ya que un diálogo siempre es un proceso de reciprocidad entre los sujetos y los objetos implicados en este proceso. Por esta razón, he sugerido que una de las mejores metáforas para el lugar dialógico es el juego del escondite, tan popular entre niños antes de que desarrollen la comprensión conceptual de espacios geométricos. Este juego está basado en relaciones dialógicas entre objetos y sujetos, entre papeles en el juego, lo visto y lo no visto, etc. Es un ensayo universal de relaciones arquitectónicas. Las tres articulaciones básicas del lugar que se definió en 1973 eran básicamente una descripción de la producción del juego del escondite de opiniones (Muntañola, 1996).

Si analizamos, por ejemplo, a través de esta perspectiva, el "proceso generativo de los proyectos arquitectónicos" definido por Albert Levy que amplia las primeras ideas de Greimas sobre el tema, podemos ver el alcance de este instrumento semiótico y teórico concreto (Levy, 1994). Éste domina la totalidad del diagrama I: el plano de contenido y el plano de la expresión. En ambos casos describen un signo polisémico y polimórfico. El proceso generativo se desarrolla simultáneamente en ambos planos para producir sentido. La principal cuestión abierta es la conceptualización de las estructuras dialógicas que articula estos dos planos de teoría principales. Irena Sakellaridou y Pierre Boudon describen unos instrumentos semióticos de este diálogo fundamental: el *templa*, por Pierre Boudon, y la reversibilidad entre fachadas en los estudios de Sakellarediou sobre el dialogo vertical-horizontal en las primeras casas de Botta. Quiero acabar mi artículo con algunas consideraciones sobre estos "instrumentos dialógicos semióticos centrales" de generación del significado en la Arquitectura. (Boudon, 1992; Sakellarediou, 1994).

Primero de todo, como indica Albert Levy, ambos planos semióticos pueden ser analizados a niveles diferentes de abstracción o de conceptualización. Tenemos el primer "nivel lógico" definido por Philippe Boudon y su concepto de *echelle* y los tres tipos de significados semióticos según Pierce (Ph. Boudon, 1996). Este nivel de conceptualización es válido para todos los proyectos y edificios y contiene una versión "moderna" de la vieja teoría de las proporciones, que ahora es un caso particular dentro del conocimiento general definido por la teoría arquitectónica de Philippe Boudon. Es muy interesante notar que esta teoría está en la frontera entre los estudios monológicos y matemáticos del espacio y los enfoques dialógicos semióticos, porque opera con "medidas". En contra de algún ataque injustificado que ha sufrido este arquitecto francés recientemente, este enfoque no es ni nuevo ni insignificante. Al contrario, la problemática de conmensurabilidad espacial está lejos de ser simple y lejos de ser un callejón sin salida, está en el centro de los estudios epistemológicos espaciales, y puede ofrecer muchas sorpresas para los arquitectos. Sólo podemos pensar en el fenómeno "fractal" en muchas ciencias para llegar a ser más prudentes y menos arrogantes en la crítica.

Un segundo nivel de abstracción puede ser representado por el *templa* descubierto por Pierre Boudon en la arquitectura de Palladio. El *templa* es el primer nivel de la articulación espacial, tanto paradigmático como sintagmático, que se puede adjuntar a otros *templa* a través de una gramática de categorías arquitectónicas. Este instrumento semiótico no está lejos de la definición kantiana de "monograma imaginativo" (o *schemata* en otros autores), una unidad entre figurativa y conceptual. Tiene desde el principio una definición espacial. Y es relevante lingüísticamente porque une las cualidades locales de un edificio concreto (texto y taxonomía) con las cualidades globales de las relaciones con-textuales del texto. Según Boudon, la complementaridad (que yo llamaré proceso dialógico semiótico) pertenece a la noción lingüística de pertinencia. Un aspecto positivo de los instrumentos definidos por Pierre Boudon es que pueden "navegar" desde un espacio escenográfico a un análisis semántico del entorno, y desde la fenomenología al estructuralismo. Creo que el *templum* es un instrumento hermenéutico-semiótico. Como también pasó en la lingüística, él insiste en la no autenticidad histórica del análisis, sin embargo, sería imposible escribir una línea de sus libros sin un conocimiento completo de la historia de la arquitectura y sus teorías estéticas. La arquitectura y la antropología del espacio están analizadas simultáneamente por las agrupaciones del *templa*. Véanse las agrupaciones finales de *templa* para conocer mis argumentos (diagrama 5).

Ahora podríamos seguir la descripción de otros instrumentos semióticos: las estrategias por Botta definidas por Irena Sakellaridou, las estructuras de composición (retóricas) en algunos libros por Colin Rowe, etc. Son más "locales" pero mantienen su naturaleza dialógica. No puedo seguir aquí, y debería recomendar otros trabajos (Pellegrino ed., 1992). Sin embargo, y para comprender el significado del diagrama 6, quiero recordar el instrumento poético catastrófico y dialógico definido por Aristóteles, que he usado en diferentes estudios (Muntañola, 1980, 1996). Tenemos aquí una estrategia dialógica universal excelente de la producción del significado en el núcleo de cualquier producción poética. La simetría en relación con la "escala arquitectónica-lógica" es exacta. El concepto de *clutching* (embrague) entre "escalas" es en Aristóteles la "trama" o el "argumento" producidos por la realización artística, y el elemento específico no es ya la medida, sino la localización correcta en el objeto de las catástrofes del significado o los "nudos" de la trama, que son puntos clave en los productos del arte porque, como sugería el arquitecto Robert Venturi quizás por primera vez en la historia, contienen la máxima complejidad en el mínimo de espacio y tiempo. Generan la reversibilidad cuando es necesario por la trama o por el argumento. Si en Philippe Boudon todo significado se disuelve en una forma dialógica espacial, Aristóteles disuelve todas las formas en una idea dialógica espacial. Dos caminos hacia el lugar dialógico, no tan lejanos como podemos comprender. Como insiste el mismo Aristóteles: la composición y la persuasión son, finalmente, la misma cosa (diagrama 7).

4 La arquitectura como un vínculo dialógico "virtual" entre las ciencias sociales y la física

Se han publicado recientemente unos libros sobre el significado del arte moderno, que merecen nuestro interés como semióticos y como arquitectos. Estoy pensando, además del trabajo de Derrida, en los libros de Andrew Benjamin, Nelson Goodman y Gerard Genette. El *status* y las teorías sobre la abstracción en el "arte", se iluminan con estos trabajos, y la arquitectura tiene un "lugar" importante en estos nuevos progresos teóricos. No obstante, el punto clave epistemológico sigue abierto: es decir, la construcción del significado a través de la reversibilidad social y física del lugar en la arquitectura. Es, en este sentido, muy interesante el análisis de las estructuras narrativas de la mente realizado por Nelson Goodman, donde insiste en las relaciones entre la "historia" y el "relato" aunque no vincula sus análisis con la naturaleza metafórica del arte como lo hizo Paul Ricoeur, a pesar de las explicaciones de Nelson Goodman sobre el papel clave de las estrategias metafóricas en el Arte (Ricoeur, 1989). Ahora podemos discutir sobre la dialógica entre la arquitectura, la semiótica y las ciencias sociales, que yo he llamado "*Khôra*" (o topogenética), siguiendo los pensamientos básicos de Platón y Derrida. Ambos descubren el camino estrecho que podemos seguir para avanzar en la comprensión teórica de las "técnicas mentales" arquitectónicas, es decir, los "instrumentos" semióticos o, las "reglas" sociológicas del espacio y las "estructuras" o "procesos" arquitectónicos espaciales que pertenecen a los mismos objetos sociofísicos del entorno. Como indican los diagramas 6 y 7, estos objetos producen significados nuevos gracias a las reversibilidades metafóricas (poéticas), las deformaciones en los trabajos de Goodman. Son cambios de órdenes o cambios de proposiciones (en el sentido de Philippe Boudon). Estos cambios funcionan en todas las direcciones posibles, tal como se indica en el diagrama I, por tanto la semiótica espacial contiene muchos sistemas semióticos diferentes como ya he descrito. Todos estos sistemas se muestran de clave "dialógica" (cultural, cultural transversal, histórica, etc.) en movimiento.

Por esta naturaleza dialógica de la arquitectura, los estudios sobre las ciencias sociales espaciales (antropológicos o históricos), los estudios de la semiótica del espacio y los estudios de las dimensiones teóricas de la arquitectura deberían "dialogar". Se explican los unos con los otros, tal como han insistido una y otra vez Paul Ricoeur o Donald Preziosi.

¿Necesitamos un nuevo marco epistemológico universal general para permitir que este dialogo tenga éxito? Sí y no, y la estrategia mental en la física de Einstein puede servir como un buen ejemplo. Einstein resolvió sus famosas ecuaciones matemáticas de relatividad general gracias a, entre otras cosas, la consideración de la teoría de Newton y su propio modelo de "relatividad especial" con gravedad cero, como dos soluciones para las ecuaciones que estaba buscando.

Tanto Nelson Goodman como Jacques Derrida y Paul Ricoeur, filósofos extremadamente diferentes, han desarrollado nuevas consideraciones epistemológicas sobre un mundo moderno abierto a muchas "versiones" diferentes, aunque no totalmente desconectadas. Las ideas de Einstein y las consideraciones filosóficas de Paul Ricoeur, es decir, la percepción de un profundo enlace entre la ficción y la realidad (el relato y la historia) por un lado, y la posibilidad de "versiones diferentes" hecha por Goodman o "mundos", por el otro lado. En otras palabras, la ficción necesita varias "versiones" de la realidad para existir. Y esto no solamente es cierto en la física, con la teoría general de la relatividad, sino también en el arte y en la política. La verdad no es un a priori, es un "constructo" (*construct*). Ahora podemos volver a la arquitectura.

El análisis dialógico de la arquitectura permite descubrirla como un puente entre las ciencias sociales y las ciencias físicas, o la historia social (la historia) y la historia de la Tierra (la cosmología). Este puente no puede ser insensible a la necesidad humana y la supervivencia humana. Este puente no sólo puede seguir las dimensiones físicas de las teorías de Einstein: gravedad, espacio, tiempo y materia energética. Debería incluir necesidades sociales para la supervivencia: paz, belleza, vida, salud, etc. El dialogo físico no es suficiente, también necesitamos el dialogo social. Sin embargo, la actitud de Einstein frente a las teorías viejas (son solución cero de las nuevas ecuaciones para la teoría nueva) vale la pena considerarla también en arquitectura.

Nuevas teorías para "puentes" nuevos entre "la historia y el cosmos" (es decir arquitecturas nuevas) habrían de incluir puentes viejos (es decir arquitecturas viejas) como algunas soluciones para nuevas teorías (o filosofías). Podemos encontrar algunos ensayos tentativos sobre los primeros manifiestos *avant-garde* donde la arquitectura vernácula y vieja era considerada como una "etapa-cero" en un nuevo proceso moderno de concepción arquitectónica. Lamentablemente, esta actitud moderna "dialógica" se perdió muy pronto. El "meollo" de la topogenética (*Khôra*) se ha descubierto: la arquitectura, la semiótica y las ciencias sociales tendrían que dialogar, tanto sincrónica como diacrónicamente, para poder analizar los enlaces básicos existentes de la arquitectura que "construye", entre las dimensiones sociales y físicas de la historia y la sociedad.

Tradición y objetos arquitectónicos históricos son soluciones claves para comprender la complejidad de un mundo moderno posible y "virtual" nuevo, donde la tecnología y la cultura dialogan para el progreso. Proyectos interdisciplinarios y de investigación a largo plazo son urgentemente necesarios si la arquitectura ha de sobrevivir en este nuevo mundo. Instrumentos semióticos clave, indicadores sociales clave y "constructos" (*constructs*) arquitectónicos claves se deberían condensar (dialógicamente) en descripciones y regulaciones claras de transformación del entorno tanto a escalas grandes o pequeñas de las dimensiones espaciales y temporales. Y, finalmente, deberíamos irnos al principio de este escrito cuando consideramos la "virtualidad".

Si la virtualidad arquitectónica es tridimensional (diagrama 4), los análisis científicos, artísticos y éticos, semióticos, de la arquitectura deberían contener las tres dimensiones virtuales también. El análisis topogenético del *Khôra* debería explorar estas dimensiones una por una, y en su conjunto, como una unidad dialógica (Muntañola, 1996). El "puente" que acabamos de describir entre las ciencias sociales y de la Tierra debería ser representado por modelos tridimensionales también virtuales.

Esto no es ciencia ficción, esto es lo que ocurre en la actualidad con nuestro entorno virtual informatizado, en una red topogenética también sensitivo a los valores culturales de la tierra y de los beneficios de una cultura transversal. Esto sería un buen regalo para nuestros hijos.

5 La topogénetica y la semiótica: algunas conclusiones buscando la cualidad ambiental del *Khôra*

Unas últimas declaraciones deberían tener en cuenta la complejidad epistemológica extraordinaria descrita por Platón y Derrida en relación con el *Khôra* y con la arquitectura. La metáfora sobre la interrelación de la historia y el cosmos, representada por el fin y el comienzo del lugar y por la cabeza y los pies del cuerpo, es una excelente metáfora de la arquitectura y de lo que es la metáfora en sí también.

Los diagramas 1 a 7 apuntan a esta complejidad desde diferentes perspectivas, pero repiten una y otra vez el mismo núcleo de la espacialidad, es decir el inmenso poder del lugar, indicado por Aristóteles, a través de la articulación de la historia social (cultural) y la física (natural), gracias a las tres dimensiones básicas de la virtualidad: virtualidad lógica, virtualidad poética y virtualidad ética.

Cada edificio y cada ciudad son la "memoria técnica" en una larga historia del desarrollo topogenético. Cada proyecto es una propuesta tridimensional virtual, un "relato" para ser edificado, un "relato" para vivir: una prefiguración de "memorias" para ser configuradas y refiguradas.

El papel de la poética, la semiótica y la retórica es muy significante con relación a este desarrollo topogenético que resume el diagrama 6. Las teorías arquitectónicas no pueden olvidar ninguno de estos tres campos diferentes de estudio sobre la comunicación humana. También la estructura filosófica entera del diagrama 6 debería ser considerada, como he sugerido anteriormente, puesto que la arquitectura no sólo es una ciencia, sino también un arte y un tema "político".

Las ciencias sociales y las ciencias de la Tierra son igualmente importantes para preparar y para criticar tanto las soluciones de la semiótica como las teorías arquitectónicas. Sin ellas, la arquitectura y la semiótica del espacio se desarrollarán fuera del "espacio" de la vida humana.

Finalmente deberíamos analizar otra vez la naturaleza semiótica de la arquitectura. Según el congreso en Barcelona en junio de 1996, los estudios semióticos sobre el espacio, la Arquitectura y el entorno son diversos y preliminares. Representan un esfuerzo para superar una semiótica del espacio demasiada similar a la lingüística tradicional. No obstante, los resultados son extremadamente complejos y abiertos. Se necesitan nuevas consideraciones teóricas si la semiótica del espacio se quiere considerar como una disciplina científica útil. Mis sugerencias en este sentido son las siguientes:

1) Continuar el dialogo interdisciplinario entre la arquitectura, las ciencias sociales (antropología y psicología), las ciencias de la Tierra y la semiótica.

2) Tomar en consideración los desarrollos lógicos relacionados con la teoría de formas desde puntos de vista matemáticos o filosóficos (fractales, R. Thom), etc.

3) Profundizar las dimensiones "virtuales" de la Arquitectura, relacionando el análisis poético del proceso de diseño con los sistemas semióticos de la comunicación, y las estrategias retóricas y dialógicas del leer.

4) Investigar transformaciones locales durante mucho tiempo, buscando estructuras semióticas de comunicación social, y significados dialógicos. Asimismo, buscando transformaciones arquitectónicas modernas y excepcionales para ser reproducidas parcialmente en otros lugares.

5) Finalmente, la semiótica de la arquitectura como una actividad de "construcción del lugar" debería considerar las tres dimensiones hermenéuticas de la cultura: a) pre-figurativo con el material poético, la estructura excepcional de cada lugar y cada objeto; b) la dimensión configurativa con los sistemas semióticos para la construcción y la deconstrucción de lugares, para permitir la aparición de significados sociales; c) la dimensión re-

figurativa, con las estructuras dialógicas de uso, lectura y memoria con relación a la habitación del entorno.

Pues, cada vez que diseñamos, construimos o usamos una forma arquitectónica, ponemos en movimiento esta máquina hermenéutica: materializamos nuestro calendario. De modo que llegamos al final y, como nos dijo Platón casi hace 3.000 años, estamos al principio de los hechos y las teorías arquitectónicas también, cuando y donde edificios eran calendarios que orientaban los hombres con relación al sol, al mar y a las ciudades habitadas.

6) Tomando en consideración las cinco conclusiones precedentes, nos podemos hacer una primera idea de lo que se puede definir como las fundaciones teóricas nuevas para una semiótica de la arquitectura.

Primero, una buena metáfora de conclusión puede ser ahora el ligazón del laberinto del "juego de escondite" con el "cuerpo-relato-lugar" definido por Platón. El entorno es hoy un "laberinto" donde cada persona y cada grupo social deberían buscar sus "relatos", para vivir, usar y invertir en él un "significado". Esta interrelación entre el laberinto y el "relato", es medio virtual y medio real, como dijo Paul Ricoeur.

Segundo, cada línea y cada forma en un plano o proyecto urbano representan una parte de este entorno, y tienen exactamente la misma estructura semiótica que hemos descrito anteriormente, es decir, el tipo de puente entre la naturaleza y la cultura que queremos, el grado de libertad que decidimos, la relación simbólica precisa que seleccionamos, la estructura singular entre "accesibilidad" y "asentamiento" que nos sugiere.

Tercero, podemos "hablar" con este entorno semiótico dialógico, o lo podemos ignorar. Nos podemos volver silenciosos, sin embargo, la línea singular, la forma, el plano o el proyecto permanecen mientras alguien lo usa, lo construye o habla sobre ello. El poder semiótico del lugar es muy diferente cuando es construido o no, como también ocurre con una ley escrita que se reduce sólo a una posibilidad hasta que sea aprobada. Entonces, de repente, como un plano cuando es construido, la ley escrita llega a ser una delimitación de la interacción sociofísica y ordena comportamientos, opiniones, poderes y energías.

Cuarto, el significado de un lugar deriva de este poder crítico de la Arquitectura que puede ser impedido por lo que Pierre Pellegrino llamó el discurso religioso arquitectónico, o se puede exponer a través de muchos "discursos" y "teorías", que, según Vitruvios "legalizan" la arquitectura que construimos. La discusión sobre "filtros", "contenedores", "*terrain-vague*", "series", etc., no es una descripción inocente de nuestro entorno. Para muchos arquitectos son el "relato", la "teoría", y el "significado" excepcionales que tienen los edificios en la actualidad.

6 Un caso de estudio: la génesis del significado desde la planificación urbana del pueblo medieval de Sant Morí

Las figuras 1 y 2 son información documental sobre dos procesos de planificación diferentes en el mismo pueblo de Sant Morí. La figura 1 es la planificación efectiva legal y el proceso arquitectónico de Sant Morí aprobado por el ayuntamiento y la Generalidad. La figura 2 pertenece a un proceso de planificación elaborado por un estudiante de arquitectura hace unos años. Cada plano "produce" significados a través de la información semiótica gráfica del mismo objeto real. No obstante, la diferenciación semántica, la sistematización sintáctica y la comprensión pragmática del pueblo son totalmente diferentes en cada caso. Esta diversidad es real o a un nivel conceptual abstracto de representación, o a un nivel de valor figurativo y simbólico del lugar, y finalmente a un nivel poético de autorreferencia arraigado en cada dibujo (diagrama 7). La representación urbana y arquitectónica está motivada por un significado preciso del lugar. Este mismo significado "afilia" uso y forma en una semiótica arquitectónica y urbana compleja del lugar. Si intentamos evitar esta diversidad de significados apelando a la historia o a la utopía, no escaparemos de ella. Al contrario, o la historia o la utopía mostrarán la misma diversidad de interpretaciones.

Entonces, y concluyo, la semiótica de la arquitectura, y del espacio en general, deberían describir, como lo hace Pierre Boudon, Albert Levy o Irena Sakellaridou, la variedad de sistemas semióticos que usa la arquitectura para generar significado en los lugares.

Resumen

El artículo describe, primero de todo, lo más novedoso en las teorías arquitectónicas y de sus relaciones con la semiótica, la antropología y otras ciencias sociales o de la Tierra.

Luego, se desarrolla una *concepción dialógica del lugar*, a través de la cual las interrelaciones mutuas entre la arquitectura, la semiótica y la antropología son descubiertas, a un nivel o científico, o ético o estético.

Para finalizar, el artículo presenta unos ejemplos de estos lugares dialógicos, reales y ideales, y concluye con unos argumentos sobre las precondiciones culturales que necesitamos para construir tales lugares dialógicos, con *virtuosismo virtual* y *virtualidad virtuosa*.

El lugar dialógico: la arquitectura, la semiótica y las ciencias sociales

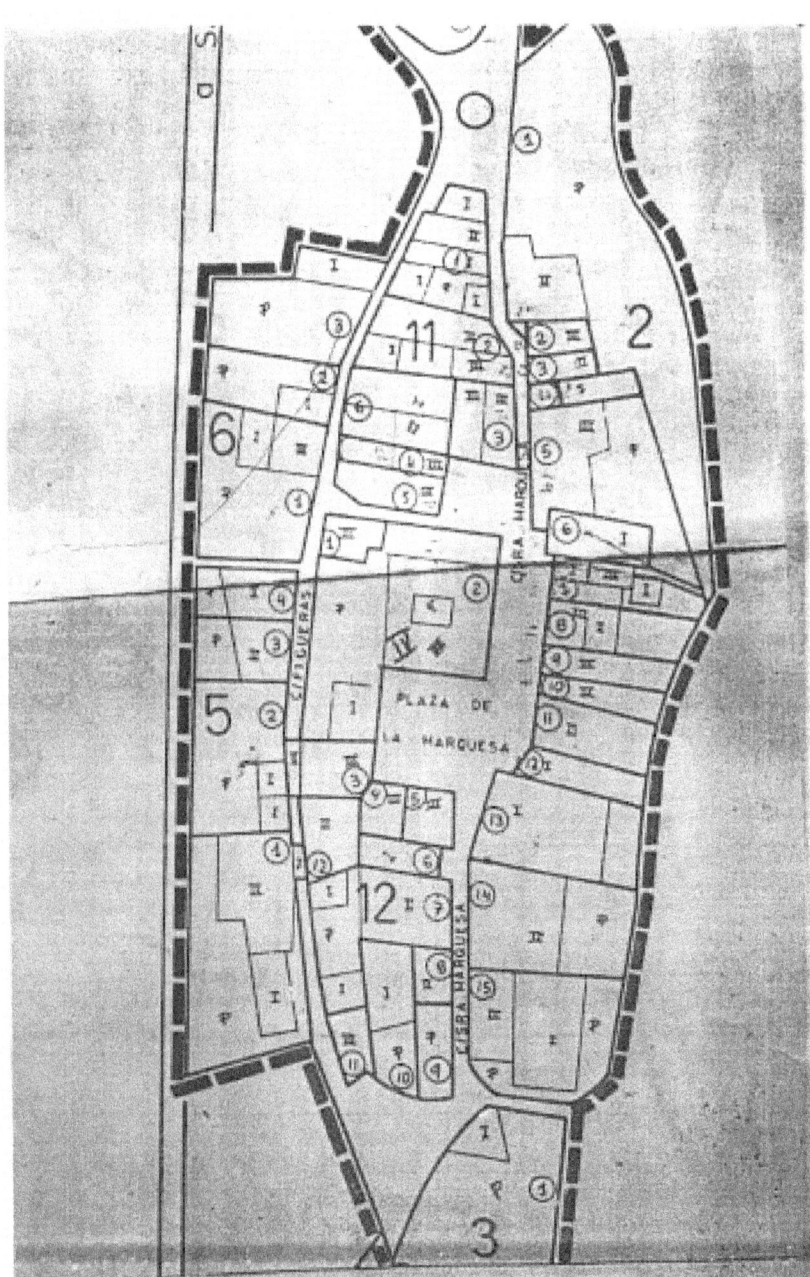

Figura 1

148
Topogénesis

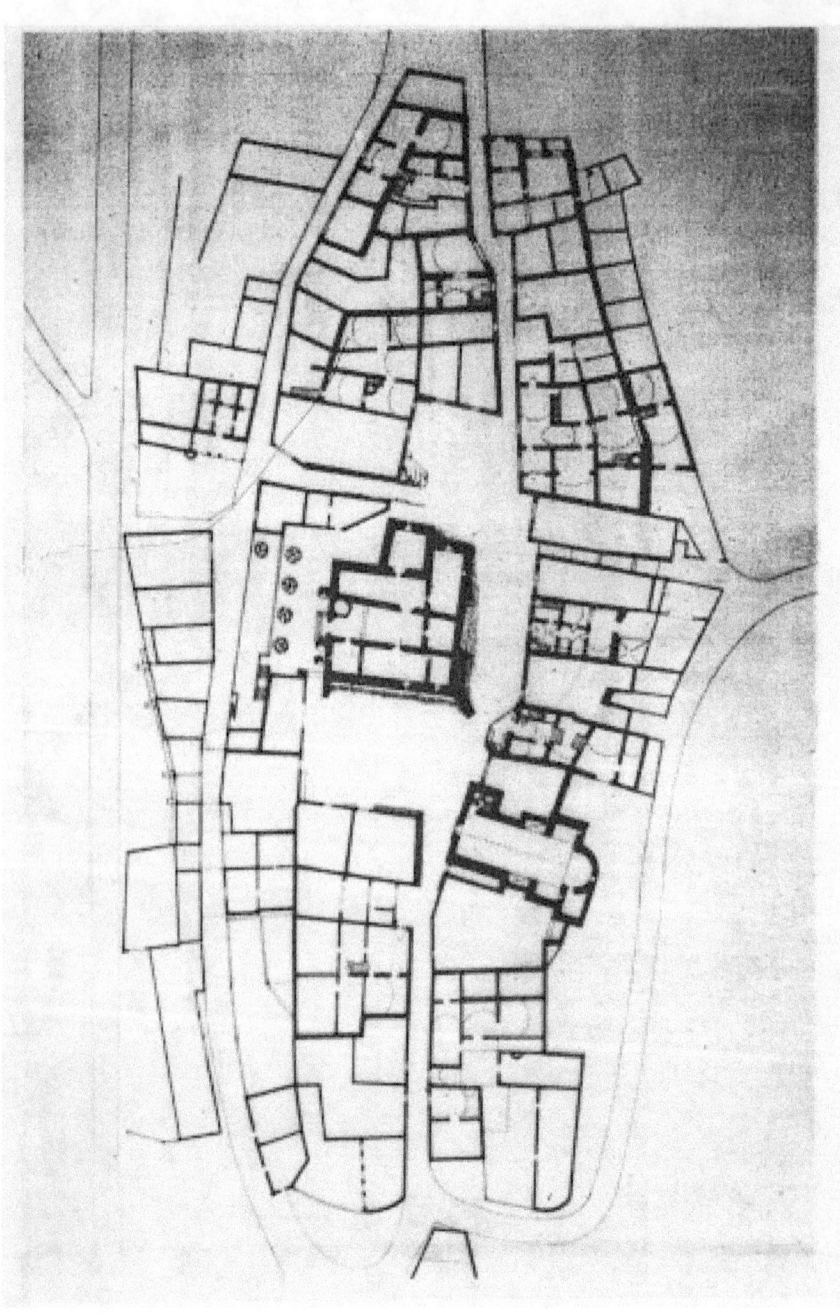

Figura 2

El lugar dialógico: la arquitectura, la semiótica y las ciencias sociales

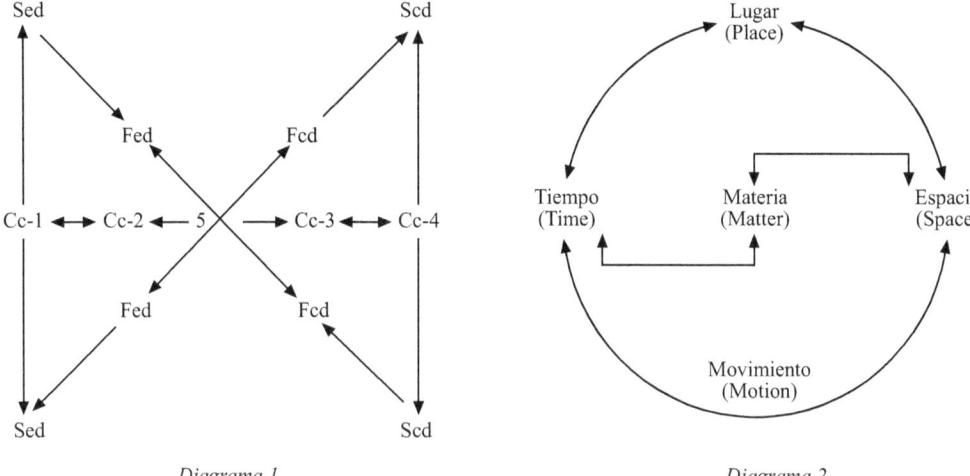

Diagrama 1

Diagrama 2

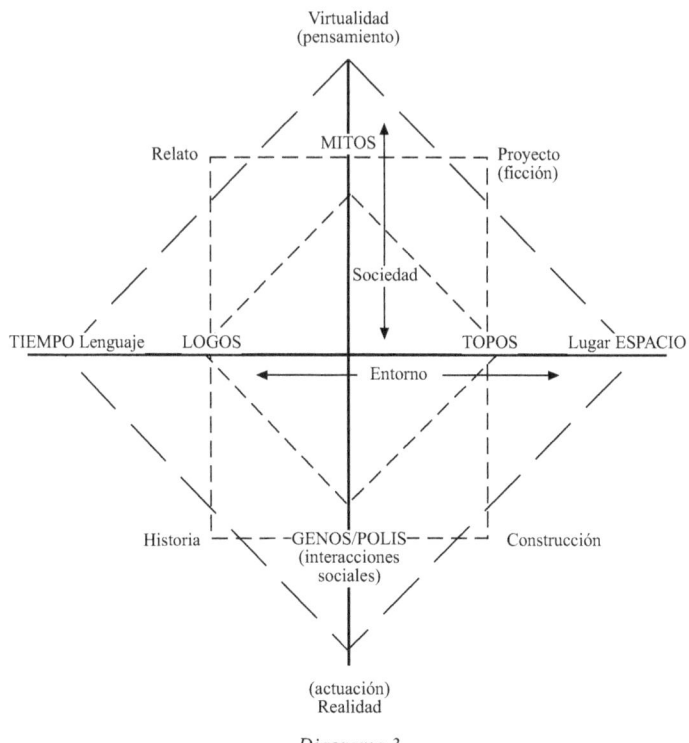

Diagrama 3

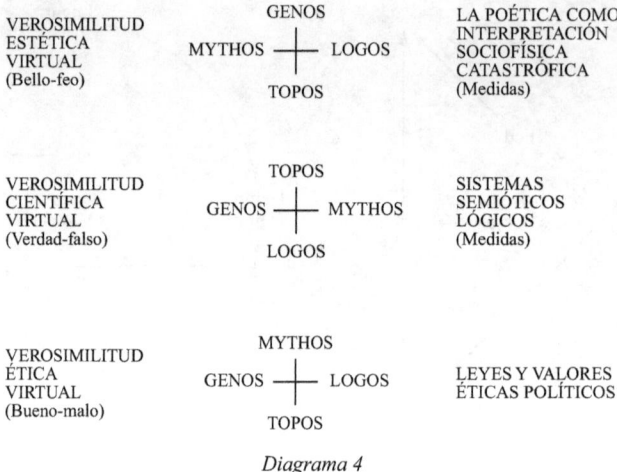

Diagrama 4

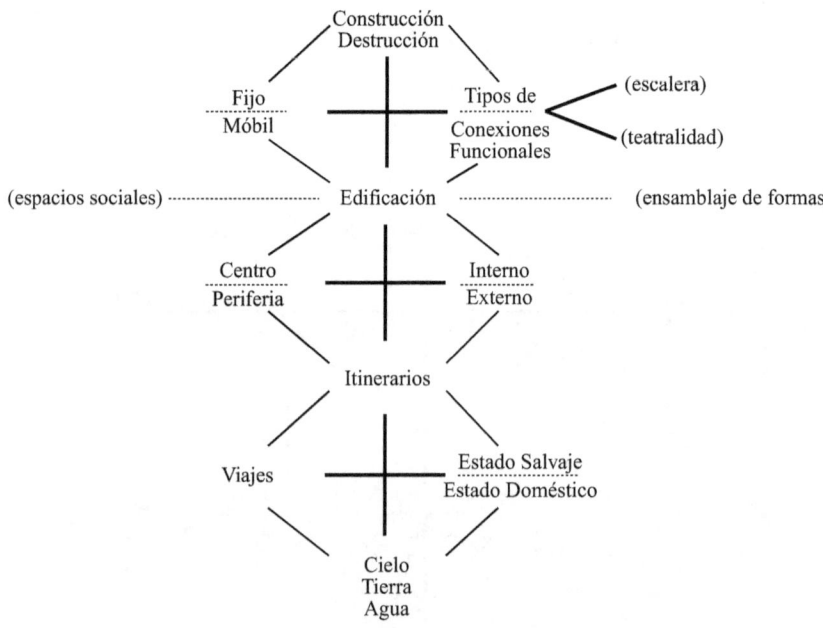

Diagrama 5 Ejemplo de "Templum", según Pierre Boudou

El lugar dialógico: la arquitectura, la semiótica y las ciencias sociales

LA POÉTICA	PRE-	CON-	RE-	LA RETÓRICA	EJE ESTÉTICO
LA EPISTEMOLOGÍA	PRE-	CON-	RE-	LA SEMIÓTICA	EJE CIENTÍFICO
LA ÉTICA	PRE-	CON-	RE-	LA POLÍTICA	EJE MORAL
	Dimensión prefigurativa hermenéutica individual	Leyes configurativas Códigos, medidas	Dimensión refiguración hermenéutica colectiva		

Diagrama 6 Las tres verosimilitudes del lugar y sus dimensiones figurativas

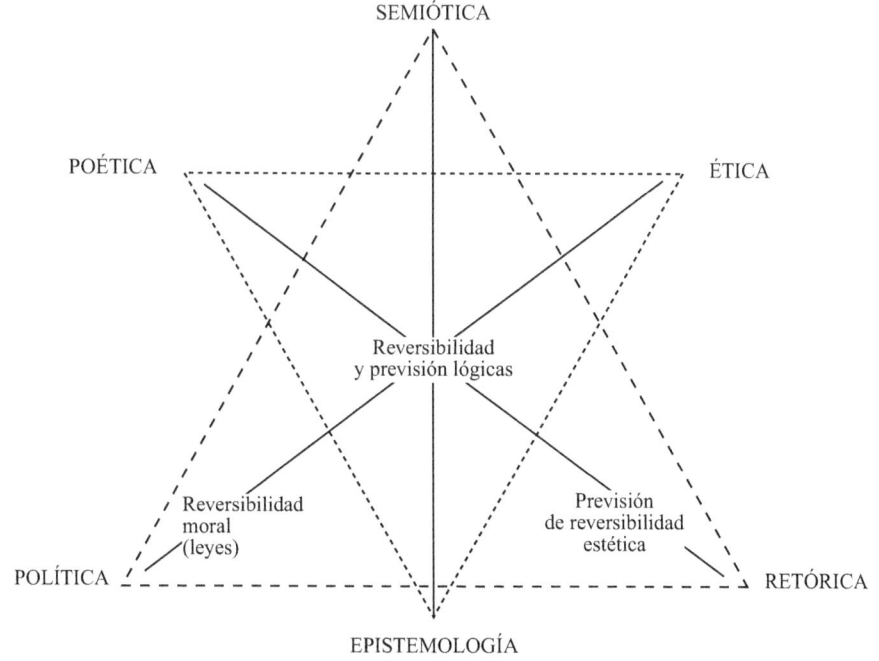

Diagrama 7 Las tres reversibilidades (previsión) del lugar

El significado de la fragmentación arquitectónica[1]
(Una discusión semiológica con un sabor aristotélico)

Resumen

Alrededor del mundo, el espacio y el tiempo padecen de un complejo proceso de fragmentación cultural, implicando una inclinación humana a la globalización al mismo tiempo que una fuerte tendencia hacia la identidad cultural y la autodefensa. La arquitectura es uno de los campos donde dichos procesos de fragmentación pueden ser más fácilmente detectados, tanto a nivel universal como local.

Mi contribución trata de analizar las cualidades epistemológicas y semiológicas de tal "fragmentación". Éste es un tema que Aristóteles, seguro, hubiera disfrutado, al menos con el fin de discutir las confusiones sembradas por Descartes quince siglos después. También es agradable discutir en el mismo lugar, la ciudad de Thessaloniki, donde Aristóteles vivió por tantos años. (Él hubiera encontrado demasiadas dificultades para reconocerla.)

Concluyo diciendo que cada fragmentación arquitectónica particular conduce a específicas restricciones para nuestra vida, e inclusive esa fragmentación parece ser una contraparte de nuestra destrucción sistemática de lo que se hace llamar procesos culturales "naturales y tradicionales" y ello acarrea, a cambio, muchas culturas "naturales" nuevas y mundos "salvajes" con reinos de espacio–tiempo virtuales.

En los últimos 20 años, un concepto primordial ha sido involucrado en teorías de arquitectura y en paradigmas ambientales. Me estoy refiriendo al concepto de *fragmentación*. Otro concepto utilizado con éxito por muchas disciplinas diferentes es el concepto *dialogía*. He consagrado un libro y algunos artículos a ese concepto de dialogía aplicado a la arquitectura e intentaré en este artículo argumentar acerca de la conexión entre fragmentación y dialogía aplicados a la arquitectura.

El concepto de fragmentación ha sido usado con relación al espacio y la arquitectura en contextos muy diferentes. En mi opinión, la mejor manera de ver la profunda estructura universal de dicho fenómeno es desde el punto de vista socioeconómico. Una excelente introducción a esta perspectiva es el libro editado por Mlinar, *Globalization and Territorial Identity*. Este libro ilustra que la globalización, lejos de ser un proceso de homogeneización de culturas e identidades, produce mundialmente un complejo proceso de nuevas diferenciaciones territoriales y culturales. Mientras la homogeneidad no es más que el fenómeno superficial, la diferenciación cultural es el fenómeno profundo dondequiera. Las identidades tradicionales (ambas territorial y culturales) se encuentran en una situación difícil, y su destino depende del modo en que las nuevas identidades son construidas, pero, de todas maneras, diferenciación y complejidad están progresando, y la pluralidad se incrementa, al ser todos los lugares cada vez más fragmentados, cultural y territorialmente, y "diferentes" en una nueva manera que no es semejante a la forma tradicional de ser diferente. El filósofo francés Jacques Derrida es

---

[1] Presentado en el Congreso Internacional de Semiótica de Tesalónica en 1997. Actas en proceso de publicación con el texto en inglés.

probablemente el filósofo que primero definió tal "diferencia" entre diferencias. (Derrida, 1994).

Estamos, entonces, en un proceso de construcción de "nuevas culturas" y este es el fenómeno profundo que debemos analizar detrás de la fragmentación arquitectónica. Lamentablemente, los arquitectos han utilizado los últimos 30 años para jugar alrededor del concepto de fragmentación, como una pérdida de estética del tiempo, buscando: "fragmentación, terreno incierto, flujos, contenedores, y tanto más". Podemos ver las discusiones en el último congreso en Barcelona de la Unión Internacional de Arquitectos, en julio de 1996, como una prueba de ello. Muy poca atención se le ha dedicado a la interacción cultural entre estética, política y ciencia, que es lo que esa fragmentación verdaderamente significa.

Antes de analizar esa "interacción cultural", o "dialogía", valdría la pena ver lo que los niños conciben acerca de esa fragmentación a los 3 años de edad (Muntañola, 1980).

En el diagrama 1, podemos ver lo que los niños producen como estructuras principales para articular la fragmentación arquitectónica, tanto en términos sociales como en físicos.

Ellos usan dos estructuras: una basada en la *accesibilidad* y la otra en el *anclaje* (diagrama 1). Estas dos estructuras son, por supuesto, la correlación mental de las civilizaciones nómadas y sedentarias, como Lewis Mumford explicó. Ellas son las dos formas de llegar a un nuevo nivel cultural y mental, con nuevos significados locales y globales. Es muy importante pensar inmediatamente que con el fin de producir estas nuevas culturas es necesario soñar al respecto. Como Lewis Mumford lo señaló también, sólo los seres humanos son capaces de soñar y de estar alerta al significado de estos sueños. (Mumford, 1966). Entonces, ahí se encuentran buenas razones para soñar acerca de la fragmentación arquitectónica hoy, como los arquitectos lo hacen. No obstante, olvidan que soñamos por razones políticas y científicas, y no solamente por razones estéticas.

Podríamos dar más ejemplos epistemológicos de este origen genético de la fragmentación arquitectónica, pero con relación al objetivo de analizar el significado de la fragmentación arquitectónica moderna, el mensaje del diagrama 1 es suficiente si pensamos cuidadosamente en él.

El concepto de dialogía, que se desarrolló, como ya lo he mencionado, de muchas maneras diferentes en distintas disciplinas, puede sernos útil. Es un concepto intercultural. Puede ser aplicado, no sólo a una cultura, sino también a las relaciones entre diferentes culturas, grupos sociales, fragmentos u objetos arquitectónicos, etc. Por otra parte, implica la correlación entre la estética, la política y las dimensiones científicas o fragmentación arquitectónica, sin la necesidad de un modelo paradigmático de interacción. Como Paul Ricoeur ha mostrado, esta hermenéutica dialógica implica olvidar el deseo de Hegel acerca de una razón histórica única o explicación fenomenológica única. Solamente una explicación dialógica y la interpretación de la historia son deseables, porque la explicación monológica de Hegel implica que todos deben pensar, construir y utilizar edificios de la misma manera. Ello implica una homogeneidad cultural mundial. Sabemos que esta clase de concordancia –o acuerdo– conduce al fascismo internacional y a regímenes totalitarios (Ricoeur, 1985).

Como ya he desarrollado en otra parte las consecuencias de este modo dialógico en arquitectura (Muntañola, 1997), concluiré con algunas consideraciones acerca del significado de la fragmentación arquitectónica presente en ciudades y territorios.

Primero, debemos decir que esta fragmentación necesita una nueva respuesta cultural ya sea estética, ética o desde un punto de vista científico, con el fin de producir un proceso dialógico humano de *co*–construcción, y no un proceso de *co*–destrucción. Debemos saber en cuál de los fragmentos se produce guerra o paz, dicho metafóricamente. Paul Ricoeur escribe acerca de la necesidad de "expandir narrativas para que sean útiles en nuevas situaciones". Necesitamos soñar primero acerca de estas narrativas, pero debemos inmediatamente ser realistas acerca de estos sueños, y construir una identidad social real, como lo hacen los niños, al observar los papeles sociales, clasificación de funciones, etc. Los modelos de realidad virtual pueden ser útiles en esta fase; no es por casualidad que sean tan populares hoy en día: como sea, ellos presentan solo una primera etapa en el proceso de una fragmentación arquitectónica significativa y dialógica.

Un punto clave, tal como Derrrida señaló recientemente (1994) es la superposición de, por un lado, la intersección de accesibilidad y anclaje como han sido definidos en el diagrama I, y, por otra parte, el concreto diálogo apegado a ella. En otras palabras, los nuevos lugares prefigurados y configurados (o construidos) deben admitir la refiguración o apropiación intersubjetiva y social, con el fin de llegar a un ciclo dialógico completo. Cuando he definido co–construcción frente a co–destrucción, me estaba refiriendo a este ciclo hermenéutico. Como Derrida dijo, esta dimensión de la arquitectura está fuertemente relacionada con la política, y Derrida extrae la misma opinión filosófica del *Timeo* de Platón (Derrida, 1994).

Como consecuencia de esa superposición, la relación entre la historia y la fragmentación arquitectónica se pone en evidencia. El problema no es si las identidades históricas (territoriales o no) son transformadas o conservadas. La clave es si las nuevas identidades aparecidas desde las nuevas narrativas aplicadas a la fragmentación arquitectónica califican el diálogo social y la vida, o, por el contrario, producen relaciones sociales monológicas y muertas, dirigidas a una desconexión completa entre la fragmentación física y social, eso es, de nuevo, hacia la muerte.

El papel crucial de los sueños, o realidades virtuales, y no debemos olvidar que para Platón los lugares arquitectónicos son "como sueños", se encuentra entonces aclarado. Son necesarios para pensar acerca de nuevas culturas, pero mezclados con otros totalmente imposibles. Es una gran responsabilidad seleccionar qué sueños representan el futuro y deben ser construidos, y cuáles son inútiles y no deben ser construidos, como Paul Ricoeur señaló con relación al sueño de Hegel: "Olvídalo". Los arquitectos adquieren una enorme responsabilidad cuando construyen sueños sin ese chequeo dialógico, porque están ansiosos por construir los proyectos o nuevas narrativas. Por supuesto como hemos mencionado estos proyectos son necesarios, pero con el fin de construir la totalidad del ciclo hermeneútico, necesitan análisis dialógicos y confrontación crítico-social.

En otras palabras, considerando las *nuevas* culturas envueltas dentro de la *nueva* situación intercultural universal "global-a-local", la historia cambia sus papeles también. No existe ya el tradicional pasado corregido para ser obedecido, (¡si es que ha existido tal cosa tiempo atrás!) sino que la cultura es el resultado de la construcción social o *co*-construcción. Con relación a dicha construcción social de nuevas relaciones intersubjetivas, la historia pasada y la futura son importantes, con relación al sueño que queremos construir. Tanto la antigua historia como los nuevos modelos virtuales *a*-históricos modernos pueden ser destructivos. La supervivencia de la humanidad ha de estar segura de nuestros conocimientos para evitar ambas destrucciones, buscando las dimensiones positivas y vivas (dialógicas) de la historia y la ficción, unificando ambos poderes dentro de una nueva narrativa cultural capaz de producir una nueva arquitectura a partir de la fragmentación presente. El vínculo dialógico presente entre identidades pasadas y futuras comunica la calidad del ser humano y de una relación intersubjetiva que será capaz de desarrollarse dentro las nuevas formas arquitectónicas. Ni la historia pasada, ni la ficción, solas, pueden predecir la calidad dialógica, o la vida.

La fragmentación arquitectónica es algo más que la manipulación física o estética de ciudades o territorios. Es una forma de manipular la memoria, y como sabemos, una manera de manipular las relaciones sociales intersubjetivas. Probablemente el reto principal de nuestras democracias, junto al problema armamentista, es la necesidad de construir una nueva arquitectura sobre las actuales ruinas fragmentadas del pasado y del futuro. Ambas ruinas han probado no ser suficientes para nuevas identidades. Pensemos a través de una manera dialógica para hacer un mejor trabajo.

En el diagrama 2 podemos ver algunos instrumentos que pueden ayudarnos a hacer un mejor trabajo en nuestro ambiente. Aristóteles nos dio el paradigma poético, una herramienta poderosa para analizar si hemos sido capaces de correlacionar la accesibilidad y el anclaje en un nivel profundo. También él desarrolló la retórica, una segunda herramienta útil para la estética. Sin embargo, en un nivel científico y político tenemos también herramientas para construir una buena arquitectura con las dos "ruinas" que hemos construido las viejas y las nuevas ruinas "modernas". Sobretodo, en el diagrama 2 tenemos el pensamiento dialógico o reglas de un diálogo sociofísico con éxito: un proceso abierto que produce arquitectura consolidada, un espacio "fibroso" y una organización territorial temporal, eso es, un cielo hermenéutico entre prefiguración y refiguración. No es mucho, pero es más de lo que muchos arquitectos y políticos están implicando en sus propuestas o proyectos.

La "traducción" de toda esa *modelización* de la fragmentación arquitectónica dentro de la semiología está sintetizada en el diagrama 3. La semiótica del espacio y la arquitectura ha sido analizada por mí en algunos artículos de años pasados (Muntañola, 1985), por ello pienso que no es necesario extender demasiado mi argumento. Sin embargo, es necesario recordar que la discusión dialógica empezó justo cuando Bakthin, y sus seguidores, a finales de los años veinte, criticaron el acercamiento lingüístico, si, y sólo si, el acercamiento sistemático de los significados lingüísticos no está correlacionado, simultáneamente, con lo intersubjetivo, o sea la comprensión histórica y contextual de esos significados. En otras palabras, la semántica *acontextual,* era acorde con Bakthine, un error. Entonces, la organización estructural del diagrama III trata con ese aspecto dialógico de la fragmentación como he argumentado en otros artículos recientemente (Muntañola, 1997).

Finalmente, es importante tomar en consideración el paradigma de Luis Prieto (1976), quien explicó hace mucho tiempo, el vínculo semiológico y fundamental entre significados denotativos y connotativos. La fragmentación arquitectónica es, en mi opinión, un buen ejemplo de un paradigma, donde, la connotación, no es un significado confuso y "débil"; por el contrario, es una condición fundamental para que el significado denotativo exista. El conocimiento sistemático y la comunicación intersubjetiva son las dos caras de la moneda: la vida humana depende de ambas. Ambos significados, tanto la interacción imaginativa intersubjetiva como la estructura sistemática denotativa, son igualmente necesarios igualmente confusos o apreciados, igualmente significados de primera clase. Es Umberto Eco, muy útil en otros dominios, quien ha sido negativo con relación a la semiología de los fragmentos arquitectónicos, ya que Eco insiste, en sus libros, en la naturaleza poco clara de la connotación y de la significación de iconos y signos similares. Y me detengo aquí.

Bibliografía

Derrida J. *Khôra*. Galilée, París, 1994.

Mlinar, Z. (ed.). *Globalisation and Territorial Identity*. Avebury, Aldershot, 1996.

Mumford, L. *The Myth of the Machine*. Warburg, London, 1966.

Muntañola, J. "Towards an Epistemological Analysis of Architectural Design as a Place-Making Activity" en *Meaning and Behaviour in the Build Environment*. Llorens. Broadbent and Bunt Eds. Wiley and Sons London, 1980. (Publicado en español en este libro)

Muntañola, J. (ed.). Architecture, semiotics and social sciences. *International Congress on Semiotics, Architecture and Social Sciences*. Barcelona, Edicions UPC, 1997. (Ver aquí texto en español)

Muntañola, J. "Developmental Architectural Cognition and the Semiotics of Place", *Espaces et Sociétés*, n.º 47, 1985.

Muntañola, J. "Objet, Form and Use: An Homage to Luis Prieto's Intentionality of Signs", *Semiotics*, 1998 (Special issue Devoted to Prieto)

Prieto, L. *Pertinence et Practique*. Minuit, París, 1976.

Ricoeur, P. *Le Temps et le Récit*. Seuil, París, 1985.

Todorov, S. *M. Bakhine: Dialogical Principie*. Univ. Minnesota Press, 1988.

Topogénesis

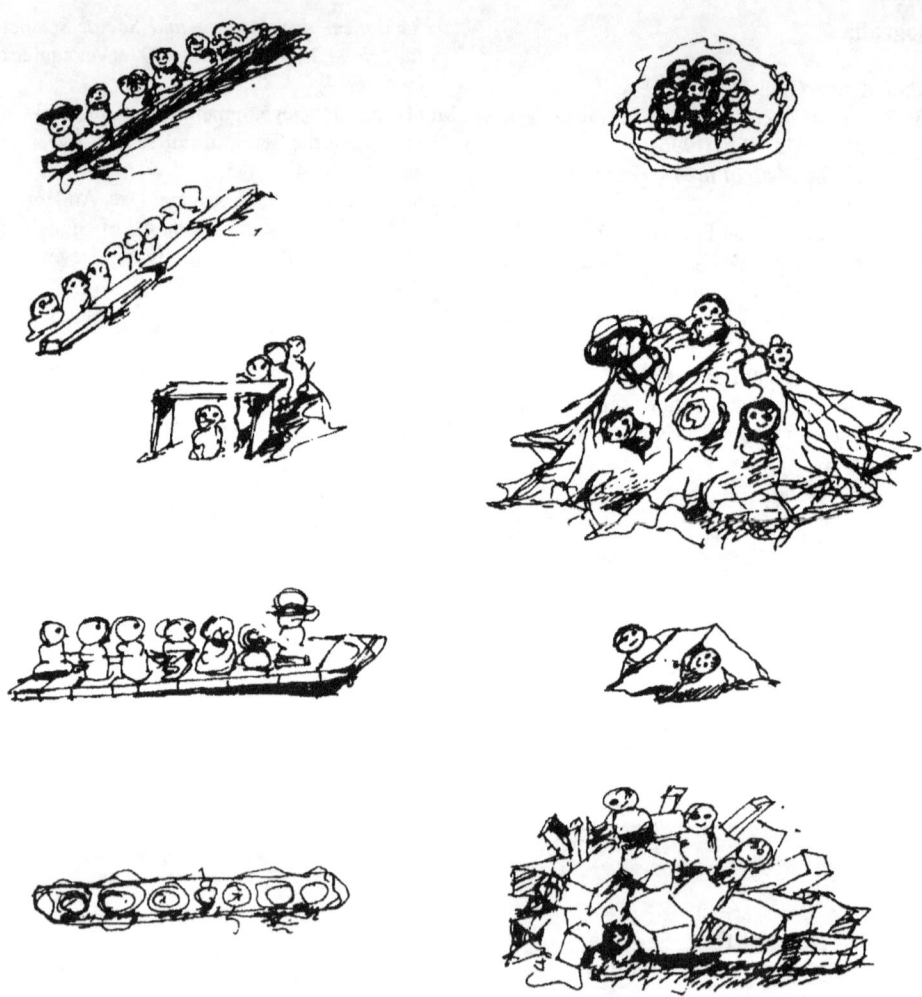

Diagrama 1

El significado de la fragmentación arquitectónica

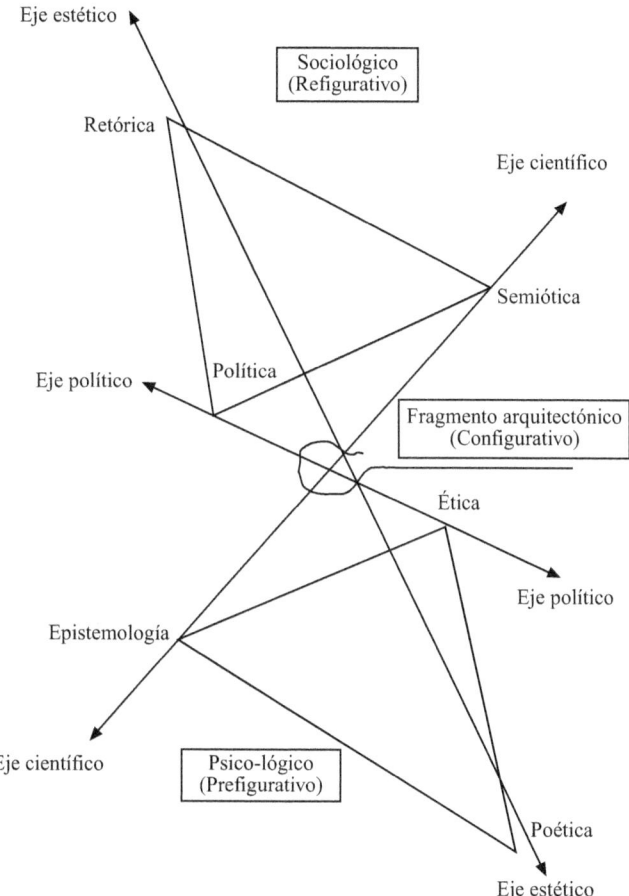

Diagrama 2 Dimensiones dialógicas de la arquitectura como lugar: topogenética

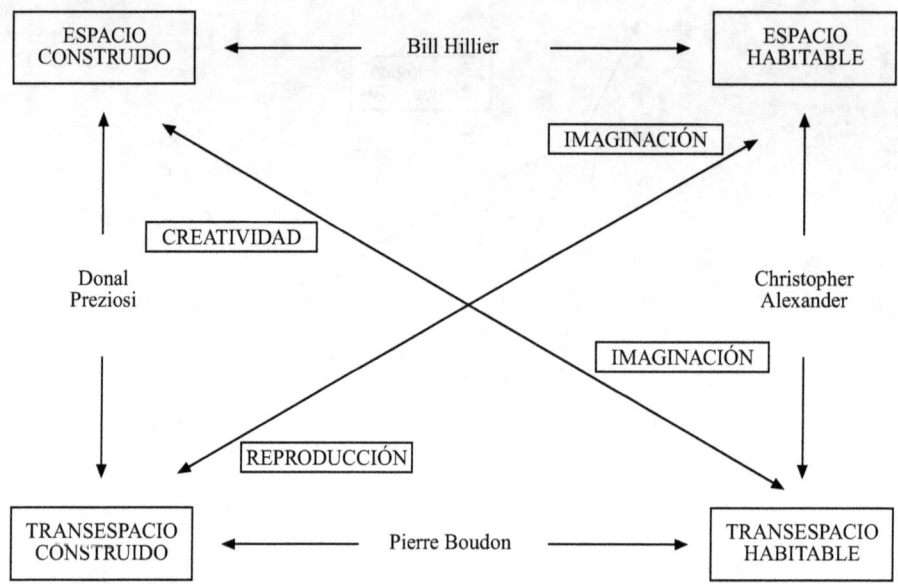

Diagrama 3 Cuatro intenciones semióticas relacionadas con el entorno construido

La arquitectura de la narrativa, la narrativa de la arquitectura

Introducción

Mi comunicación intenta analizar frontalmente las consecuencias, en la práctica y en la teoría de la arquitectura como forma artística, de las teorías actuales sobre la narrativa en arte y en historia, sobre todo, a partir de las obras de Louis O. Mink y Paul Ricoeur. La distinción misma entre ficción e historia, entra en una nueva concepción que puede tener consecuencias importantes en la teoría y en la práctica de la arquitectura.

De hecho, la arquitectura ya ha actuado en los últimos decenios dentro de esta cultura hermenéutico-textual, aunque los arquitectos lo hayan negado reiteradamente en aras de una independencia disciplinar y una originalidad artística, específicas de la arquitectura, que todavía están por demostrar.

Trazando mis últimos libros describiré las diferencias esenciales entre lugar y relato, ya analizadas por Platón, para ver la sutil unidad dialéctica que se teje y se desteje entre, de una parte, el arte del relato y el arte del lugar construido, y de otra parte, la poética del relato y la poética del espacio.

Así, si con Paul Ricoeur, el cruce y la distinción entre historia y ficción es, de hecho, el tiempo humano como proceso de autoconstrucción, y autodestrucción, de la propia humanidad, todo ello en el relato, el cruce entre el proyecto de arquitectura y la forma histórica del medio construido, será propiamente el lugar: el espacio humano que nos construimos y en el que vivimos.

La maquinaria de la manipulación a través de la forma narrativa no deja, a la vez, de responder a un deseo totalitario de poder que transciende las formas artísticas específicas de la literatura, la arquitectura, el teatro, etc., y a un equilibrio comunicativo y constructivo que obliga a sacrificar parte de la complejidad de cada forma para conseguir el control total. La pasión del control y el control de la pasión marcan los límites de una narrativa humana sin la cual no podemos vivir.

1 Breve reflexión sobre los fundamentos teóricos de una hermenéutica dialógica de la arquitectura

Nada impide reflexionar sobre una teoría de la arquitectura tal como Vitruvio o Alberti hicieron hace cientos de años[1]. Nosotros lo haremos desde nuestra situación cultural de la misma manera que ellos desarrollaron sus teorías a partir de las suyas. Existe, sin embargo, una postura en los arquitectos de hoy que pretende evitar cualquier difusión de teorías de la arquitectura que pueda servir de base a una crítica de la práctica de la arquitectura o a un cambio de la práctica. Desconfío de esta postura por inmovilista y por defensora de grupos -mafias- de profesionales en defensa de su poder económico y político, pero también desconfío de teorías de la arquitectura que no son arquitectura, o son arquitectura mucho peor que la que ya de por sí es deficiente en la práctica profesional.

---

[1] Ver la tesis doctoral de Magda Saura Carulla *De Re Aedificatoria: L.B. Alberti an the Urban Life*. University of California Berkeley y Universitat Autònoma de Barcelona, 1988.

Mi postura teórica actual, que defino aquí como hermenéutico-dialógica, está ampliamente escrita en mis numerosos libros y artículos[2]. Voy a resumir muy brevemente su contenido en relación al objetivo de esta comunicación.

En primer lugar, se trata de una postura hermenéutica, porque pretende utilizar lo mejor del estructuralismo, de la fenomenología y, finalmente, de la hermenéutica propiamente dicha, en especial la hermenéutica de Paul Ricoeur, con algunos aspectos de Hans-George Gadamer y del mejor Heidegger, hoy algo caído en desgracia[3]. Enseguida diré que el impacto de la epistemología genética de Jean Piaget y colaboradores, o seguidores, Leo Apostel, Jean Blaise Grize, Jonas Langer, así como de la obra más reciente de Jaan Valsiner, no debe extrañar a nadie si se conoce mi interés por la educación y por el desarrollo cognitivo, paralelo al desarrollo de la capacidad de proyectar y construir arquitectura.

Por ello, el debate de la utilidad de las teorías narrativas en la teoría de la arquitectura, las dificultades de una autonomía de la arquitectura en aceptar dichas teorías, el debate de-constructivo de Derrida, etc., me ha interesado enormemente, y sigue interesándome, tanto en cuanto debate teórico como en relación a su impacto en la práctica de la arquitectura[4]. Ciñiéndome más a los límites de este artículo decía que la posibilidad de un uso común de teorías narrativas entre literatura, arquitectura, pintura, etc., algo que no es nuevo[5], vale lo que vale la postura teórica que haya detrás de este uso común. Estando de acuerdo con las hipótesis de inter-textualidad de un texto literario o de un edificio, cada uno por su lado, que ha defendido eficazmente Mikhail Bakhtin[6], no creo, por otra parte, que este uso común de teorías narrativas sea útil ni teórica, ni prácticamente, en la arquitectura, o en la literatura, sin un conocimiento profundo de las diferencias entre una y otra, justamente para encontrar en el seno de estas "diferencias" los significados comunes, yendo a lo más profundo de la propuesta derridiana tal como yo la quiero entender, o sea como camino de profundizar en la especifícad de los significados culturales a partir del respeto a la "diferencia", tanto en la escritura como en la lectura. Sin necesidad de ir a la arquitectura, basta con analizar las miles de páginas inútiles sobre la postura abstracta, empeñadas en encontrar un mensaje perceptivo directo entre pintura y ojo sin encontrar absolutamente nada, sobre todo por falta de conocimiento sobre lo que es la pintura abstracta en general, y el cuadro concreto que se analiza, en particular, su "diferencia" específica[7]. En la arquitectura, sin un conocimiento profundo de su poética, su retórica, su ética, su política, su lógica, su historia, etc.: ¿cómo pueden usarse teorías vengan de donde vengan, sean semióticas o no?[8]. Solamente podrán ser útiles estas teorías en arquitectura, por ejemplo: a) si se avanzase en la dialéctica entre ficción y realidad que impregna el fenómeno creativo y pasional, podría usarse la categoría de redescripción de Paul Ricoeur, o la de "fiesta-juego-símbolo" de Hans-George Gadamer; b) si se dejase de una vez por todas claro que "mimesis" no es copia, ni poética pura "producción de objetos", sino que "representar" (mimesis), requiere a la vez, una "distancia" entre representación y lo representado, y una "redescripción" específica de una "realidad" para poder "reconocer" el mensaje cultural que uno es capaz de captar. Estamos de acuerdo pues, con la definición de Gadamer de "símbolo" como "construcción", que hay que "reconocer" como algo, en general, humano, y en específico, portador de una "cultura" específica[9]; c) por último, habría que

---

[2] Ver, por ejemplo, *Topogénesis* (tres volúmenes). Oikos Tau, Barcelona, 1980.
[3] Ver *La topogénèse*, Anthropos, París, 1996.
[4] Ver *op. cit.* nota 3.
[5] Ver referencias en Vitruvio, o incluso hasta en Aristóteles.
[6] Ver referencias en *op. cit.* nota 3.
[7] Ver los últimos libros de Derrida, especialmente: *Khôra*. Galilée, París, 1993.
[8] Ver: "Une Analyse Sémiologique de l'Architecture comme Modernité" de Muntañola, en *Figures architecturales et formes urbaines*. Bibliotheque des Formes, Anthropos, París, 1993.
[9] Ver la definición de modernidad específica, en Muntañola "Arquitectura española de los años ochenta", en *Documentos de arquitectura* n. 12, Colegio de Arquitectos de Almería, 1990.

reclamar un dialogo interdisciplinar, intertextual e intercultural, que ayudase a entender el significado del arte en general, y de la arquitectura en particular, sin la obsesión por sistemas "monológicos" que impiden o hacen, por definición, inútil, toda aplicación de teorías a procesos creativos y a objetos culturales. La postura monológica, poco a poco, ha obligado a equiparar la arquitectura a la economía, el arte a su precio, la sociedad al sistema de libre mercado[10].

2 Relato y lugar

La narrativa del relato ya está suficientemente estructurada por Paul Ricoeur y otros teóricos de la literatura; en cambio, el lugar tiene muy pocos teóricos, y, sin lugar, no hay arquitectura. Es Aristóteles el que nos indica muy agudamente la profunda filiación hermenéutica entre relato, lugar, cuerpo e historia; por un lado, a partir de Platón, al que Derrida dedica un precioso texto muy reciente sobre el *Khôra*, y, por otro lado, a partir de su definición de categoría poética como "catástrofe", no solo del "relato", sino del "lugar", en el teatro, y que yo he aprovechado como base de una poética de la arquitectura siguiendo los pasos del arquitecto americano Robert Venturi[11].

La básica diferencia entre "relato" y "lugar" es obvia: el "lugar" parte de las diferencias entre "objetos" en el "espacio-tiempo", para de allí definir diferencias entre "sujetos" en este mismo "espacio-tiempo". El relato parte de diferencias entre "sujetos" y, de ahí, define "objetos". Atendiendo a la raíz fenomenológica de ambos procesos, relato o lugar, el punto de llegada es el mismo: se llega al lugar a través del relato y al relato a través del lugar, ya que en ambos casos se trata de una interacción o diálogo social y cultural básico que produce la cultura, la vida humana, el significado del relato del lugar. Pero su diferencia radical está en la base de cualquier racionalidad, y si se anula produce la locura. El relato ha de simular el lugar para poder tener su autonomía cultural, el lugar ha de simular el relato para obtener lo mismo. Sin embargo, lo que es importante es ver la filiación cultural profunda que existe entre ambos procesos que deben diferenciarse para permitir la vida social, o mejor, que producen con su diferencia la vida social y corporal, individual. La arquitectura infantil es una prueba evidente de esta génesis de lugar y relato que acaba en nuestro medio ambiente actual y sus leyes (relatos), pero que requiere largos años de aprendizaje cultural[12]. Dicho de otra manera, la compleja flexibilidad cultural y el juego de autonomías entre relato, lugar, música, pintura, etc., permite la vida social, el intercambio social, la vida humana, y, a la vez, *las define*. Se trata de un proceso de *autodefinición*, pero no arbitrario, caótico (*Kaos*) sino armónico, coral (*Khôra*). A la poste, las teorías narrativas no son más que teorías de una armonía profunda, de una *Khôra*, que permite distinguir del *Kaos* la huella que "reconocemos" como específicamente "humana", "nuestra", de algún modo. Por este camino, no hay inconveniente en analizar la arquitectura como una modulación específica del "espacio-tiempo" físico, de los objetos, de tal manera que se corresponde con una manera de habitar y de construir ordenada al servicio de una cultura precisa, justamente porque solamente ha estado definido el orden desde la arquitectura. De una manera análoga, la potencia de la literatura, y de su narrativa, depende de que sólo es un relato escrito, y solamente este relato marca la cultura humana que contiene, dejándole una enorme libertad.

Por ejemplo, las "voces" de la narrativa han demostrado ser un buen instrumento narrativo de crítica literaria. Una novela en primera persona no es lo mismo que en segunda persona, un solo personaje no es lo mismo que dos. La poética de una novela ha de ser sensible a las "voces" de una narrativa, etc. Un buen crítico, un buen profesor y

---

[12] Ver *op. cit.* nota 1.
[11] Ver Muntañola, *Poetica y arquitectura*. Anagrama, Barcelona, 1980.
[12] Ver Muntañola, *La arquitectura como lugar*. Edicions UPC, Barcelona, 1996.

un buen escritor, pueden sacar provecho de este "instrumento" de la teoría narrativa[13].

Vamos al lugar.

En la arquitectura los objetos escalera, columna, puerta, ventana, etc., son los "personajes". Tener una puerta o dos, una principal o dos iguales, etc., es "narrar" con "voces" diferentes. Los arquitectos han de ser expertos retóricamente con estos objetos, de la misma manera que los escritores han de ser sensibles a cómo mueven sus personajes, cómo piensan y hablan en su novela.

Igualmente, esta "habilidad retórica" (*técnica* dirían algunos) ha de servir a una "poética" del relato o del lugar. Si la finalidad de la novela o del edificio es "puramente comercial", ya sabemos que esta poética estará definida desde la publicidad y desde la ley del mercado, o sea vender novelas con el mínimo riesgo y abrir el mercado profesional al máximo, asegurándose un máximo de política publicitaria y de prestigio en la política cultural de un momento social e histórico preciso. Todo ello no se mueve, apenas, de la retórica.

La poética interesante empieza donde acaba la seguridad política y la seguridad económica del escritor o del arquitecto (no de la sociedad). Se trata de comprobar en la novela y en el edificio si la precisión en el uso de la "técnica narrativa y constructiva" está al servicio de algo más que la publicidad. Se trata de conseguir una representación precisa de algo humano que sólo existirá a través de la novela o del edificio. Sin Shakespeare o sin Gaudí, la humanidad hubiese perdido algo irremplazable que con los siglos gana en interés, en especificidad, en capacidad de inspiración poética nueva. Toda la habilidad narrativa está en estos casos de "alta poética" al servicio de la representación precisa de una redescripción de la realidad original y única.

Si la colocación de la puerta o los dos puertas está en ambos casos en el lugar preciso, con la forma precisa, a cualquier distancia que se observe el edificio, la poética se mantiene. La relación entre el entrar y el ver está coordinada en la puerta, como lo está por ejemplo en los portales románicos o renacenistas de calidad. No es porque sí, por "técnica", que estos portales existen, sino por una elaborada poética que auna, construcción, urbanismo, percepción, escultura y liturgia, para conseguir lugares, o entradas a lugares, únicos, armónicos, con una *Khôra* de gran calidad. Los catástrofes aristotélicas de la "peripecia", el "reconocimiento", etc., sirven por un igual a la narrativa literaria y al lugar o la arquitectura para comprobar el grado de "precisión poética". No en vano, tanto el relato como el lugar empiezan, y acaban, en el nacimiento y en la muerte, hechos que ocurren en el seno materno o en la tumba, origen y fin de cualquier diferencia entre lugar y relato. Es bien curioso conocer cómo los niños saben la importancia de estos lugares para el relato y para la arquitectura, así como su relación con el sueño. Pero esto nos llevaría a un discurso epistemológico demasiado extenso, que Platón sintetizó genialmente en su definición del *Khôra* en unas pocas frases. Pero yo no soy Platón.

3 Conclusión en forma narrativa: ficción y realidad

La obra de Mink es un modelo de fidelidad hacia una problemática crucial en el terreno que nos movemos[14]. En efecto, todo este debate sobre narrativa y arte se oscurece si no se ve claro la compleja relación entre ficción e historia que construye cualquier cultura.

La arquitectura y la literatura de cualquier cultura son interesantes porque definen la mezcla específica entre ficción y realidad que ha conseguido dicha cultura. Su "tiempo" es el tiempo cultural que resulta de entrecruzar historia y ficción, tal como ellos hicieron. Digamos pues que *reconocer* es siempre entrecruzar realidad y ficción.

Sin embargo, este *cruce*, tal como indican Mink, Ricoeur o Gadamer, no puede confundir realidad e historia. ¡No podemos ir de fiesta todo el día, ni

---

[13] Ver Paul Ricoeur, *El tiempo y el relato*. Seuil, París, 1988.
[14] Mink, L.O. *Historical understanding* (Fay, Golob, Vann, eds.). Cornell University Press, Ithaca-Londres, 1987.

tampoco trabajar 24 horas diarias! Pero tampoco podemos aislar del todo arte de ciencia, fiesta de trabajo, novela de realidad. De hecho la "distancia" poética que ha ido definiendo es justamente esta "distancia" cultural justa y especifica que construimos los hombres entre realidad y ficción, historia y ficción, etc., gracias, entre otras cosas, a que somos capaces de reconocer la diferencia entre ambos y, a la vez, sus similitudes. El lugar mismo es ya "la distancia" físicamente *real* (en cierto sentido) pero socialmente ficticia, porque su valor arquitectónico depende de la construcción y el habitar socialmente producidos, y no de una captación directa, mágica o "técnica", de la distancia física ideal, abstracta, universal. Igualmente, el mejor relato ficticio es el que parece tan real, familiar incluso, profundamente y universalmente humano, justamente porque está magistralmente situado en un juego de personajes preciso y precisos, que puede repetirse una y otra vez sin perder ni un ápice de su vigor poético.

Cada cultura tiene pues su "distancia", que es a la vez su historia y su ficción de forma indisoluble: basta entrar en esta cultura para entender la razón y el *Khôra*, de esta distancia, que no es confusión, de la misma manera que hay que habitar el lugar para entender su poética.

La "distancia" entre dos "distancias" puede ser otra "distancia" específica, pero hay que construirla. La saben bien los pintores abstractos para los cuales cada cuadro es una cultura con su distancia, un ensayo de culturas posibles, de poéticas posibles. Lo saben los buenos arquitectos también, y sus lugares.

Lo que ya no sé es si la humanidad puede vivir con tantas culturas, o si acabará ganando la cultura monológica del precio universal, a través de la cual, no sabremos nunca si el mejor artista es el más caro, o el más caro es el mejor artista, o, dicho de otra manera, si para el dinero da lo mismo lo primero que lo segundo.

La arquitectura del espacio de los hombres: las semiologías del cerebro y de la máquina confrontadas[1]

Resumen

Desde que la máquina ha incrementado el poder de las representaciones virtuales espaciales, fenómenos extraños están sucediendo en nuestro cerebro. Ahora, las representaciones hechas por la máquina de los significados y arquitecturas espaciales de los hombres son más "reales" que los entornos sociales y físicos "reales". Probablemente esto más o menos siempre ha ocurrido, sin embargo, podemos ser, en la actualidad, la primera generación humana que es más consciente de ello de lo que éramos antes. El artículo explorará las diferencias radicales entre el cerebro y la máquina para encontrar significados relacionados con formas y funciones espaciales humanas. Luego, intentará expresar estas diferencias en términos semiológicos, partiendo de unas definiciones básicas de Luis Prieto.

Introducción

Mi artículo intenta analizar uno de los problemas principales en relación con el espacio humano en la actualidad: el papel de las máquinas en la representación del espacio y las mejores condiciones para usarlas para el futuro de la organización del entorno humano.

Como veremos, la discusión sobre las relaciones entre el cerebro y la máquina no es nueva. He analizado el significado de estas en varios trabajos en el pasado (Muntañola, 1996, 1996). En todos estos trabajos señalé los libros de George Simondon (1958) como pionero en este campo, y lo paradójico de una cultura, nuestra cultura, más tecnológica que en ningún otro tiempo histórico y casi no conciente de ello, con sólo unos pocos estudios sobre lo que significa la tecnología realmente. La misma advertencia ha sido recientemente formulada por el excelente filosofo italiano Carlo Sini (1994).

No obstante, la explosión de un nuevo campo epistemológico, el campo de las "ciencias cognitivas", inicia una nueva perspectiva y en mi opinión, muy importante, ya que la investigación transdisciplinar entre la biología, las matemáticas, la filosofía y la psicología, es una realidad, puesto que las computadoras pueden ayudar a realizar tareas muy complicadas en muy poco tiempo.

La arquitectura es especialmente sensible a estas nuevas condiciones, y, como experto en la teoría de esta disciplina, estoy profundamente preocupado por este tema.

Como el tema implicaría un libro entero por su complejidad, intentaré señalar los aspectos principales, solamente como un primer paso analítico.

1 Espacio, filosofía y la confrontación entre cerebro y máquina

Probablemente es el filosofo Searle quien representa el mejor análisis crítico sobre la confronta-

---

[1] Texto en inglés presentado en el Seminario Internacional sobre Semiótica de la Arquitectura de Urbino, en 1998 de inminente publicación por el "Instituto Internacional de Lingüística de Urbino", en sus *Cahiers*.

ción entre el cerebro y la máquina. Ha trabajado durante años sobre esta crítica. Un ejemplo excelente es uno de sus últimos libros: *El misterio de la conciencia.* (Searle, 1997). Quiero empezar con una breve descripción de los principales argumentos de este libro.

El punto clave en las discusiones de Searle es la distinción entre la hipótesis débil y la hipótesis fuerte en relación con la confrontación entre el cerebro y la máquina. La hipótesis fuerte dice que la simulación del cerebro por las máquinas, como la inteligencia artificial, depende del progreso en el tiempo, y que no tiene limitaciones. La hipótesis débil, que es la posición que defiende Searle, dice que la simulación tiene límites y que nunca podemos construir una máquina que funcione exactamente de la misma manera que el cerebro. Sin embargo, al mismo tiempo, Searle argumenta sobre la estructura física del cerebro como el tema principal que ha de ser analizado en términos científicos. Su posición no es idealista ni basada en la religión, pero insiste en la existencia de diferencias filosóficas y científicas cruciales entre el cerebro y la máquina. Searle analiza estos argumentos en relación con los libros de Crick, Edelman, Chalmers y Rosenfield.

El núcleo de la discusión es la manera diferente en que el cerebro y la máquina proceden semánticamente. Para probar esta diferencia, Searle ha inventado la "caja china", lugar donde nadie puede aprender el chino aunque se confronte con miles de palabras y expresiones chinas.

La evidencia física y bioquímica que apoyan estos hechos es aún débil, siempre según Searle. El *Reentry Mapping* de Edelman y los *Body-Images* de Rosenfield son algunas de las nuevas ideas científicas con alguna evidencia física, pero aún hace falta mucha investigación.

Toda esta discusión es extremadamente interesante para las personas que están familiarizado con las conclusiones epistemológicas de Jean Piaget, y con los aspectos cognitivos de la noción del lugar de la filosofía occidental (Casey, 1997). En ambos casos la similitud es llamativa y el diálogo *Timeo* de Platón no está lejos de esta discusión (Muntañola, 1992). No obstante, dentro de los límites de la presente comunicación quisiera centrar mi atención en las condiciones espaciales cognitivas del cerebro y de la máquina.

La estructura bio-psico-lógica del cerebro es capaz de relacionar semánticamente las diferentes dimensiones del espacio, y parece que esta posibilidad está arraigada en la conciencia del *body-image* y en los procesos de *feed-back* del *mapping* producidos en el cerebro. En ambos casos, estas conclusiones son totalmente coherentes con las concepciones de las cualidades cognitivas del espacio y del lugar en los niños y con las definiciones antropológicas del lugar de Kant en el siglo XVIII (Casey, 1997). La máquina no puede, al menos por ahora, ser consciente de esta consciencia semántica. Si Searle ofrece un ejemplo de la lingüística en la "caja china", es sugestivo describir otro ejemplo de la arquitectura y la cognición espacial. En muchos países la máquina sustituye el cerebro en muchas representaciones planimétricas del entorno, y porque la máquina es semánticamente "ciega" (en el sentido definido arriba) los mapas tienen muchas faltas y nadie parece reconocerlas. La máquina convertida en un "cerebro" espacial ha convertido el mapa ideal y virtual en real, y la realidad se ignora cuando está ignorada por la máquina. Claro que los mapas siempre han sido "ideales", pero la confusión "científica" con la realidad aumenta, actualmente, tanto como la máquina sustituye el cerebro sin ser consciente de las consecuencias de esta sustitución. Como indicó Cassirer hace algún tiempo, los mitos han sido transformados en ciencia, pero las distorsiones entre la realidad y la virtualidad permanecen, y la forma simbólica es más real que la cosa misma que representa.

Esta distorsión en relación a la cognición espacial y las dificultades semánticas lingüísticas de la máquina, son fenómenos relacionados. El cerebro y la máquina construyen esta conexión a través de vías paralelas diferentes, y, si entendí a Searle correctamente, un diálogo entre ellos es posible si consideramos esta diferencia que nunca seremos capaces de eliminar, y que no debemos eliminar.

Otro campo científico donde podemos llegar a conclusiones similares es en el análisis epistemológico del niño y del mono de entre uno y tres años de edad. La capacidad del mono para reconocer mejor que el niño, durante unos meses, trabajos, órdenes, etc. está rápidamente superada por la imaginación semántica del niño y por la riqueza metafórica del cerebro del niño en relación con el cerebro del mono. La capacidad dialógica y la imaginación semántica parecen ser dos caras de la misma cabeza, o dos caras de la misma moneda, ambas con relación al comportamiento lingüístico o espacial.

2 Las semiologías del cerebro y de la máquina confrontadas

Dos autores han desarrollado teorías semiológicas útiles para nuestro tema:

Prieto y su semiología general y Bakhtin y su dialogía general (Muntañola, 1996). Haremos un breve comentario sobre cada uno de los dos.

La semiología general de Prieto fue escrita en 1975 y contiene muchas nociones epistemológicas clave para crear una semiología general que aún no se ha construido. Dos de ellas son ahora especialmente sugestivas. Primero, el principio general de toda comunicación entre seres humanos, con relación a la producción de significado, según el cual: "...el significado es concebido en el acto sémico (*acte sémique*) dos veces. En estas dos veces el significado se refiere no a objetos diferentes, o referencias, sino que se ocupa de dos vías diferentes de la significación del mismo acto sémico: primero la vía denotativa que viene del sistema intersubjetivo de comunicación, y, segundo, la vía connotativa de comunicación que viene del reconocimiento del significado (*sens* en francés), como un miembro del significado del signo". Segundo, la articulación en la semiología general de sistemas codificados de comunicación (sistemas semióticos o no semióticos) y los sistemas de uso de herramientas, máquinas, etc. Los mismos sistemas lógicos de pensamiento se usan en ambos casos, y esto abre la vía a un análisis científico nuevo del espacio como articulación entre uso y forma, de manera que se acerca a las ideas formuladas por Simondon. El título general del libro *Pertinencia y práctica* implica los mismos principios semiológicos básicos.

La tarea enorme hecha por Bakhtin, que aún está en el proceso de ser traducido desde el manuscrito en ruso, es una teoría "inter-textual" "dialógica" de la cultura, donde cualquier expresión o manifestación, o texto, se analiza en relación a todas las otras manifestaciones, textos o expresiones, en un tipo de "traducción" cultural transversal mundial. Tal trabajo replantea, en términos modernos, las dimensiones poéticas y retóricas de la cultura humana y, haciendo esto, Bakhtin es consciente de que trabaja del todo fuera de los límites de la lingüística y de la lógica. No obstante, esta generalización extrema puede ser muy útil para los análisis espaciales, ya que una de las características principales del espacio y del lugar es justamente esta posibilidad de transferencia interminable del significado de una situación a otra. ¡Aristóteles sí que era consciente de ello!

Podemos ahora intentar a comprender las principales diferencias entre el cerebro y la máquina con relación a la cognición espacial. Por el momento, la conciencia del cerebro le hace posible construir significados semánticos y dialógicos (y poéticos) que relaciona con fenómenos profundos como *body-image*, interacción social y *feed-backs* informativos y procesos de *reentring mapping*. Ignoramos hasta qué punto las máquinas serán capaces de realizar un proceso así; sin embargo, pensamos que, de todas formas, los ordenadores, por ejemplo, nunca serán conscientes de sus propios prestaciones de la misma manera que lo es un cuerpo. La reproducción perfecta de un cuerpo, es decir el cuerpo clónico, es un límite objeto de fuerte discusión en la actualidad, pero no es ya una máquina, sino solamente otro cerebro.

No obstante, la interacción dialógica entre el cerebro y la máquina es un tema muy importante para llevar a cabo más análisis científicos en varios campos estrechamente relacionados de trabajo interdisciplinario. El primer campo es el tipo exacto de análisis en que insiste Searle una y otra vez, es decir, la identificación de cómo los cerebros causan conciencia. La ciencia cognitiva está trabajando duramente en ello. El segundo campo es la epistemología del espacio y del lugar. La lingüística cognitiva es un campo prometedor y la semiótica del espacio en general ofrece muchas teorías para ser examinadas. La genética sociopsicológica es otro camino para el mismo fin. Y el tercer campo, finalmente, es el análisis de la dialógica entre el cerebro y la máquina en la arquitectura, en la planificación, etc.

Enfocaré mi atención a este tercer aspecto de la interacción entre el cerebro y la máquina en la cognición espacial; no obstante, quiero primero hacer unos comentarios sobre dos campos muy relacionados entre sí: la poética cognitiva y la semiótica social.

Con respecto al primer campo, el libro de Tsur es una base excelente, a pesar del hecho de que usa la hipótesis principal de la distorsión cognitiva como el origen de la producción poética, en vez de la hipótesis mucho más fructífera de la singularidad o catástrofe cognitiva, usado por Ricoeur siguiendo las conocidas ideas de Aristóteles.

Tsur tiene capítulos importantes sobre el papel del espacio en la poética literaria, y otra vez, el espacio sostiene mejor unos significados específicos que otras vías de comunicación. Además hace articulaciones cruciales entre la semiótica, la cognición y las funciones del cerebro. Es, en este contexto, muy significativo mencionar dos funciones principales en la cognición espacial, donde los significados lingüísticos y no lingüísticos están conectados, como ya predecía Piaget con las dos dimensiones del desarrollo espacial en niños: la operativa, y la infralógica o intuitiva. También Tsur articula este hecho con la memoria de corto y largo plazo, dando una base empírica a la poética de una manera, quizás, más importante de lo que él se da cuenta.

La semiótica social es en esto aún más importante, y el clásico libro de Hodge y Kress no ha sido superado. El libro está lleno de ideas significativas para nuestro tema. Escogeré sólo unas pocas.

La discusión sobre la distinción entre la "escuela de Saussure" y el trabajo de Bakhtin y Voloshinov (Hodges y Kress no entran en el tema de autoría entre ambos) organiza todo el libro en la dirección correcta y el significado social está claramente expresado en todo el texto. El segundo paso es inspirador también. Discuten sobre el "contexto como significado" comenzando con un un análisis de inter-textualidad (o Bakhtin diria: "dialógica") y describen lo que llaman una: *teoría general de la modalidad*. La buena dimensión de esta teoría es su acuerdo exacto con la definición de herramienta y signo en la semiología hecho por Prieto. La modalidad, según Hodges y Kress, tiene la misma estructura con dos caras definida por Prieto. La estrategia es diferente, pero la solución es la misma, y la lógica de "modalidad" es la misma también. Si articulamos ambas estrategias tendremos una modalidad tanto de trabajos como de herramientas, y tendremos una "arquitectura". Intentaré acabar mi artículo justamente a través de este último tema.

3 El cerebro y la máquina conectados dialógicamente

El tercer campo de trabajo que acabo de definir más arriba sobre el cerebro y la máquina y trabajos y herramientas, en la cognición espacial, es una mezcla de los dos precedentes: las estructuras cognitivas del cerebro y los sistemas semióticos del espacio. Hay muchas situaciones donde esta confrontación dialógica entre el cerebro y la máquina se pueden hacer. Pero primero me he de referir a un excelente artículo del filosofo italiano Carlo Sini sobre pensamiento, escritura y ordenadores. En una afirmación muy poético-filosófica, Sini vincula la carta de Platón "Yendo a Siracusa", donde el filosofo clásico discute sobre el peligro de escribir en relación con el pensamiento, con el uso presente uso de ordenadores que transforman la escritura de una manera similar a la que la escritura transforma el habla. El viaje poético y filosófico a través de tres mil años posee una idea excepcional: la tecnología, desde las palabras a la información digital incrementa nuestro grado de comunicación y globalización, pero es una invitación para evitar pensamientos íntimos y, como era consciente Platón, puede conducirnos a un uso mecanicista del cerebro. Sini insiste en una idea para prevenir que esto ocurra, es decir, el uso subjetivo del cerebro para ser consciente, o mejor, "super-consciente", de los sistemas prácticos, o sistemas de acciones relacionados con nuestro mundo global. En otras palabras, y como indicó Platón, para escribir y para usar ordenadores deberíamos pensar mejor y más que antes, no menos y peor que antes (Sini, 1995).

Esta explicación filosófica y metafórica de nuestra cultura abre el campo científico dialógico entre el cerebro y la máquina, como dije antes. El primer tipo de investigación es el análisis comparativo del mismo diseño con o sin el uso del ordenador, las diferencias son sutiles pero significativas. El tema debería ser ampliado con el análisis comparativo de procedimientos de planificación, donde las diferencias son más grandes y extremadamente importantes. Si nos movemos desde una situación prefigurativa hacia una situación configurativa dialógica entre el cerebro y la máquina, descubriremos una teoría tecnológica nueva sobre el tamaño de la máquina en relación a la calidad del entorno, sobre la escala de las herramientas con relación al cuerpo, etc. En la arquitectura apenas trabajamos en esto. Los trabajos de Philippe Boudon sobre "Arquitecturología" son una excepción (1991). En un tercer tipo de investigación analizaremos el significado refigurativo social del espacio, y como señala Prieto minuciosamente: "¿Porqué la gente rechaza lenguas extranjeras y acepta máquinas extranjeras, cuando, en el fondo, ambas expresan el mismo proceso de "colonización"? Pues, las máquinas cambian la interacción social, y esto se puede analizar en las escuelas primarias donde el uso de las máquinas y el uso de acontecimientos sociales como el teatro, la música, etc. hacen grandes las diferencias entre las escuelas de una misma ciudad (Muntañola, 1992).

4 Conclusiones dirigidas a la investigación: cerebro y máquina trabajando juntos para el lugar

La intención de mi artículo era iluminar el papel de las organizaciones espaciales en el hombre a través de la confrontación de la manera que el cerebro y la máquina usan estas organizaciones espaciales o estructuras. Hemos visto cómo esta confrontación conduce la ciencia a exploraciones interdisciplinarias complejas. Las conclusiones deberían ser muy generales ya que el espacio articula conocimiento psicológico y sensibilidad, la interacción social en el espacio y en el tiempo, la perspectiva histórica, y la sostenibilidad territorial física. Para producir esta articulación, los hombres construyen enlaces semióticos culturales entre el espacio y el tiempo en los lugares. Como indica Heidegger, a partir de ahora, los lugares organizan el espacio y no al revés (Casey, 1997). Entonces el calendario de acontecimientos dará significado a los lugares y, luego, ortorgará significado a los espacios.

Como hemos visto, los cerebros usan la organización del espacio para articular el cuerpo, con el lugar y con el significado histórico social. Las máquinas desempeñan un papel importante en esta articulación espacial como extensión del cuerpo (o diseño), extensión de transformación territorial (o construcción) y globalización de información y comunicación (o vivienda). No obstante, como indica Prieto, las dos realizaciones no deberían ser totalmente independientes, ya que ambas siguen el mismo desarrollo semiológico. La cualidad "modal" de la semiótica social, la función "semántica" de nuestros cerebros y la "organización compleja" de nuestro territorio, siguen la misma "topología" espacial cultural de los seres humanos, como acostumbra decir Heidegger.

Pero las máquinas no son conscientes de este desarrollo topogenético. Tienden a la globalización, a la homogeneización a grandes o pequeños escalas y tamaños, y a redes espaciales ilimitadas. A los tres niveles que acabamos de describir: cuerpo, territorio y historia social, incrementan el poder del cerebro, del cuerpo y de la comunicación social sin consciencia. Así pues llegamos al punto clave que Searle subrayó: la consciencia diferente de la máquina en relación con el cerebro.

Esta representación teórica sobre el cerebro y la máquina, es relevante en una reunión sobre el espacio en la arquitectura, el texto y el arte, porque, aunque la máquina está de hecho presente en todas las artes, como insistía Platón, puede prevenir el uso correcto del cerebro si nos olvidamos de pensar. La Arquitectura es el arte excepcional en el que los tres poderes del lugar anunciados por Aristoteles, con este triple uso simultáneo de la máquina, son gigantescos. La articulación de estos tres niveles, cerebro, *mass-media* social y construcción territorial, adquiere así también un poder inmenso. El poder del lugar con este triple uso simultáneo de la máquina, es gigantesco.

La epistemología genética, una vez más, predecía estos encuentros a través del análisis de las concepciones del niño de lugares para vivir (Muntañola, 1996): cuando los niños relacionan el "tren" con el lugar muy pronto en las etapas de desarrollo, cuando escriben letras en el lugar señalando las interacciones sociales claves, cuando ponen piernas en los lugares y chimeneas en las cabezas, cuando aparecen lugares vacíos con usuarios dormidos, y finalmente, cuando cuerpos semienterrados en la tierra son el contrapeso de los "trenes". Deberíamos hacer mucha más investigación en este comportamiento aparentemente simple, para comprender lo que estamos buscando. Y descubriremos que el estudio de la consciencia en el cerebro, la investigación territorial sobre relaciones entre grandes infraestructuras y la calidad de la forma urbana, y los análisis sobre sistemas semiológicos complejos de interacción social y comunicación en el mundo moderno, responden a la misma topología arquitectónica cultural. No es por casualidad que en relación con estas tres dimensiones básicas del espacio, la noción de la arquitectura siempre se usa cuando hay que comprender todo el significado: la "arquitectura" del cerebro, la "arquitectura" del territorio, la "arquitectura" de la interacción social, son homológicas en toda afiliación espacial y temporal. Como señaló Platón en el *Timeo* (Muntañola, 1992): la historia, el cuerpo y el texto están unidos metafóricamente en el espacio. La máquina acelera esta unión, pero sólo los cerebros pueden conscientemente conducir esta aceleración o de-aceleración hacia la vida o la muerte.

El diagrama 1 resume estas tres dimensiones de la espacialización humana, que analizaré en un próximo libro (Muntañola, 1999). El cerebro y la máquina intentarán juntos unir el cuerpo, la sociedad y el territorio en un lugar arquitectónico, o *Khôra*, como insistía Platón. Este *Khôra*, articula el *logos*, el *topos*, el *mythos* y el *genos* (Muntañola, 1992).

El espacio, según la interpretación que indica Casey sobre la posición filosófica de Heidegger, viene del lugar, y el lugar viene de una topología de seres que definen territorios para vivir. Cuando podemos articular la historia social, los textos (palabras o imágenes) y el territorio (arquitectura de trazos físicos), nos acercamos tanto a la realidad como a la virtualidad. Sin embargo, cuando las patologías destruyen el cuerpo (estrés), la sociedad (guerra) o el territorio (catástrofes ecológicas), la arquitectura entre la virtualidad y la realidad, y entre el cuerpo, el texto y el territorio se destruye también, y el lugar ya no es el soporte de la vida humana.

Las nociones de la modalidad en la semiótica social, de una epistemología y una poética espacial complejas con relación al cerebro, y de sistemas complejos en la organización del territorio, como sistemas fractales, deberían conectarse para analizar los lugares humanos. Signos y herramientas tienen una modalidad analógica en la misma arquitectura. Al mismo tiempo, esta arquitectura une el cuerpo, la sociedad y el territorio gracias a la misma organización modal del lugar.

Finalmente, deberíamos comprender que la confrontación dialógica entre el cerebro y la máquina, estimula el pensamiento y la escritura, y la conexión intertextual entre diseño, edificio, vivienda, es decir, entre las dimensiones principales de la arquitectura. Entonces la diferencia entre la máquina y el cerebro, lejos de ser una inconveniencia para el desarrollo, es la condición de éste. Pero nosotros, los cerebros, deberíamos darnos cuenta del poder inmenso de la máquina como lugar cuando las tres dimensiones de la Arquitectura del lugar están entrelazadas (diagrama 2).

En este diagrama podemos descubrir el poder de las ideas hermenéuticas de Ricoeur, con la definición de "traza" como una interrelación de virtualidad y realidad, de evidencia empírica y idealización existencial. Esta noción de traza, estrechamente relacionada a la noción de calendario por el autor, ilumina repentinamente las características semióticas del espacio. Todas las nociones que he descrito hasta ahora se pueden resumir en la idea principal del espacio humano como un "límite" entre la virtualidad y la realidad, entre las dimensiones sociales y físicas del entorno y entre las caras del signo y de la herramienta, los significados sintagmáticos y paradigmáticos de las palabras y las herramientas. El modelo, la modalidad, etc., expresan la misma noción de límite o interrelación, y la primera pieza arquitectónica producida por los niños da lugar también a una nueva luz. Platón, otra vez, es reivindicado cuando dice que el espacio es como un sueño, ni real ni totalmente irreal. Trazas y calendarios organizan nuestra vida y fijan las reglas de la interacción social como "en un sueño". El poder para la máquina implica un "trazo", un "límite" muy diferente del significado para el cerebro de esta "traza" o "máscara". Nuestros sueños en los espacios que ahora construimos, se transformarán, quizás, en pesadillas...

Barcelona, marzo de 1998

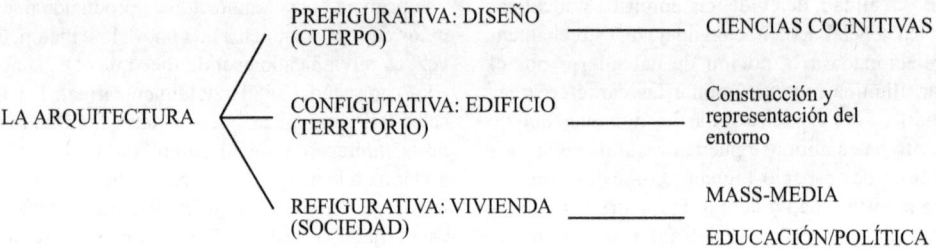

La arquitectura del lugar: Trazos y calendarios

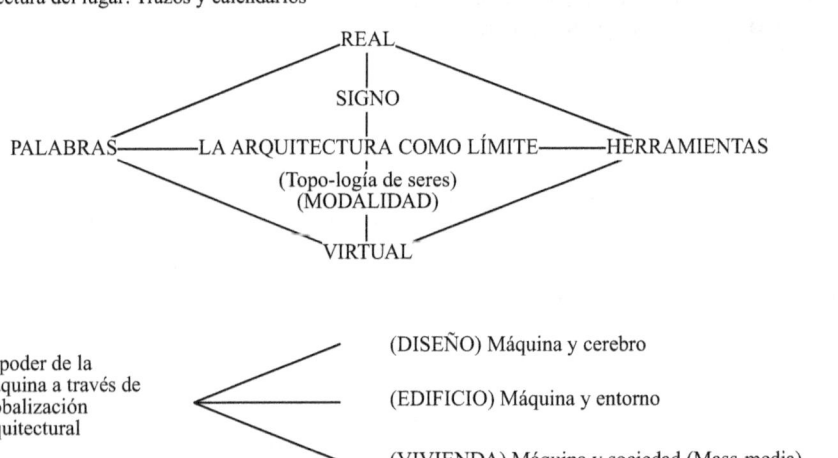

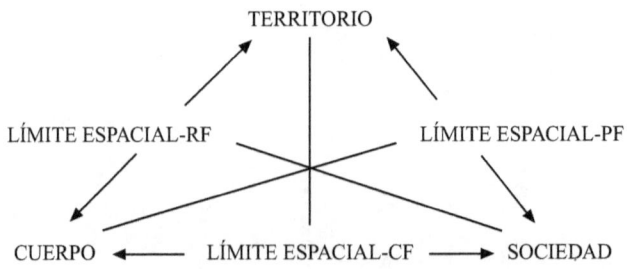

Diagrama 1 Cerebro y máquina: tres dimensiones dialógicas

La arquitectura del espacio de los hombres: las semiologías del cerebro y de la máquina confrontadas

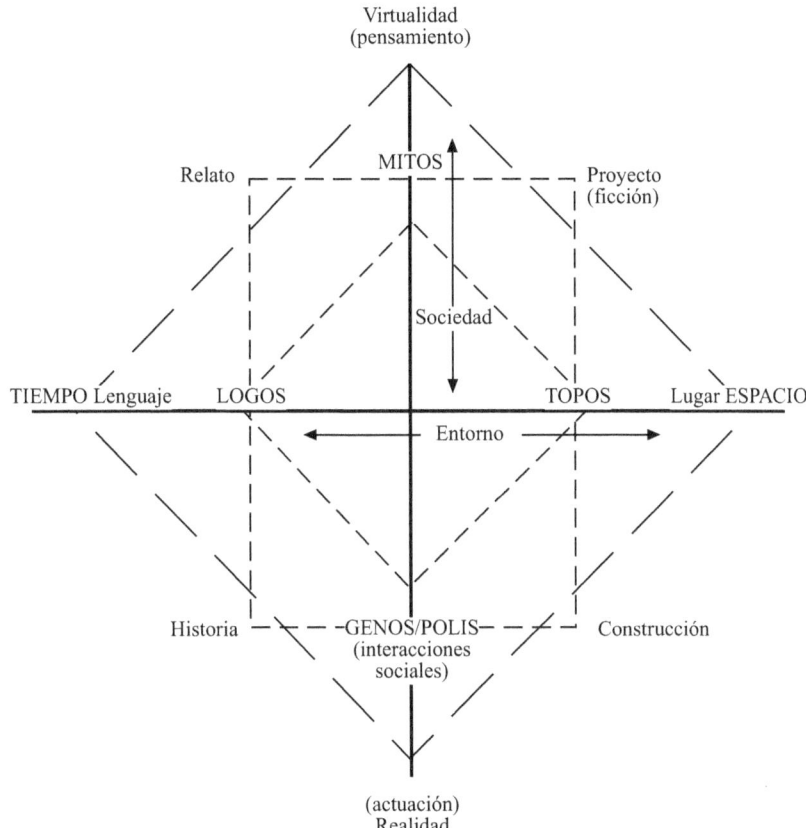

Diagrama 2 Las cuatro caras de Khôra: logos, topos, genos, mitos

Bibliografía

Boudon, Ph. *De l'architecture à l'epistemologie*. P.U.F., París, 1991.

Casey, E. S. *The fate of place*. Berkeley University Press, 1997.

Chalmers, D. *The conscious mind*. Oxford University Press, 1996.

Crick, F. *The scientific search for the soul*. Simon and Schuster, 1997.

Edelman, G. *The remembered present*. Basic Books, 1989.

Hodge, R.; Kress, G. *Social semiotics*. Polity Press, 1988.

Muntañola, J. "Hermeneutics, semiotics and architecture: *Timaeus* Revisited", en Raunch Ir, and Carr G. F. Editors: *Semiotics Around the world: synthesis in diversity*. Mouton de Gruyter, 1992. (Ver texto en español en este libro).

Muntañola, J. *Evaluación de la Ciudad de Barcelona por sus niños*. Ajuntament de Barcelona, 1992.

Muntañola, J. *La arquitectura como lugar*. Edicions UPC, Barcelona, 1996.

Muntañola, J. *Arquitectura 2000*. (En prensa).

Prieto, J. L. *Pertinence et practique*. Minuit, París, 1975.

Rosenfield, I. *The strange familiar and forgotten*. Vintage Press, 1993.

Searle, J. *The mystery of consciousness*. The New York Review of Books, Nueva York, 1997.

Simondon, G. *Du mode d'existence des objets techniques*. Aubier, París, 1958

Sini, C. *Filosofia e scnittura*. Laterza, Roma, 1994.

Tsur, R. *Towards a theory of cognitive poetics*. North Holland, 1992.